资产评估理论与实务

主　编：鞠永强
副主编：张文霞
编　者：周　阳　刘　颖　鹿海峰
　　　　刘国超　范晓雅

北京理工大学出版社
BEIJING INSTITUTE OF TECHNOLOGY PRESS

内容简介

本书是资产评估专业核心课程专用教材,也可适用于财会、金融、投资、税收、财政及国有资产管理等经管类专业开设的资产评估相关课程。本书对资产评估的理论、方法、程序和准则进行了详尽的阐述,就目前市场主要的评估对象——机器设备、不动产及其他资产的评估实务进行了举例说明,既强调理论教学的深度与广度,也具有较强的实用性,紧扣资产评估相关法律、法规、制度准则变化的脉搏,理论、方法介绍同实例紧密结合,尽可能使理论及方法简单、易懂,便于理解和掌握,以适应我国资产评估行业应用型人才培养的需要。编写体例上强调以情境导入进行启发式教学,重视案例教学,尤其重视微案例的开发与运用,既强调理论教学的严谨性、专业性、前沿性,也注重实践教学的带入性、趣味性,时刻注意培养学生的专业认同感和职业忠诚度。

版权专有　侵权必究

图书在版编目(CIP)数据

资产评估理论与实务 / 鞠永强主编. -- 北京:北京理工大学出版社,2022.7
ISBN 978-7-5763-1441-0

Ⅰ.①资… Ⅱ.①鞠… Ⅲ.①资产评估 Ⅳ.①F20

中国版本图书馆 CIP 数据核字(2022)第 114816 号

出版发行 / 北京理工大学出版社有限责任公司	
社　　址 / 北京市海淀区中关村南大街 5 号	
邮　　编 / 100081	
电　　话 / (010)68914775(总编室)	
(010)82562903(教材售后服务热线)	
(010)68944723(其他图书服务热线)	
网　　址 / http://www.bitpress.com.cn	
经　　销 / 全国各地新华书店	
印　　刷 / 北京国马印刷厂	
开　　本 / 787 毫米 × 1092 毫米　1/16	
印　　张 / 15	责任编辑 / 申玉琴
字　　数 / 347 千字	文案编辑 / 申玉琴
版　　次 / 2022 年 7 月第 1 版　2022 年 7 月第 1 次印刷	责任校对 / 刘亚男
定　　价 / 88.00 元	责任印制 / 李志强

图书出现印装质量问题,请拨打售后服务热线,本社负责调换

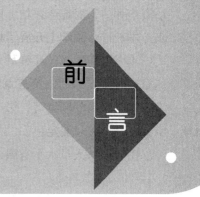

前言

随着我国经济发展进入新常态,"一带一路""国有企业混合所有制改革""降库存、去杠杆"等国家战略持续深入开展,传统产业的整合、高新技术企业知识产权资产化、证券化的持续推进等重大事项均对资产评估高端人才的培养提出了更高的要求,资产评估理论界和实务界都面临着新的机遇与挑战。2016年《中华人民共和国资产评估法》颁布实施,这是我国资产评估领域的一个里程碑式的事件,它标志着我国依法评估时代的开端。2017年6月1日起实施的《资产评估行业财政监督管理办法》表明我国政府对资产评估行业的监督管理进入依法管理的新阶段。2017年起,我国全面修订了资产评估准则,形成了由一项基本准则及26项具体执业准则和职业道德准则组成的准则体系,这些都必将对我国的资产评估实践学历教育产生深远而积极的影响。

本书具有以下几方面特点。

一是体系完整。全书分为三篇十二章,第一篇主要介绍资产评估的基本理论与基本方法,第二篇详细介绍了资产评估的具体评估业务,第三篇讲述了资产评估的操作程序、评估前后的会计准备与处理、资产评估的组织与管理、资产评估法规及准则等相关情况。

二是注重理论探讨分析。高等院校的资产评估教材,不仅需要介绍具体的资产评估方法,更重要的是使学生掌握处理具体评估实务的理论、原则与指导思想。本教材既对资产评估的基本理论与基本方法做了较为全面系统的论述,又对各类具体评估业务进行了理论分析。

三是注重理论与实践的结合。本教材在论述各类资产的具体评估实务中列举了大量评估案例,通过案例分析帮助学生掌握各种资产业务的具体评估方法,特别重视微案例的设计与应用,在每个项目都设计了有针对性的导入情境,也便于开展情境式教学。此外,本教材还通过评估实例给学生讲授资产评估报告的撰写方法。

四是注重积极吸收国内外优秀研究成果。随着我国经济体制改革的不断推进，我国的资产评估终将与国际接轨，同时，由于我国社会主义市场经济发展的中国特性，我们在无形资产评估、房地产评估、以财报为目的的评估等具体评估业务领域又呈现出自己的特点。本教材引领学生开展了相关内容探索。

本书由鞠永强设计编写大纲。具体分工：第一章、第二章由鞠永强编写，第三章、第四章由张文霞编写，第五章、第六章由周阳编写，第七章、第八章由刘国超编写，第九章、第十章由刘颖编写，第十一章、第十二章由鹿海峰编写，范晓雅负责统稿，最后全书由鞠永强负责总纂定稿。

由于编写人员水平有限，书中的不足之处敬请读者批评指正。

编　者

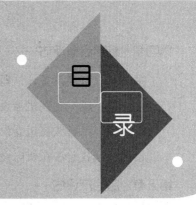

第一篇 基本理论

第一章 资产评估基本理论准备……………………………………………（003）
  第一节 资产评估及其特点………………………………………………（004）
  第二节 价格理论基础……………………………………………………（005）
  第三节 如何根据评估目的选择价值类型………………………………（007）
  第四节 评估假设与评估原则……………………………………………（011）
  第五节 资产评估与会计和审计的关系…………………………………（014）

第二章 如何恰当选择评估技术路线………………………………………（018）
  第一节 评估技术路线——市场法………………………………………（019）
  第二节 评估技术路线——收益法………………………………………（025）
  第三节 评估技术路线——成本法………………………………………（034）
  第四节 如何选择评估技术路线…………………………………………（041）

第三章 资产评估程序…………………………………………………………（044）
  第一节 资产评估程序概述………………………………………………（045）
  第二节 资产评估的具体程序……………………………………………（047）

第二篇　专项资产评估

第四章　机器设备评估 (057)
第一节　机器设备评估概述 (058)
第二节　成本法在机器设备评估中的应用 (062)
第三节　市场法在机器设备评估中的应用 (077)
第四节　收益法在机电设备评估中的应用 (080)

第五章　房地产评估 (083)
第一节　房地产评估基本情况认知 (084)
第二节　收益法在房地产评估中的应用 (090)
第三节　市场法在房地产评估中的应用 (094)
第四节　成本法在房地产评估中的应用 (097)
第五节　房地产评估衍生方法 (101)
第六节　房地产估价师专题 (104)

第六章　无形资产评估 (108)
第一节　无形资产评估概述 (109)
第二节　收益法在无形资产评估中的应用 (114)
第三节　成本法和市场法的应用 (118)

第七章　金融资产评估 (122)
第一节　债券评估 (123)
第二节　股票评估 (126)
第三节　金融衍生工具评估 (129)
第四节　其他长期资产评估 (133)

第八章　流动资产评估 (138)
第一节　流动资产评估的特点与程序 (139)
第二节　实物类流动资产评估 (142)
第三节　货币资金及债权类流动资产评估 (147)

第九章　企业价值评估 (154)
第一节　企业、企业价值与企业价值评估 (155)
第二节　企业价值评估的范围界定 (158)

  第三节 企业价值评估中价值类型与资料收集……………………（159）
  第四节 收益法在企业价值评估中的应用………………………（162）
  第五节 市场法与成本法的应用……………………………………（172）

第十章 以财务报告为目的的评估………………………………（186）

  第一节 以财务报告为目的的评估概述……………………………（187）
  第二节 以财务报告为目的的评估实务……………………………（190）
  第三节 以财务报告为目的的评估的评估报告……………………（197）

第三篇 评估报告与评估准则

第十一章 资产评估报告……………………………………………（203）

  第一节 资产评估报告的基本概念与基本制度……………………（205）
  第二节 资产评估报告制作及应用…………………………………（207）

第十二章 资产评估法与资产评估准则……………………………（217）

  第一节 深入学习资产评估法…………………………………………（218）
  第二节 我国资产评估准则体系及国际趋同………………………（220）

参考文献……………………………………………………………………（226）

第一篇

基本理论

第一篇

環境衛生

第一章　资产评估基本理论准备

🔔 **学习目标**

通过本章学习，学生应能够掌握资产评估的定义、特性、价格理论基础，资产评估价值类型、资产评估假设与原则，资产评估与会计、审计的关系。

🔔 **学习重点与难点**

1. 资产评估的定义及特点；
2. 资产评估的估值理论基础；
3. 资产评估的目的与价值类型；
4. 资产评估的假设与原则；
5. 资产评估与会计、审计的关系。

🔔 **导入情境**

我国资产评估行业发展概览

资产评估是现代高端服务业，是经济社会发展中的重要专业力量，是财政管理中的重要基础工作。资产评估在服务国有资产管理、提高上市公司经营质量、防范重大金融风险、保障社会公共利益和维护国家经济安全等方面发挥着重要作用。

"十三五"时期，资产评估行业各项工作取得了显著成绩。构建了行业党的组织体系，加强了党对行业的全面领导。初步建立了以《中华人民共和国资产评估法》为基础的法律法规配套制度体系，行业进入依法治理、规范发展的新阶段。统筹推进行业人才队伍建设，行业整体专业胜任能力得到大幅提升。依法完善自律监管机制，执业质量明显改善。创新、拓展资产评估服务领域，行业服务经济社会发展能力持续增强。强化服务意识，深化行业管理改革，协会依法履职能力进一步提升。

截至2020年年底，资产评估行业共建立35个省级行业党委，1 327家资产评估机构建立了党组织，全行业共有党员9 228名。全行业共有资产评估机构（含分支机构）5 300余家，其中，在资产评估机构工作的资产评估师4.1万人，从业人员10万余人。全行业年收入从2016年的119.45亿元增长到2020年的253.92亿元。[①]

第一节 资产评估及其特点

一、资产评估的概念

资产评估是指评估机构及其评估专业人员根据委托对不动产、动产、无形资产、企业价值、资产损失或者其他经济权益进行评定、估算,并出具评估报告的专业服务行为,资产评估四个字一般作为一个固定词组使用。

首先,资产评估是一种社会经济活动,其活动和服务范围涉及不同市场主体之间的资产转让、资产重组、资产抵押、财产保险、财产纳税等经济行为。其次,资产评估还是一门学科或科学,涉及工程学、技术学、经济学和管理学等,是一门典型的边缘学科。

二、资产评估的特点

理解和把握资产评估的特点,有利于进一步认识资产评估的实质,对于搞好资产评估工作,提高资产评估质量具有重要意义。一般来说,资产评估具有市场性、公正性、专业性和咨询性四个特点。

(一)市场性

资产评估是适应市场经济要求的专业中介服务活动。其目标就是根据资产业务的不同性质及其对估值的不同要求,通过模拟市场对评估对象价值做出经得起市场检验的评价和评判。

(二)公正性

公正性是指资产评估应当维护社会公共利益和资产评估各当事方的合法权益,而不是满足资产业务某一方当事人的需要。资产评估的公正性建立在以下两个基础之上:第一,资产评估执业规范的存在,即资产评估应当按规范的评估准则及职业操守进行,规范的行为准则和业务准则是资产评估公正性的技术基础;第二,执业的资产评估人员通常要独立于资产业务及其当事人,这是资产评估公正性的组织基础。

(三)专业性

资产评估是对评估对象的功能、效用及其市场表现等进行的专业技术判断活动,资产评估机构是由数量不等的各类专家及专业人士组成的,评估对象及市场的细化促成了评估人员和机构的专业化分工,评估人员对评估对象价值的估计判断也都要建立在专业技术知识和经验的基础之上。

(四)咨询性

咨询性是指资产评估结论仅仅是评估人员为委托评估对象提供的专业估价意见。该意见本身并无强制执行的效力,即评估过程并不是定价过程。事实上,资产评估提供的估价

---

① 数据来源于中国资产评估协会网站2021-9-27日《"十四五"时期资产评估行业发展规划》。

意见通常只是作为当事人进行交易价格决策或其他经济决策的参考，资产评估师需要对评估结论的合理性负责，而不是对资产业务定价决策负责。

第二节　价格理论基础

资产评估是一个交叉学科，其理论基础大多脱胎于经济学经典理论。在市场经济中，生产商品的资产本身也是商品，因此资产价值构成与商品价值构成在本质上是一致的，经济学中有关价格理论的探讨也同样适用于有关资产价值的探讨。关于资产价值的理论及其决定因素的研究从经济学诞生之初就开始了，从早期的重商主义和重农学派到近现代经济学都对商品价值的形成进行了探讨，截至目前主要形成了生产费用价值论、效用价值论和供求决定价值论三种主要代表理论。

其实价值的发现与价值的实现是两回事，资产评估作为一个学科，其价格理论不仅应该解释在每种情况下价值如何发现，更要解释价值如何实现，即帮助委托人和相关当事人设定最优价值的实现路径。资产评估不仅要解决是什么的问题，还要解决为什么以及怎么样的问题。

一、卖方市场时期的价值观：生产费用价值论

商品经济发展初期，由于生产力尚不发达，经济学研究的重点是如何促进生产以增加供给，因此在那个时代，生产是最重要的，人们自然侧重于从生产过程中创造价值。以大卫·李嘉图为主要代表的古典学派认为价值来源于生产过程，是由生产创造的。由于生产就是商品的供给，因此生产决定价值的理论又被称为供给决定论。

供给学派的创始人萨伊从资产生产力理论出发，认为资本、劳动、土地三要素协同生产出了具有使用价值的物品，三要素的报酬则分别形成了利息、工资、地租等生产费用，从而形成了生产费用价值论。他同时认为，物品的价值来源于物品的效用，即物品的使用价值，而价值量决定于生产费用。

生产费用价值论认为资产的价值是由其生产成本决定的，因此这一理论成为从成本角度（重置思路）评估资产价值的理论基础。

二、买方市场时期的价值观：效用价值论

19世纪70年代，边际效用学派兴起，出现了边际效用价值论。该理论认为，商品的价值不是来源于其生产过程，而是来源于消费者对商品的主观感受与评价，具有极强的个别性，消费者认为商品对自己的主观效用大则商品的价值就大，反之价值则小。因为消费者是需求者，而且商品的价值由其做出最终评价，因此效用价值论也被称为需求决定论。

当商品经济日益出现供过于求的经济危机时，商品的生产，尤其是无差别商品的生产过程变得不再那么重要，因为它已经是一种不可逆转的社会现实。此时，人们便将注意力逐渐从商品的生产过程转移到价值的实现过程。以奥地利学派为代表的心理学派认为资产具有价值必须满足两个前提，即有用性（基础条件，即具有使用价值）和稀缺性（必要条件，即具有交换价值），而决定商品价值量的是人对商品价值的主观评价，即商品的边际效用。需要特别说明的是，这里的"人"是指能够形成广泛社会需求的一个总的消费群

体,而不是某个极具个性的"个体"。资本、劳动和土地等生产要素的价值间接来自它所生产的消费品的价值,每一种要素根据其在生产过程中的边际贡献获得其在生产总收益中归属于自己的那部分价值,边际贡献的确定需要借助于管理学的其他方法。

根据边际效用学派的理论,资产的价值取决于其效用,而资产的效用则是指资产为其占有者带来的收益,因为占有资产的根本目的就是获取收益,一项资产能够带来的未来收益越高,其价值就越大,反之则越小,其价值并不是取决于其成本。效用价值论是从效用角度评估资产价值的理论基础。

三、均衡价值观:供求决定价值论

19世纪末20世纪初,以马歇尔为代表的新古典主义学派成功地将古典经济学派的"供给—成本"观点与边际学派的"需求—价格"观点结合起来,认为市场的力量将会促使生产和需求趋向平衡,形成了均衡价值论。

以马歇尔为代表的新古典主义学派在先前理论的基础上进行融合,将效用价值论和生产费用价值论结合起来,在利用供求力量对价值和价格的解释中实现了价格论对价值论的替代以及主观价值论与客观价值论的合流。在他的学说中,价值、交换价值和价格是没有区别的,价值就是由市场供求关系所决定的均衡价格。

供求决定价值论说明,在资产评估中,既需要考虑资产的构建成本,也需要考虑资产的效用。在完全竞争市场中,从理论上讲资产的生产费用与效用在价值上应该呈现正相关关系,即一项资产在构建时所需的必要耗费越高,其效用就越大,否则就无人愿意去构建它。但是这一结论在评估实践中还需具体问题具体分析,某些资产由于其自身特点,其建造费用与其效用之间不存在正相关关系,此类资产主要是资源型资产、无形资产(包含商誉)和某些公益性资产。

供求决定价值论是从公开市场角度(比较和替代思路)评估资产价值的理论基础。

上述所列举的与资产评估相关的价值学说对资产评估理论与实践研究起到了一定的指导和引导作用。不同的价值学说应用在资产评估领域中,就形成了各种不同的资产评估价值观,包括但不限于以下3种。

第一,生产成本观。生产成本观基于投入的视角看待价格形成与决定,是劳动价值论和生产费用价值论思想的集中体现。因为,劳动价值论认为资产的价值由凝聚在资产中的无差别的物化劳动和活劳动所决定。而生产费用价值论中的劳动、资本和土地等耗费,在某种程度上也可以理解为物化劳动和活劳动的耗费。而且,两大理论都强调了社会必要生产成本(劳动时间)决定的观点。人们还从社会再生产理论的角度把这一观点解释为投入价值,即从投入的角度来衡量资产的评估价值。

第二,供求平衡价值观。供求平衡价值观强调"价值"是由"供求关系"决定的。价值是需求的函数,当供给大于需求时价值就小,当供给小于需求时价值就大。价值是个相对名词,某一商品的价值指的不是该商品本身具有的某种内在的本质特征,而是该商品所能换得的其他物品的数量。因此,某一物品的价值是相对于另外某一物品或一般物品而言的,即某个物品的经济价值是由具有同样满意程度的替代物的支出决定的。价值和价格只是在市场上由竞争决定,市场上的价格应当遵循同一率,即同质同量的商品,在同一市场上的价格应当是相等的。供求平衡价值观借鉴了马歇尔新古典主义理论中的"价格—价值论"形成的资产价值决定观。因为资产评估价值属于价格范畴,而马歇尔的新古典主义理论中的"价格—价值论"则是一种把需求和供给结合起来，用市场交易价格作为价值的理论，此理论下，资产评估价值就是一种价格，所有影响资产价格的因素都会影响资产评估价值，市场供求关系对资产评估价值的影响举足轻重。

第三，预期效用观。预期效用观源于效用价值论，效用价值论的思想是指资产的价值由资产能为其所有者或控制者所能带来的效用决定。资产的效用显然指的是资产能为其所有者、占有者或控制者所带来的未来预期收益。因为对投资者来说，占有资产的根本目的就是实现收益，并尽可能最大化收益。效用价值论是从产出的角度来评估资产的价值的，生产费用价值论与效用价值论在这一点上存在一致性。

第三节　如何根据评估目的选择价值类型

一、资产评估目的

资产评估目的是指评估委托人要求对评估对象的价值进行评估后所要从事的行为。资产评估目的要解决的问题是为什么要进行资产评估，这是资产评估工作进入实质性阶段后首先要考虑的重要因素。

资产评估目的有一般目的和特定目的之分。

（一）资产评估的一般目的

资产评估的一般目的是由资产评估的性质及其基本功能决定的，它泛指所有资产评估活动所具有的共同目的或目标，即不考虑所有资产评估事项的特殊性，以及所有个别经济事项对资产评估的特殊条件要求，只保留进行资产评估所要实现的最本质的目标和要求。

资产评估作为一种专业人员对特定时点及特定条件约束下资产价值的估计和判断的社会中介活动，其所要实现的一般目的只能是资产在评估时点的公允价值。资产评估中的公允价值是一种相对合理的评估价值，它是一种相对于当事人各方地位、资产状况及资产所面临市场条件的合理评估价值。资产评估中的公允价值的显著特点是，它与相关当事人的地位、资产状况及资产所面临市场条件相吻合，且并没有损害各当事人的合法权益，亦没有损害他人的利益。

（二）资产评估的特定目的

资产评估特定目的是每一个资产评估事项所要实现的具体目标，是每一个引起资产评估的经济事项及具体委托人对资产评估报告和评估结论的具体条件要求和用途要求。资产评估活动应该基于个别客户的角度和立场来认识和理解资产评估特定目的，即评估报告及评估结论的特殊目的和具体用途。资产评估特定目的应该被理解为：在符合法律法规、评估规范及社会公共利益的前提下，评估报告和评估结论应当满足特定客户进行某个具体经济事项的需要。

要很好地理解与把握个别客户使用评估报告及结论的特殊目的和具体用途，就需要从引起资产评估的经济事项入手。资产评估一般目的的提出，实际上要求评估人员站在普遍适用的资产评估基本理论、基本方法、基本假设和基本原则立场上，考虑资产评估的条件约束和目标约束，并在资产评估的全过程中体现这些约束。资产评估特定目的的提出，实际上要求评估人员站在具体客户使用评估报告及结论的立场上，考虑每一个资产评估项目的条件约束和目标约束，并在该资产评估项目的全过程中体现这些约束。

由于资产评估活动都是具体的，在资产评估实践中直接发挥作用的主要是资产评估特定目的。为了更好地理解资产评估特定目的并能切实实现评估特定目的对评估报告及评估结论的约束和影响，就需要全面理解资产评估特定目的的主要构成要素以及它们之间的相互关系，包括引起资产评估的经济行为或事项、评估报告及结论的预期用途和评估报告及结论的预期使用者三者间的关系及作用机制。

资产评估特定目的既包含对资产评估条件的约束，又包含对评估报告和结论预期用途的约束。所以，在资产评估实务中，评估人员都十分关注资产评估特定目的。

从我国资产评估实际情况来看，引起资产评估的资产业务主要有以下两类：其一是相关法律法规要求需要有资产评估鉴证或价值咨询意见才可以开展的经济事项；其二是市场主体自主要求需要资产评估提供价值鉴证或咨询服务支持才能开展的经济活动或事项等。

1. **法律法规要求需要提供资产评估支持才能开展的相关经济活动（即法定资产评估业务）**

资产评估法、公司法、证券法、担保法和税法等法律法规对于某些经济事项要求提供资产评估报告。

（1）国有资产管理法规规定的需要进行资产评估的国有资产产权变动及相关经济活动，主要包括国有资产转让、担保，国有企业兼并、出售、联营、清算、租赁、股份经营，中外合资、合作，国有债务重组等。

（2）公司法、证券法等法规规定的需要或可以进行资产评估的投资、融资及相关的经济事项。《中华人民共和国公司法》（以下简称《公司法》）第二十七条规定："股东可以用货币出资，也可以用实物、知识产权、土地使用权等可以用货币估价并可以依法转让的非货币财产作价出资；但是，法律、行政法规规定不得作为出资的财产除外。对作为出资的非货币财产应当评估作价，核实财产，不得高估或者低估作价。法律、行政法规对评估作价有规定的，从其规定。"《中华人民共和国证券法》（以下简称《证券法》）第一百三十九条规定："国务院证券监督管理机构认为有必要时，可以委托会计师事务所、资产评估机构对证券公司的财务状况、内部控制状况、资产价值进行审计或者评估。"

（3）其他法律法规规定的需要或可以进行资产评估的涉及财产、经济赔偿等的案件、事项等。例如：税法对某些房地产交易、转移和保有等经济事项要求进行的价值评估；城市与建设相关法规要求对城市改造或重大工程涉及的企业搬迁、房屋拆迁进行的价值评估等；民事诉讼法及有关刑法对涉及经济犯罪、损失赔偿要求进行的资产评估等。

2. **市场主体进行的投融资活动和交易活动**

市场主体进行的投融资活动和交易活动也可以进行资产评估，例如，资产转让、企业兼并、资产重组、企业联营、股权收购、企业清算、财产抵押、企业租赁等。

3. **其他经济事项**

无论是什么原因引起的资产评估需求，都会受到相关法律法规及制度规定等的规范与约束。资产评估也就必须要遵守相关经济活动所涉及的法律法规及制度规定。另外，资产评估是由特定经济活动引起的，引起资产评估的特定经济事项对评估报告的预期用途具有明确、直接约束。

（三）资产评估特定目的在资产评估中的地位和作用

从前面资产评估特定目的的表述中可以看出，资产评估特定目的包含为什么要进行资产评估、资产评估报告结论的具体用途，以及谁来使用评估报告和评估结论三个基本问题。特定目的在资产评估中有着极为重要的地位和作用。资产评估特定目的不仅是某项具体资产评估活动的起点，同时又对资产评估活动所要达到的目标具有极强的约束作用。资产评估特定目的贯穿了资产评估的全过程，影响着评估人员对评估对象界定、评估工作范围、评估参数及资产价值类型选择等，它是评估人员在进行具体资产评估时必须首先明确的基本事项。

评估对象与评估客体或评估标的物是不同的概念，评估对象比较抽象，评估客体或评估标的物才是评估对象在特定评估目的、评估情境下的具体化。在资产评估中，没有条件约束的价值或评估对象是没有实践意义的，没有条件约束的评估客体或评估标的物也是没有实践意义的。没有评估特定目的等条件约束的评估客体不是真正的评估对象载体，当然也就无法准确界定或评估该评估对象载体的价值。只有当委托人明确提出因何种经济活动和目的以及评估该不动产的何种权益等条件时，上述委托才构成有明确评估目的的规范委托，评估师才可以根据特定经济行为或事项的目标约束和条件约束等来界定评估对象载体，进而评估其价值。

资产评估特定目的对于资产评估中的具体参数选择具有约束作用。评估参数是形成评估结论最直接的数据。在具体评估项目中，评估参数的采集和选择受制于评估特定目的。因为在不同的评估特定目的下，不同的评估报告使用者对于评估报告及结论的形成、披露等有着不同的要求。

二、资产评估的价值类型

在资产评估中，一项特定资产可能有不同的使用方式和利用程度，可能要面对不同的潜在投资者，可能面临不同的细分市场及市场条件。当然，一项特定资产可能存在不同的评估结果。从资产评估学的角度来看，资产评估价值类型理论和价值类型本身就是全面反映资产评估价值这种现象和情况的专业解释和载体，相同或同一资产在同一评估基准日可能有不同的价值，表现为相同或同一资产在不同条件下具有不同的价值类型和价值表现形式。相同或同一资产在同一评估基准日可能有不同的价值类型，也表明相同或同一资产在同一评估基准日可能有不同的评估结果，即相同或同一资产在同一评估基准日存在评估数额上的差异是正常的。资产评估活动中的这种情况表明资产评估价值类型理论和资产评估价值类型在资产评估中具有十分重要的地位和意义。这就决定了评估人员在进行资产评估时，对价值类型的界定和选择应该是评估人员进行资产评估之初必须要考虑的问题。

资产评估中的价值类型分为广义的价值类型和狭义的价值类型。广义的价值类型通常是指人们按照某种标准对资产评估结果及其表现形式的价值属性的抽象和归类。当然，资产评估中的价值类型无论在理论上还是在实践中从来都不是唯一的。人们按照不同的标准、条件和依据，将资产评估结果及其表现形式划分为若干种价值类型。

根据《资产评估价值类型指导意见》，资产评估中的价值类型包括市场价值和市场价值以外的价值类型。

（1）市场价值是指自愿买方和自愿卖方在各自理性行事且未受任何强迫的情况下，评估对象在评估基准日进行正常公平交易的价值估计数额。

（2）市场价值以外的价值类型包括投资价值、在用价值、清算价值、残余价值等。

投资价值是指评估对象对于具有明确投资目标的特定投资者或者某一类投资者所具有的价值估计数额，亦称特定投资者价值。

在用价值是指将评估对象作为企业资产组成部分或者要素资产按其正在使用方式和程度对所属企业的贡献的价值估计数额。

清算价值是指评估对象处于被迫出售、快速变现等非正常市场条件下的价值估计数额。执行资产评估业务，当评估对象面临被迫出售、快速变现或者评估对象具有潜在被迫出售、快速变现等情况时，通常选择清算价值作为评估结论的价值类型。

残余价值是指机器设备、房屋建筑物或者其他有形资产等的拆零变现价值估计数额。执行资产评估业务，当评估对象无法使用或者不宜整体使用时，通常考虑评估对象的拆零变现，并选择残余价值作为评估结论的价值类型。

某些特定评估业务评估结论的价值类型可能会受到法律、行政法规或者合同的约束，这些评估业务的评估结论应当按照法律、行政法规或者合同的规定选择评估结论的价值类型；法律、行政法规或者合同没有规定的，可以根据实际情况选择市场价值或者市场价值以外的价值类型，并予以定义。

特定评估业务包括：以抵（质）押为目的的评估业务、以税收为目的的评估业务、以保险为目的的评估业务、以财务报告为目的的评估业务等。

（1）执行以抵（质）押为目的的资产评估业务，应当根据《中华人民共和国担保法》等相关法律、行政法规及金融监管机关的规定选择评估结论的价值类型；相关法律、行政法规及金融监管机关没有规定的，可以根据实际情况选择市场价值或者市场价值以外的价值类型作为抵（质）押物评估结论的价值类型。

（2）执行以税收为目的的资产评估业务，应当根据税法等相关法律、行政法规规定选择评估结论的价值类型；相关法律、行政法规没有规定的，可以根据实际情况选择市场价值或者市场价值以外的价值类型作为课税对象评估结论的价值类型。

（3）执行以保险为目的的资产评估业务，应当根据《中华人民共和国保险法》等相关法律、行政法规或者合同规定选择评估结论的价值类型；相关法律、行政法规或者合同没有规定的，可以根据实际情况选择市场价值或者市场价值以外的价值类型作为保险标的物评估结论的价值类型。

（4）执行以财务报告为目的的资产评估业务，应当根据会计准则或者相关会计核算与披露的具体要求、评估对象相关条件等明确价值类型，会计准则规定的计量属性可以理解为相对应的资产评估价值类型。

资产评估专业人员选择价值类型，应当考虑价值类型与评估假设的相关性，充分考虑评估目的、市场条件、评估对象自身条件等因素。

（1）执行资产评估业务，当评估目的、评估对象等资产评估基本要素满足市场价值定义的要求时，一般选择市场价值作为评估结论的价值类型。资产评估专业人员选择市场价值作为价值类型，应当知晓同一资产在不同市场的价值可能存在差异。

（2）执行资产评估业务，当评估业务针对的是特定投资者或者某一类投资者，并在评估业务执行过程中充分考虑并使用了仅适用于特定投资者或者某一类投资者的特定评估资料和经济技术参数时，通常选择投资价值作为评估结论的价值类型。

（3）执行资产评估业务，评估对象是企业或者整体资产中的要素资产，并在评估业务执行过程中只考虑了该要素资产正在使用的方式和贡献程度，没有考虑该资产作为独立资产所具有的效用及在公开市场上交易等对评估结论的影响，通常选择在用价值作为评估结论的价值类型。

法律、行政法规或者合同对价值类型有规定的，应当按其规定选择价值类型；没有规定的，可以根据实际情况选择市场价值或者市场价值以外的价值类型。

三、资产评估目的与价值类型的关系

资产评估特定目的对资产评估具体价值类型的选择具有约束作用。特定经济事项或资产业务约束着资产的存续条件、使用方式、利用状态和资产面临的市场条件以及评估报告的使用者。资产评估具体价值目标受制于上述因素。上述条件的不同排列组合对资产评估所形成的条件约束和目标约束，要求评估人员在资产评估具体价值目标选择上应当采用与之相匹配的价值定义及价值类型。根据评估特定目的的条件约束选择与之相适应的评估价值类型，是评估人员进行具体评估时最重要的工作之一。需要指出的是，由于时间、地点、市场条件和预期使用者等的差异，同一类型的资产业务对资产评估的约束并不完全相同，对评估结论的价值定义及价值类型的要求也会有差别。这表明，引起资产评估的资产业务对资产评估报告的适用性以及评估结论的价值类型要求是具体的，必须把引起资产评估的经济事项、评估委托人的评估报告预期用途及评估结论预期使用者三者一并考虑。

第四节　评估假设与评估原则

一、资产评估假设

资产评估假设是指对资产评估过程中某些未被确切认识的事物，根据客观的正常情况或发展趋势所作的合乎情理的推断。资产评估假设也是资产评估结论成立的前提条件。

适用资产评估的假设有交易假设、公开市场假设、持续使用假设、清算假设四种。

（一）交易假设

交易假设是资产评估得以进行的一个最基本的前提假设，它是假定所有待评资产已经处在交易过程中，评估师根据待评估资产的交易条件等模拟市场进行估价。为了发挥资产评估在资产实际交易之前为委托人提供资产交易底价的专家判断的作用，同时又能够使资产评估得以进行，利用交易假设将被评估资产置于"交易"当中，模拟市场进行评估就是十分必要的。

交易假设一方面为资产评估得以进行"创造"了条件；另一方面它明确限定了资产评估外部环境，即资产是被置于市场交易之中，资产评估不能脱离市场条件而孤立地进行，资产评估行为不可以恣意妄为，天马行空。

（二）公开市场假设

公开市场假设是对拟进入的市场条件，以及资产在这样的市场条件下接受何种影响的一种假设。公开市场假设的关键在于认识和把握公开市场的实质和内涵。就资产评估而

言,公开市场是指一个有充分发达与完善的市场条件,充分的自愿买者和自愿卖者的竞争性市场。在这个市场上,买者和卖者地位平等,彼此都有获取足够市场信息的机会和时间,买卖双方的交易行为都是在自愿、理智,而非强制的条件下进行的。

公开市场假设旨在说明一种充分竞争的市场条件,在这种条件下,资产的交换价值受市场机制的制约并由市场行情决定,而不是由个别交易决定。

公开市场假设是资产评估中的一个重要假设,其他假设都是以公开市场假设为基本参照。公开市场假设也是资产评估中使用频率较高的一种假设,凡是能在公开市场上交易、用途较为广泛或通用性较强的资产,都可以考虑按公开市场假设前提进行评估。

(三) 持续使用假设

持续使用假设也是对资产拟进入的市场条件,以及在这样的市场条件下的资产状态的一种假定。持续使用假设又细分为三种具体情况:一是在用续用,二是转用续用,三是移地续用。在用续用指的是处于使用中的被评估资产在产权发生变动或资产业务发生后,将按其现行正在使用的用途及方式继续使用下去。转用续用则是指被评估资产将在产权发生变动后或资产业务发生后,改变资产现时的使用用途,调换新的用途继续使用下去。移地续用则是说被评估资产将在产权变动发生后或资产业务发生后,改变资产现在的空间位置,转移到其他空间位置上继续使用。

(四) 清算假设

清算假设是对资产在非公开市场条件下被迫出售或快速变现条件的假定。清算假设首先是基于被评估资产面临清算或具有潜在的被清算的事实或可能性,再根据相应数据资料推定被评估资产处于被迫出售或快速变现的状态。

由于清算假设假定被评估资产处于被迫出售或快速变现条件之下,被评估资产的评估值通常要低于在公开市场假设前提下或持续使用假设前提下同样资产的评估值。因此,在清算假设前提下的资产评估结果的适用范围是非常有限的,当然,清算假设本身的使用也是较为特殊的,清算假设下评估出的资产价值往往低于公开市场假设下的评估值。

二、资产评估原则

(一) 工作原则

资产评估的工作原则是指评估机构和评估人员在执业过程中应遵循的基本原则,主要包括独立性原则、客观公正性原则和科学性原则。

1. 独立性原则

独立性原则是指评估机构应始终坚持第三者立场,不为资产业务当事人的利益所影响。评估机构应是独立的社会公正性机构,不能为资产业务中任何一方所拥有,也不能隶属于任何一方,遵循这一原则可以从组织上保证评估工作不受有关利益方的干扰和委托者意图的影响。

2. 客观公正性原则

客观公正性原则要求评估结果应以充分的事实为依据,这就要求评估者在评估过程中以公正、客观的态度收集有关数据与资料,并要求评估过程中的预测、推算等主观判断建立在市场与现实的基础之上。此外,为了保证评估的公正、客观性,按照国际惯例,资产评估机构收取的劳务费用应该与工作量相关，不与被评估资产的价值挂钩。

3. 科学性原则

科学性原则是指在资产评估过程中，必须根据特定目的，选择适用的价值类型和科学的方法，制定科学的评估方案，使资产评估结果准确合理。在整个评估工作中必须把主观评价与客观测算、静态分析与动态分析、定性分析与定量分析相结合，使评估工作做到科学合理、真实可信。

（二）资产评估的经济技术原则

虽然在资产评估的工作原则中，一再强调评估人员在对资产未来收益的预测和对市场信息资料的筛选过程中应采取客观、公正的态度，但是由于资产评估本身既有精确计算的科学一面，也有鉴定艺术的一面，而评估的鉴定艺术又是评估人员通过经验、创造性而又不失逻辑性的方案来体现的，因此资产评估结果或多或少总存在一定的主观性。曾有国外资产评估的教科书指出，即使是两个资质相同的评估师对同一项资产进行评估，其评估值也不可能完全相等。这就要求评估人员在具体操作过程中遵循资产的定价原则，或者说资产评估的经济技术原则，以保证评估结果相对公正、合理。

资产评估的经济技术原则是指在资产评估过程中进行具体技术处理的原则。它是在总结资产评估经验、国际惯例以及市场能够接受的评估准则的基础上形成的，主要包括预期收益原则、供求原则、替代原则、贡献原则、评估时点原则、最高最佳使用原则、外在性原则。

1. 预期收益原则

预期收益原则是指资产评估中，资产的价值可以不按照其过去形成的成本或购买价格决定，但是必须充分考虑它在未来可能为其控制者带来的经济效益。资产的市场价格主要取决于其未来的有用性或获利能力，未来效用越大，评估值越大；反之，一项资产尽管在取得时花了很大的成本，但目前却无多大效用，则评估值不会高。预期收益原则要求在进行评估时，必须合理预测资产未来的获利能力、不确定性和取得获利能力的有效期限。

2. 供求原则

供求原则在经济学中是指在其他条件不变的前提下，供求关系对商品价格影响的规律。供求规律同样适用于资产的定价，要求评估人员在给资产定价时应充分考虑评估时市场上被评估资产的供求状况。

3. 替代原则

替代原则是商品交换的普遍规律，即价格最低的同质商品对其他同质商品具有替代性。据此原理，资产评估的替代原则是指在评估中面对几种相同或相似资产的不同价格时，应取较低者为评估值，或者说评估值不应高于替代物的价格。这一原则要求评估人员从购买者的角度进行资产评估，因为资产评估值也需要考虑资产潜在购买者愿意支付的价格。

4. 贡献原则

贡献原则是指单项资产或资产的某一构成部分的价值，取决于它对其他相关的资产或资产整体价值的贡献，而不是孤立地根据其自身的价值来确定评估值；也可以根据当缺少它时，对相关资产或资产整体价值下降的影响程度来确定其评估值。

资产评估的各项定价原则是相互联系、互为补充的有机整体，不能片面地强调某一方面而忽视另一方面。

5. 评估时点原则

市场是变化的，资产的价值会随着市场条件的变化而不断变化。为了使资产评估得以操作，同时保证资产评估结果可以被市场检验，在资产评估时，必须假定市场条件固定在某一时点，即评估基准日。

6. 最高最佳使用原则

该原则依据价值理论原理，强调商品在交换时，应以最佳用途及利用方式实现其价值。由于商品，特别是资产的使用受到市场条件的制约，因此最高最佳用途的确定，一般需要考虑以下几个因素：

第一，反映法律上许可的要求，必须考虑该项资产使用的法律限制；

第二，确定该用途技术上是否可能，必须是市场参与者认为合理的用途；

第三，确定该用途经济上的可行性，必须考虑在法律上允许且技术上可能的情况下，使用该资产能否产生足够的收益或现金流量，从而在补偿资产用于该用途所发生的成本后，仍然能够满足市场参与者所要求的投资回报。

7. 外在性原则

资产评估中的外在性原则是指，"外在性"会对相关权利主体带来自身因素之外的额外收益或损失，从而影响资产的价值，对资产的交易价格产生直接的影响。资产评估应该充分关注"外在性"给被评估资产带来的损失或收益以及这种损失或收益对资产价值的影响。

第五节 资产评估与会计和审计的关系

一、资产评估与会计的联系与区别

会计行业和资产评估行业是市场经济活动正常进行的基础性行业，会计主要提供的是有关事实判断的服务，而资产评估主要提供的是有关价值判断的服务，在这方面两者有着本质的区别，但是在有关经济领域里面又有着很深的内在联系。

（一）两者的联系

1. 主要对象都是经济主体的资产

首先，资产评估的概念是在会计发展之后才提出的，所以资产评估的很多相关工作都离不开会计。我国资产评估关于评估对象的划分，是根据财务会计制度的资产分类来划定的，所以资产评估与会计在各项评估项目上的阐述口径是一样的，同称为资产。类别包括固定资产、流动资产、有形资产、无形资产等。在物价上涨的时候，如果产权发生交易，历史成本计价不能反映出资产的现时价值，这时候就必须要通过资产评估来对资产的账面价值按照市场价值进行调整，并把资产评估的结果按照会计科目分别陈述以方便社会接受。

2. 资产评估对会计计价方法影响较大

根据企业会计准则的规定，一般来说企业都是统一用历史成本来对会计要素进行计量的。这种使用历史成本的方法称为传统计价法，其他的方法我们称为现代计价法。使用传统计价法的优势就是能够简化手续，保证客观性，并且还有原始数据保留，防止出现人为对账面记录进行改动的情况。但是传统计价法也有其自身的局限性，当币值不稳或者物价波动较大时，历史成本无法真实地反映出经营业绩和会计主体的财务状况，影响会计信息的可用性。所以，在进行产权交易的时候，一般采用的是现代计价方法来进行资产评估，因为在进行资产评估的时候，作为产权变动的交易价格必须是资产公允的现时价值，历史成本往往无法满足这个要求，会计计量属性中除历史成本之外的计量属性都带有明显的资产评估特征。产权交易的时候必须要使用现代计价方法对资产的现值进行更加精确的计价，但是目前会计中使用现代计价方法的，只有少数企业和部分产权发生变动的资产。

3. 资产评估结果的作用

公司法和相关法律有明文规定，如果投资者在进行资产投资的时候，使用的是非货币资产，那么在进行投资的时候需要进行资产评估，并根据资产评估的结果，确定投资的货币金额。而在财务处理上，公司会计入账的依据就是资产的评估结果，并且在企业发生重组或者是兼并等产权变动的情况下，企业重新建账、调账的依据就是资产评估结果。因此，资产评估结果对于会计计价来说有着很多帮助。

（二）两者的区别

1. 不同的前提条件

会计学的资产计价发生前提是企业会计主体不发生变动，并且是处于持续经营的状态中，而且要严格遵守历史成本原则。相比而言，资产评估发生的前提条件则是产权发生变动或交易的情况下，会计学的资产计价无法真实地反映企业资产。根据发生前提条件的不同，我们可以知道资产评估不能完全否定会计计价使用的历史成本原则，而且在企业持续经营的条件下，不可随意以资产评估价值替代资产历史成本计价。如果这样替代的话，不但会破坏会计计价的严肃性，违背历史成本原则，而且会对企业的成本和收益计算产生不利影响。

2. 两者的计价原则不同

资产评估强调的是特定资产评估时点的市场价值，会计工作中的资产计价强调的是历史成本。会计具有客观性，即资产是以购买时的价格或生产时的成本减去折旧，即净历史成本计价。然而，资产评估计价的标准是可选的和可变的，即资产评估并不反映历史成本和未来价格，只是反映某一时点的重置价值、清算拍卖价值等，资产评估价值类型随评估目的不同、财税政策不同而进行具体选择。因此，会计计价所反映的是以往发生过的业务，而资产评估是以现在已经发生或未来将要发生的客观事实为依据，加上评估人员的职业判断及推理而计算出结果。

3. 两者的计价方法不同

资产评估需要在评估之前收集各方面的信息，在拥有详细资料的前提下，对评估实体的价值做出公允的判断。它往往需要运用供求原则、替代原则以及预期收益原则尽可能地做出符合市场要求的估价,它强调更多的是评估师的判断,这也为评估结果带来很大的不确定性。会计计价则只需要用核算的方法确定资产的价值,而且这个价值往往是在原始价值的基础上得出的,虽然会与市场价值有一定的差距,但这个差距是有规律可循的,会计的计价则更为稳定可靠。

4. 两者的工作程序不同

会计工作有较固定的程序和准则,同样的工作即使是不同人员,所得结果基本上是相同的。而资产评估工作的自由度会比较大,同样是一块土地的评估,价值可能会相差很多,所以就要求资产评估人员谨守职业道德,客观、公正地提供交易价格信息,为信息使用者服务。

(三)结论

会计和资产评估,尽管在工作方式、使用方法、遵守原则和前提条件上各有不同,但是从最终目的和两者的工作性质上来说,两者是有着紧密的内在联系的。而且随着社会主义市场经济体制的不断完善,资产转让和重组等产权交易活动将越来越频繁,这会促进资产评估机构快速发展,并且在市场经济活动中扮演越来越重要的角色。

二、资产评估与审计的区别与联系

资产评估与审计同为专业服务性质的活动,既相互区别,又相互联系。

(一)资产评估与审计的区别

1. 特征不同

审计是在现代企业两权分离背景下产生的,旨在对企业财务报表所反映的企业财务状况和经营成果的真实性和公允性做出事实判断,具有明显的公证性特征。

资产评估是市场经济充分发展,适应资产交易、产权变动等需要,为委托人与相关当事人的被评估资产做出价值判断的专业性行为,具有明显的咨询性特征。

2. 专业原则不同

审计人员贯彻公证、防护和建设三大专业原则。

资产评估人员在执业过程中则必须遵循独立、客观、科学等工作原则以及供求、替代、贡献、预期等技术经济原则。

3. 专业知识基础不同

审计工作是以会计学、税法及其他经济法规等知识为专业知识基础,

资产评估的专业知识基础,除了由经济学、法律、会计学等知识组成外,还包括工程技术方面的知识。

4. 工作标准不同

审计主要是对会计报告的审计,审计对业务的处理标准与会计是同一的,而与资产评估却是大相径庭。

(二)资产评估与审计的联系

资产评估与审计都是国民经济核算范畴,都与货币计价有关。在企业改制等产权或者

产权主体变动的评估中，必须以审计后的会计资料作为评估前的价值依据，改制后重新验资注册需以评估结果作为验资依据。

资产评估（外部评估）与审计同属于中介服务，职业道德规范类似，如独立、客观、公正等，且均要求从业人员具备胜任能力。资产评估与审计的联系具体表现在以下几个方面。

1. 资产评估和审计方法的相互借鉴

资产评估机构在进行评估作价时，经常会采用与审计相同或相似的方法，如监盘、函证、抽样、测试等；在资产清查阶段采用的工作方法，包括对委托方申报的评估对象进行核实和界定，有相当部分工作采用了审计的方法，具有"事实判断"的性质。

根据我国现行资产评估法规的要求，流动资产及企业负债也被纳入企业价值评估范围之内，而流动资产和负债的评估有相当部分是借鉴审计的方法进行。审计机构在审计时，需要采用公允价值测试资产价值，并据以计提资产减值准备或确定公允价值变动损益等，这与评估基本相同，所以评估与审计具有不解之缘。

2. 资产评估和审计数据的相互利用

资产评估在采用资产基础法评估企业的整体价值时，经审计后的企业财务报表及相关数据可以作为企业价值评估的基础数据。经审计负责查验核实后的各资产项目具体数额，具有合理性、真实性和权威性，资产评估利用审计结果具有公允性。

审计也时常运用评估结果。如固定资产、存货等实物资产，商标权、专利权等无形资产，股票投资等权益性资产，其实际价值在审计时是根据评估价值确定的。

所以资产评估报告经常使用审计结果，审计报告经常利用资产评估的结果。资产评估应以审计的"终点"为评估的"起点"，即在已得出的"审定数"基础上进行评估；审计以评估的"终点"作为审计的"起点"，即在已得出的评估价值的基础上进行审计，很多工作上相互影响，相互促进。

3. 审计运用评估技术

由于会计资产计价是审计审核的一个重要方面，而会计资产计价与资产评估有着紧密的联系，审计审核会计资产计价也要大量运用资产评估技术和方法，会计、审计、资产评估工作紧密相连，不可分割。

【本章习题】
1. 如何认识资产评估行业发展前景？
2. 如何认识资产评估与大会计学科体系的关系？

第二章 如何恰当选择评估技术路线

学习目标

评估技术路线（评估方法）是达到评估目的的手段，通过本章学习，学生需掌握三种基本评估技术路线，熟练掌握各种技术路线的原理、使用前提和操作过程，并能够应用到各种类型资产评估中。

学习重点与难点

1. 市场法评估资产价值的前提及具体方法；
2. 收益法基本参数确定及其计算公式；
3. 成本法重置成本及各种贬值的估算方法。

导入情境

学生、家长、用人单位如何评价毕业生价值？

小A是某高校的毕业生，上学期间学习非常刻苦，各科成绩都是优秀，在校期间所获得的荣誉称号不计其数，在家长的眼里一直是好孩子，在老师的眼中一直是好学生，小A同学本身也是阳光自信、开朗活泼，对自己充满自信，对未来的职业发展充满向往。

2021年小A毕业了，踌躇满志地走向人才市场，开始一轮又一轮的岗位竞聘，本以为以自己的能力，谋取一个年薪20万元以上的工作肯定轻而易举，但应聘时却屡屡碰壁。在人山人海的求职现场能顺利递出简历就很不容易，与自己专业相近的高材生比比皆是，好不容易接到面试通知，招聘人员给出的待遇也是月薪3 000元、5 000元。小A深受打击，给父母打电话诉苦，父母也是抱怨连连："3 000、5 000的月薪都抵不了我们培养你的成本！"毕业在即，万般无奈之下，小A和某企业签订了起薪月薪5 000元的就业协议。①

请思考：人力资本价值如何评估？

---

① 资料来源：本书作者情境假设。

第一节 评估技术路线——市场法

【微案例2-1】

　　2014—2017年，上市公司重大资产重组报告中共涉及财险公司评估项目8项，其中有7项以市场法作为主要评估方法，这说明实务中涉及财险业务的评估结论中绝大部分选用的是市场法。对于保险业而言，国内资本市场上同类资产交易案例较多，在目前监管体系下，财务数据公开、易得，因此保险公司相关评估业务适合采用市场法[①]。

　　请思考：市场法在我国的使用现状及前景如何？

一、市场法的基本原理

(一) 市场法的理论基础

　　市场法，也称为市场比较法，它以马歇尔的均衡价值论为理论基础，认为资产的价值是由在公开市场上买卖双方力量达成一致时的均衡价格所决定的。但是，由于资产评估是一个模拟市场过程的结果而非实际交易的结果，因此，在资产评估中运用均衡价值论就是承认市场交易结果的相对合理性。以与被评估资产相类似的交易案例为参照，来确定被评估资产的评估值。这也说明该方法是基于资产定价的替代原则，即一项资产的价值等同或接近于其已经完成交易的替代品的市场价值。

(二) 市场法的评估思路

　　市场法的评估思路是，首先在资产市场上寻找与被评估资产相类似的参照物（又称交易案例），然后对被评估资产与参照物之间的差异进行调整，将参照物的成交价调整成被评估资产的评估值。由于市场法是通过被评估资产及参照物的市场行情来确定被评估资产的评估值，因此只有选择多个参照物才能避免偶然性因素对评估过程及评估结论的影响。当评估人员对各参照物的市场交易信息具有同等信任程度时，市场法的评估思路可用公式表示为：

$$被评估资产价值 = \left[\sum_{i=1}^{n}(参照物成交价 \times 各项调整系数)\right] \div n \quad (2-1)$$

(三) 市场法运用的前提条件

　　1. 充分发育的活跃的资产市场

　　在资产市场上，交易越频繁，与被评估资产相类似的交易案例就越容易获得，就越容易形成某一类资产的市场行情。

　　2. 能够搜集到参照物及其与被评估资产可比较的指标、技术参数等资料

　　运用市场法技术路线，重要的是能够在资产市场上找到与被评估资产相同或相类似的参照物。一般来讲，与被评估资产完全相同的资产很难找到，因此往往需要对相类似的参

---

① 胡晓明，钱逸鑫，孙洁，等. 财险公司市场法评估适用性案例分析 [J]. 财会月刊，2020，05：20-26.

照物进行调整。这时，有关调整的指标、技术参数能否取得，也就成为市场法能否正确运用的关键。以上两个前提条件说明，在资产市场不活跃和评估对象为有限市场资产或专用资产的情况下，不适合采用市场法。

二、市场法的基本程序及有关指标

（一）寻找参照物

寻找参照物是市场法技术路线的基础，不同的资产业务对参照物的具体要求有所不同，但也存在共同的基本要求。

1. 参照物的成交价必须真实

参照物的成交价必须是实际成交价。报价、拍卖底价等均不能视为成交价，它们不是实际交易的结果。

2. 参照物的基本数量要求

如前所述，市场法是通过同类资产的市场行情来确定被评估资产的价值，因此，如果只能找到一两个交易案例，是不能反映市场行情的。我国目前一般要求至少有三个交易案例，国外在正常情况下要求至少有四到五个交易案例，才能有效运用市场法。

3. 参照物与被评估资产之间大体可替代

市场法要求参照物与被评估资产要尽可能类似。例如：在房地产评估中要求参照物与被评估资产应是同一供需圈内，处于相邻地区或同一区域等；在机器设备评估中要求参照物与被评估资产功能相似，最好是规格、型号相同，出厂日期相近等；在企业价值评估中，对选择参照物的要求则更多，要求参照物与被评估企业在行业生产规模、收益水平、市场定位、增长速度、企业组织形式、资信程度等方面相类似。这也说明在产权交易不十分活跃的市场中，由于难以寻找到合适的参照物，往往无法运用市场法进行企业价值评估。

4. 参照物的成交价应是正常交易的结果

不能反映市场行情的关联交易、特别交易所涉及资产不能被选作参照物。如果能将非正常交易修正为正常交易，例如能够获得关联交易成交价高于或低于市价多少的信息，则该参照物可选用。此外，还要求参照物的成交时间尽可能接近评估基准日，以提高参照物成交价的可参照程度。

（二）调整差异

参照物与被评估资产之间具体存在哪些差异，需视具体资产业务而定，需要调整的差异包括但不限于以下几方面。

1. 时间因素

时间因素是指参照物成交日与被评估资产的评估基准日不在同一时期，而在这段间隔期，参照物价格变动对评估值的影响。调整的方法可以采取定基物价指数法、环比物价指数法。

2. 区域因素

区域因素是指参照物所在区域与被评估资产所在区域条件的差异对评估值的影响。如果参照物所在区域条件比被评估资产所在区域好,需将参照物的成交价向下调,反之需要向上调,具体调整一般采用打分法。

3. 功能因素

功能因素是指参照物与被评估资产在功能上的差异对评估值的影响。可以通过功能系数法计算功能差异对评估值的影响。

4. 成新率因素

成新率即资产的新旧程度,除了土地资产外,一般有形资产都会存在有形损耗问题。有形损耗率越高(或者说成新率越低),资产的价值就越低。因此,如果参照物的成新率比被评估资产低,就需要将参照物的成交价向上调,即调整系数大于1;反之,则需将参照物的成交价向下调,即调整系数小于1。

5. 交易情况调整

交易情况调整是指:

(1)由于参照物的成交价高于或低于市场正常交易价格所需进行的调整。

(2)因融资条件差异所需进行的调整,即一次性付款和分期付款对成交价的影响。

(3)因销售折扣或折让条件不同所需进行的调整。

(三)确定评估值

在分别完成对各参照物成交价的修正后,即可获得若干个调整值。将这些调整值进行算术平均或加权平均,就可最终确定评估值。

三、市场法的具体操作方法

从理论上讲,运用市场法进行资产评估有两种操作方式:一种是直接比较法,另一种是间接比较法。

直接比较法是将被评估资产的某一或若干因素与参照物的某一或若干因素进行比较,计算修正系数,在参照物成交价的基础上计算评估值。间接比较法是以资产的国家标准、行业标准或市场标准为基准,分别将被评估资产与参照物与其对比打分,得到两者各自的分值,进而计算修正系数,再在参照物成交价的基础上计算评估值。资产评估中较常用的是直接比较法。

直接比较法具体又分为单一因素比较法和类比调整法。

(一)单一因素比较法

单一因素比较法是指利用参照物的交易价格及参照物的某一基本因素直接与评估对象的同一基本因素进行比较,从而判断评估对象评估值的方法。其计算公式可表示为:

评估对象价值 = 参照物成交价 ×(评估对象 A 因素指标值/参照物 A 因素指标值)

(2-2)

单一因素比较法通常对参照物与评估对象之间的可比性要求较高。参照物与评估对象要达到相同或者基本相同,仅在某一因素上存在差异,如新旧程度、交易时间、功能、交易条件等。单一因素比较法具体包括以下5种方法。

1. 现行市价法

当评估对象本身具有现行市场价格或与评估对象基本相同的参照物具有现行市场价格的时候,可以直接将评估对象或参照物在评估基准日的现行市场价格作为评估对象的评估值。例如:可上市流通的股票和债券,可将其在评估基准日的收盘价作为评估值;批量生产的设备、汽车等,可将同品牌、同型号、同规格、同厂家、同批量的设备、汽车等的现行市场价格作为评估值。

2. 功能价值法

功能价值法是以参照物的成交价为基础,考虑到参照物与评估对象之间仅存在功能差异,进而通过调整二者的功能差异估算评估对象价值的方法。其计算公式为:

$$评估值 = 参照物成交价 \times (评估对象产能/参照物产能) \quad (2-3)$$

当然,功能差异不仅仅表现在资产的生产能力这一项指标上,还可能表现在其他指标上,此不赘述。

3. 价格指数法

价格指数法是以参照物成交价为基础,考虑参照物的成交时间与评估对象的评估基准日之间的时间间隔对资产价值的影响,利用价格指数调整参照物成交价进而估算评估值的方法。其计算公式为:

$$评估值 = 参照物成交价格 \times (1 + 物价变动指数) \text{ 或评估值} = 参照物成交价格 \times 价格指数 \quad (2-4)$$

此方法仅适用于评估对象与参照物之间仅在时间因素方面存在差异的情况,对于技术进步较快的资产不适用。

4. 成新率价格法

成新率价格法是以参照物的成交价格为基础,考虑参照物与评估对象仅存在新旧程度上的差异,通过成新率调整估算出评估对象的价值。其计算公式为:

$$评估值 = 参照物成交价 \times \left(\frac{评估对象成新率}{参照物成新率}\right) \quad (2-5)$$

5. 市价折扣法

市价折扣法是以参照物成交价格为基础,考虑到评估对象在销售条件、销售时限等方面的不利因素,凭借评估人员的经验或有关部门的规定,设定一个价格折扣率,来估算评估对象价格的方法。其计算公式为:

$$评估值 = 参照物成交价 \times (1 - 价格折扣率) \quad (2-6)$$

此方法只适用于评估对象与参照物之间仅存在交易条件方面差异的情况。

(二)类比调整法

类比调整法是市场法中最基本的评估方法。该方法不同于单一因素比较法,只要能够找到与评估对象大体相似的参照物,通过对比分析调整参照物与评估对象之间的多个差异,就能够在参照物的成交价基础上调整估算评估对象的价值。类比调整法可分为市场售价类比法和价值比率法。

1. 市场售价类比法

市场售价类比法以参照物的成交价格为基础，考虑参照物与被评估对象在功能、市场条件和销售时间等方面的差异，通过对比分析和量化差异，估算出评估对象价值。其计算公式为：

交易案例(参照物)A 的调整值 = 参照物 A 成交价 × 时间因素调整系数 ×
区域因素调整系数 × 功能因素调整系数 ×
交易情况修正系数等　　　　　　　　　　　　　(2-7)

或　　交易案例 A 的调整值 = 参照物 A 的成交价 ± 时间因素调整值 ± 区域因素调整值 ±
功能因素调整值 ± 成新率调整值 ± 交易情况调整值　(2-8)

类比调整法具有适用性强、应用广泛的特点。

【例 2-1】评估某商业用房，面积为 $500m^2$。评估目的是企业联营，故采用公允市价标准，评估基准日 20×6 年 10 月 31 日。评估人员在房地产交易市场上寻找到 3 个与评估基准日接近的商业用房的交易案例，具体情况如表 2-1 所示。

表 2-1　交易案例

参照物	A	B	C
成交价格/（元·m⁻²）	25 000	29 800	29 590
成交日期	20×606	20×609	20×610
区域条件	比被评估资产好	比被评估资产好	比被评估资产好
交易情况	正常	高于市价4%	正常

该商业用房与 3 个参照物新旧程度相近，结构也相似，故无须对功能因素和成新率因素进行调整。该商业用房所在区域的综合评分为 100，3 个参照物所在区域条件均比被评估资产所在区域好，综合评分为 107。当时房产价格月上涨率为 4%，故参照物 A 的时间因素调整系数：$(1+4\%)^4 = 117\%$；参照物 B 的时间因素调整系数：$1+4\% = 104\%$；参照物 C 因在评估基准日当月交易，故无须调整。3 个参照物成交价的调整过程如表 2-2 所示。

表 2-2　参照物成交价的调整过程

参照物	A	B	C
成交价格/（元·m⁻²）	25 000	29 800	29 590
时间因素修正	117/100	104/100	100/100
区域因素修正	100/107	100/107	100/107
交易情况修正	100/100	100/104	100/100
修正后价格/（元·m⁻²）	27 336.45	27 850.47	27 654.21

被评估资产的单价 = (27 336.45 + 27 850.47 + 27 654.21) ÷3 ≈ 27 614 （元/m²）

被评估资产总价 = 27 614 × 500 = 13 807 000 （元）

2. 价值比率法

价值比率法是利用参照物的市场交易价格，与其某一经济参数或经济指标相比较形成的价值比率作为乘数或倍数，乘以评估对象的同一经济参数或经济指标，从而得到评估对象价值的一种评估方法。价值比率种类有多种，以下介绍两种简单的价值比率。

（1）成本市价法。成本市价法是以被评估资产的现行合理成本为基础，利用参照物的成本市价比率来估算评估对象评估值的方法。其计算公式为：

$$评估值 = 参照物成交价 \times \left(\frac{被评估资产现行合理成本}{参照物现行合理成本} \right) \quad (2-9)$$

（2）市盈率乘数法。市盈率乘数法主要适用于企业价值的评估。该方法是以参照物的市盈率作为乘数（倍数），与被评估企业相同口径的收益额相乘，估算被评估企业价值的方法。其计算公式为：

$$评估值 = 被评估企业相同口径收益额 \times 参照物(企业)市盈率 \quad (2-10)$$

四、清算问题

从理论上讲，当资产处于清算时，市场的时间判断被特定的法律所限制，另外，它也反映了出售者是在非自愿或被迫处置资产的情况下出售资产。因此，我们有时把它作为一种特殊的评估方法来处理，其特殊性在于对清算价格的判断是基于一种特别市场。我们之所以把清算问题列入市场法中，也正是基于"特殊"两字而言的。从清算的角度来评估资产的价格，需注意一些特殊条件。比如企业由于种种原因被迫停业或破产，那么作为评估人员必须掌握具有法律效应的破产处理文件，以及现实市场中快速出售的要求，此外还需注意到所卖收入是否足以补偿因出售资产而附加的支出总额，否则清算将无法实现。

至于如何取得清算价格，理论探讨较少，不过实践上仍有一些方法可以采用。比如竞价法，只提供拍卖底价，甚至无底价，在拍卖时间内，谁出价高就卖给谁，由此而形成的价格就是清算价格。但评估人员所做的仅仅是模拟市场过程，要推测这样一个价格，对于他们而言，是有相当难度的。通常采用的方法有市价折扣法和模拟拍卖法。

市价折扣法是指在资产清算时，首先确定该资产在公开市场上的正常价格，即公开市价，然后再根据快速变化原则估计一个折扣率，据以确定其清算价格或者拍卖底价。公允市价的确定可以采取市场比较法，也可采用成本法和收益法。折扣率的确定则需要根据市场对该资产的需求状况和清算时间的长短灵活掌握。

模拟拍卖法又称意向询价法。该方法是通过向被评估资产的潜在购买者询价，获取市场信息，然后经评估人员分析确定结算价格。用该方法确定的清算价格受供需关系影响很大，为了能够确定相对合理的清算价格，需在较短时间内尽可能充分地搜寻潜在的购买者，同时鉴别价格信息的真实性。

五、对市场法的评价

市场法是相对最具客观性的评估方法，原理简单，结论直接，其评估值比较容易为交易双方理解和接受。因此，在市场经济发达的国家，市场法是运用最广泛的评估方法。但是该方法的运用需要有一定的前提条件：一是对产权交易市场成熟度的要求；二是对被评估对象本身的要求，即评估对象应是具有一定通用性的资产。例如，核武器生产设备就无法用市场法评估。该方法最适用于在市场上交易活跃的资产，如通用设备、房地产等。企业整体评估也可采用市场法，或者通过市场法对收益法评估结果进行验证。

第二节　评估技术路线——收益法

【微案例2-2】

MZ发电厂于20×7年12月整体转让给中国DFA集团，现为中国DFA集团的全资子公司。公司经营业务为火力发电。MZ发电厂拥有#1-8发电机组。1996年，经国家经贸委批准对原有机组进行技术改造，增加发电机的发电容量。该技术改造由GD省电力实业有限公司筹资4.5亿元实施改造工程，技术改造工程于20×2年竣工。技术改造完成后MZ发电厂#1-8机组系统整体发电容量增加140 MW。本次评估是受MZ发电厂的委托，对因技术改造而增容的140 MW的容量权益资产进行评估，为MZ电厂收购140 MW技术改造增加容量资产提供价值参考依据[①]。

请思考：该案例使用哪种评估技术路线比较合适？

一、收益法的基本原理

（一）收益法的理论基础

收益法的理论基础是效用价值论。该观点认为资产的价值是由其效用决定的，而资产的效用则体现在资产为其拥有者带来的收益上。在风险报酬率既定的情况下，一项资产的未来收益越高，该资产的价值就越大。

（二）收益法的评估思路

收益法也称为收益折现法，其基本思路是将利求本，即通过估测被评估资产的未来预期收益，并将其按一定的折现率或资本化率折成现值，来确定该项资产的评估值。换言之，一项资产目前的价值即为人们为获得该项资产的预期收益能力而愿意付出的现时代价，这是一种现值货币与将来不断取得货币收入的权利之间的交换。

（三）收益法运用的前提条件

1. 资产的预期收益可以预测并可用货币计量

收益法是从产生收益的能力的角度来评估一项资产的，因此它只适用于能直接产生收益，或者说有现金流的资产，对于那些虽然有持续效用却不能产生现金流的资产，如公益性资产，以及不能单独计算收益的资产，如单台（件）设备，就不宜采用此方法进行正确评估。

---

① 中评协. MZ电厂资产组收益法评估案例［J］. 中国资产评估，2010，08：08-13.

2. 资产所有者所承担的风险可以预测并能用货币计量

即被评估资产的风险报酬率也能够计算,因为资产的价值不仅取决于预期收益,还取决于风险报酬率的高低。如果一项资产的预期收益很高,但它的风险也很大,投资者就会要求更高的风险补偿,那么该资产的现值就不一定高;反之,如果一项资产的预期收益并不高,但风险极小,投资者对风险补偿的要求就不会高,那么该资产的现值也不一定低。

3. 资产的预期获利年限可以预测

被评估资产预期获利期限的长短直接影响该资产的现值。

二、收益法的计算公式

收益法的基本计算公式可以根据资产未来收益是有限期还是无限期进行分类,也可以按照每期收益是否为等额收益进行分类。

(一) 资产未来收益有限期情况下的基本计算公式

1. 每期收益不等额

在资产未来预期收益具有特定时期的情况下,通过预测有限期内各期的收益额,以适当的折现率折现,各年预期收益折现值之和,即为评估值。其计算公式为:

$$P = \sum_{i=1}^{n} \frac{R_i}{(1+r)^i} \quad (2-11)$$

式中,P 为评估值;R_i 为未来第 i 个收益期的预期收益;n 为收益期数(一般以年为单位);r 为折现率。

【例 2-2】某企业尚能继续经营 3 年,营业终止后资产全部充公,现拟转让。经评估人员预测,未来 3 年各期的预期收益分别为 300 万元、400 万元、200 万元;评估人员认为适用于该企业的折现率为 6%,则该企业的评估值为:

$$P = \sum_{i=1}^{3} \frac{R_i}{(1+6\%)^i} = 806.9(万元)$$

2. 每期收益等额

如果在未来有限期内,每年收益等额,资本化率固定且大于零,则计算公式为:

$$P = \frac{A}{r} \times \left[1 - \frac{1}{(1+r)^n}\right] \quad (2-12)$$

式中,A 为每年等额收益额;r 为折现率;n 为资产未来获益年限。

(二) 资产未来收益无限期的情况下的计算公式

在未来收益期无限的情况下,可以根据未来收益是否稳定分为两种计算方法。

1. 稳定化收益法

稳定化收益法又称年金化法,该方法的计算公式可由基本公式推导获得:

$$P = \frac{A}{r} \quad (2-13)$$

稳定化收益并非是资产预期收益完全相等,而是指资产未来收益波动较小。因此,采用稳定化收益法首先就需要估算稳定化收益 A。通常可采用两种方法估算 A。

方法一:通过预测资产未来有限年收益倒求 A。其计算公式为:

$$A = \sum_{i=1}^{n} \frac{R_i}{(1+r)^i} \div (P/A, r, n) \qquad (2-14)$$

【例 2-3】某企业进行股份制改造,根据该企业目前经营状况和未来市场预测,未来 5 年的收益分别是 13 万元、14 万元、11 万元、12 万元、15 万元,折现率与资本化率均为 10%,则用年金化法评估该企业年金化值的计算过程为:

$$A = \left[\frac{13}{1+10\%} + \frac{14}{(1+10\%)^2} + \frac{11}{(1+10\%)^3} + \frac{12}{(1+10\%)^4} + \frac{15}{(1+10\%)^5} \right] \div (P/A, 10\%, 5)$$
$$= 129.689(万元)$$

注意,该方法的适用前提是被评估资产前有限年的波动收益中蕴含着稳定收益,即各年收益有一个趋势值,而且该稳定收益会一直存在于企业后续整个运营周期。

方法二:计算过去 5 年收益的加权平均数,越接近评估基准日的年份的收益被赋予越大的权数,因其对预期收益的影响相对较大。

【例 2-4】某资产在评估前 5 年的收益与加权平均计算结果如表 2-3 所示。

表 2-3 评估前 5 年的收益与加权平均计算结果

年份	历史收入/万元	权重	加权收入/万元
2016	500	1	500
2017	580	2	1 160
2018	620	3	1 860
2019	620	4	2 480
2020	692	5	3 460
总计		15	9 460
加权平均数	9 460/15	≈	631

假设该资产恰当的资本化率为 11%,则该资产的价值为:

稳定化收益 ÷ 资本化率 = 631 ÷ 11% = 5 736(万元)

采用历史收入加权平均计算稳定化收益比预测未来收益倒求年金的计算方法更具客观性。但是历史收入并不一定能说明被评估资产的未来收益状况,因此该方法仅适用于未来收益变化不大的资产。

2. 分段法

当预期未来收益不稳定时,就需将未来预期收益逐年折现加总。但由于资产的收益是持续的,不可能预测资产未来无限期的收益并逐一折现。这时只能将资产未来收益分为前期与后期,首先预测前期(未来若干年)的各年预期收益额,并逐一折现;再假设后期各年预期收益为年金,将其进行资本化处理;最后将前期与后期收益现值相加。其计算公式为：

$$P = \sum_{i=1}^{n} \frac{R_i}{(1+r)^i} + \frac{A}{r'} \times \frac{1}{(1+r)^n} \qquad (2-15)$$

式中 R_i 为前有限年的各年预期收益；r 为前有限年的折现率；A 为第 $n+1$ 年至无限年的年金收益；r' 为无限年期的资本化率。

在分段法中，由于后期计算被简化，存在一定程度的不精确性，因此需慎重选择前期的期限。一般来讲，应遵循两个原则：一是前期期限应延至企业生产经营进入稳定状态；二是尽可能延长前期期限，以便减少后期采用简化方法所引起的误差。但是，由于未来收益的预测不可避免地存在着误差，因此，前期预测期不可能太长，一般为 3~5 年，最长也不超过 10 年，该种方法需要评估人员对被评估资产的经济寿命周期进行精准研判。

3. 纯收益按等比级数变化

（1）纯收益按等比级数递增，设预期收益增长率为 g，基期收益为 R_0，那么下一年的预期收益 $R_1 = R_0 \times (1+g)$，$R_2 = R_1(1+g) = R_0 \times (1+g)^2$，以此类推，可获一般表达式：$R_t = R_{t-1}(1+g) = R_0 \times (1+g)^t$。

根据折现原理，如果收益可以预计，那么对这些预期收益进行折现，现值的计算公式为：

$$P = \sum_{i=1}^{\infty} \frac{R_0(1+g)^i}{(1+r)^i} \qquad (2-16)$$

根据极限原理，当年限趋向无穷时，$\frac{(1+g)^i}{(1+r)^i} = \frac{1+g}{1-r}$，因此：

$$P = R_0 \times \frac{1+g}{1-r} \qquad (2-17)$$

进一步考虑收益不稳定情况，如果资产在永续条件下前期的预期收益不可能以固定比例增长，而存在波动情况，只是在后期才有可能以固定比例增长，那么我们同样必须分段，对前期预期收益按逐年折现方式进行处理，对后期预期收益先以上述方式处理，再进行折现，即：

$$\text{评估值} = \sum_{i=1}^{n} \frac{R_i}{(1+r)^i} + R_n \times \frac{1+g}{r-g} \times \frac{1}{(1+r)^n} \qquad (2-18)$$

随堂思考：g 有没有可能大于 r？如果 g 大于 r，这对上述公式有无影响？

（2）纯收益按等比级数递减，收益年期无限条件下，计算公式为：

$$\text{评估值} = R_0 \times \frac{1-g}{r+g} \qquad (2-19)$$

4. 纯收益按等差级数变化

纯收益按等差级数递增，收益年期无限条件下，计算公式为：

$$P = \frac{R_0}{r} + \frac{B}{r^2} \qquad (2-20)$$

式中，R_0 为基期收益；B 为纯收益年递增额；r 大于零。

（三）资产未来收益有限期情况下的特殊计算公式

（1）收益按等差级数递增，收益年期有限期情况下的估值模型为：

$$P = \left(\frac{A}{r} + \frac{B}{r^2}\right) \times \left[1 - \frac{1}{(1+r)^n}\right] - \frac{B}{r} \times \frac{n}{(1+r)^n} \qquad (2-21)$$

该模型成立的条件是：①纯收益按照等差级数递增；②纯收益逐年递增项为 B；③收益年期有限为 n；④r 大于零。未来收益按等差级数递减时将上述公式中 B 换为 "$-B$" 即可，其余不变。

（2）收益按等比级数递增，收益年期有限期情况的估值模型为：

$$P = \frac{A}{r-s} \times \left[1 - \left(\frac{1+s}{1+r}\right)^n\right] \qquad (2-22)$$

该模型成立的条件是：①纯收益按照等比级数递增；②纯收益逐年递增比率为 s；③收益年期有限为 n；④r 大于零。未来收益按等比级数递减时将上述公式中 s 换为 "$-s$" 即可，其余不变。

（3）特殊情况的公式根据基本公式做适当变化即可，不赘述。

三、收益法中各项指标的确定

（一）预期收益额

1. 预期收益额的类型选择

资产预期收益有三种可选类型，税后利润、净现金流量和利润总额，税后利润与净现金流量都属于税后净收益，都是剩余权益，在收益法中被普遍采用。两者的差异在于适用的会计核算基础不同，前者依据权责发生制，后者依据收付实现制。如果不考虑应收应付款，两者之间的关系可以简单表述为"净现金流量＝净利润＋折旧－追加投资"。从资产评估的角度出发，净现金流量更适宜作为预期收益，其与净利润相比有两点优势。

一是净现金流量能够更准确地反映资产的预期收益，将折旧视为预期收益的一部分有其合理性。折旧是损耗，但这种损耗是为取得收益而发生的贬值，是资产价值的时间表现形式。由于资产特别是固定资产在一个限定时间内并不能消耗完，它对企业生产经营的贡献因其年复一年的存在而存在，这种贡献从价值角度上讲就是折旧。所以，折旧的存在事实上是资产价值的一种表现形式，换句话讲，企业能按时计提折旧，这本身就形成一种补偿。从另一个角度看，折旧在整个资产使用期限内并未真正发生支出，也没有一个企业因折旧的存在而准备大量资金用于支付，但是折旧所形成的价值却被企业以收入形式获得。这一点在会计上已被人们认可。

二是净现金流量体现了资金的时间价值。净现金流量是动态指标，它不仅是数量的描述，而且与发生的时间形成密不可分的整体。但利润没有考虑现金流入、流出的时间差异，它并不一定表明在未来某个时点资产持有者可支配的现金流量，而收益法正是通过将资产未来某个时点的收益折为现值来估算资产的价值。因此，用净现金流量表示收益更准确，更能体现资金的时间价值。

利润总额由于包含了不属于资产持有者的税收，因而一般不适宜作为预期收益。但是，当税收优惠政策过多，资产的净收益难以公平、准确地反映资产的收益水平时，为了使各项投资收益之间具有可比性，也可采用利润总额作为预期收益。

2. 预期收益的测算

现实经济中，不管是投资者还是理论分析人员都无法准确知道预期收益是多少，除非是无风险资产。从统计角度看，预期收益是随机变量，随机变量能够被统计学中的矩所描述，其中一矩是期望值，另一矩是标准差。所谓期望值，亦称平均数，设随机变量 ξ 可取数个值 X_i，其相应的概率为 P_i，则称 $\sum X_i P_i$，（无穷多项时要求级数绝对收敛）为 ξ 的数学期望，记作 E_ξ，即：

$$E_\xi = \sum X_i P_i \qquad (2-23)$$

而标准差则是用来衡量所平均的各数值的差异程度，同时也反映了算术平均数具有多大的代表性，记作 σ，即：

$$\sigma = \sqrt{\frac{\sum (X_i - \bar{X})}{n}} \text{ 或 } \sigma = \sqrt{\sum (X_i - E_\xi)^2 \times P_i} \qquad (2-24)$$

式中，$\bar{X}$ 为算术平均数。

依照资产管理系统，只有根据期望值和标准差，投资者才能做出决策。同样，评估人员也只有根据期望值和标准差才能选择评估所用的预期收益值。因此期望值可被看作是对潜在收益的测定，标准差被看作是对风险的测定，可以认为我们是基于对过去历史数据的分析，同时考虑资产在未来可能发生的有利和不利因素，来确定预期收益。但是当一项资产被允许有多种用途时，如一宗房地产，就应按最佳用途确定其未来收益。预测收益的方法主要有两种：时间序列法和因素分析法。

（1）时间序列法是建立以往收益的时间序列方程，然后假定该时间序列将会持续。如果在评估之前，资产的收益随着时间的推移，呈现出平稳增长趋势，同时预计在评估之后仍将保持这一增长趋势，则适合采用时间序列方法预测未来收益。

【例 2-5】某企业评估前每年收益如表 2-4 所示，假设企业经营策略保持稳定，要求用时间序列法预测该企业 2022—2026 年净收益。

表 2-4　2017—2021 年收益

年份	净收益/万元
2017	1 000
2018	1 150
2019	1 210
2020	1 300
2021	1 340

时间序列预测的基本步骤：

第一步，将评估前每年收益和时间绘制到同一个坐标系里。

第二步，对回归模型进行假设。

第三步，用最小二乘法确定模型中各参数。

第四步，初步形成时间序列回归模型并对模型进行检验和优化。

第五步，利用确定模型预测年收益。

预测年收益 =（年份数×83）- 166 377

预测年收益如表 2-5 所示。

表 2-5　2022—2026 年预测年收益

年份	净收益/万元
2022	1 449
2023	1 532
2024	1 615
2025	1 698
2026	1 781

（2）因素分析法是一种间接预测收益的方法。首先确定影响一项资产的收入和支出的具体因素；然后建立收益与这些因素的数量关系，例如销售收入增长 1% 对收益水平的影响，同时对这些因素未来可能的变动进行预测；最后估算出基于这些因素的未来收益水平。这种间接预测收益的方法比较难操作，因为它要求对收入和支出背后的原因做深入分析，但它的适用面比较广，预测结果也具有一定的客观性，因而在收益预测中被广泛采用，尤其随着大数据技术的不断发展，因素分析法具有良好的未来应用预期。

（二）折现率与资本化率

在收益法运用中，影响评估值的第二个关键因素就是折现率和资本化率，它们的微小变动会对评估值产生巨大影响。实际上折现率与资本化率在本质上并无多大区别，都是将未来的预期收益折算成现值的比率，只是适用场合不同。折现率是将未来有限期的预期收益（收入流）折算成现值的比率，资本化率是将未来永续性预期收益（年金）转化为现值（本金）的比率。但折现率与资本化率的内涵还是略有区别的。折现率可被视为投资中对收益流要求的回报率，需考虑投资的机会成本和收益的不确定性或者说风险。因此，折现率一般由无风险报酬率与风险报酬率组成。前者通常由中长期政府债券的利率决定，后者取决于特定资产的风险状况。资本化率也反映无风险报酬率和风险报酬率，但是它还反映资产收益的长期增长前景。折现率和资本化率的联系与区别以数学方式可表示为：

$$折现率 = 无风险报酬率 + 风险报酬率 \quad (2-25)$$

$$资本化率 = 折现率 - 未来年收入的增长率 \quad (2-26)$$

当其他条件相同时，收入增长越快的资产价值就越高，只有当资产的年收入增长率为零时，折现率才与资本化率相等。

那么增长率是否有可能超过折现率呢？在实务中，由于两方面的原因，并不会出现这一现象。一是任何企业都不可能永远保持高速增长；二是高增长意味着高风险，而评估当事人是风险厌恶的，针对风险增高他会要求更高的风险报酬率，即折现率会以高于未来收益增长率的速度增长。

在收益法运用中,折现率的确定是关键,资本化率是以折现率为基础的。确定恰当折现率的基本方法有加和法、资本成本加权法和市场比较法。

1. 加和法

加和法的原理是认为折现率包含无风险报酬率与风险报酬率两部分,每一部分可分别求取,然后相加得出折现率。无风险报酬率一般用 R_f 表示,比较容易确定,政府债券收益率常被用作测量无风险收益率的替代值。政府短期债券(如3个月期限的国库券)常被认为是最没有风险的投资对象,但是对资产评估而言,最好用较长期的政府债券利率(此期限一般应与资产未来收益期相同或相近,如果未来收益期太长,可选择 3~5 年期政府债券利率)作为基本收益率。尽管长期债券在平价变现方面有一定风险,但由于评估通常涉及基于长期收益趋势的资产,因此,选择长期债券利率作为无风险报酬率更具可比性和相关替代性。

折现率的风险报酬部分必须反映两种风险:一是与特定的被评估资产或企业相联系的风险,二是市场风险。影响风险报酬率的因素如表 2-6 所示。

表 2-6 影响风险报酬率的因素

与被评估资产相联系的风险(微观层面)	与市场相关的风险(中观及宏观层面)
产品或服务类型升级	行业的总体状况
企业规模	宏观经济情况
财务状况	资本市场情况
管理水平	地区经济状况
收益数量及质量	企业客户的总体情况
市场排位	法律或法规约束
经营投资的流动性	国家产业政策
区位	

考虑上述因素后就会发现,风险报酬率的确定实际上是一个相当困难的过程,而且对于每一个潜在的投资者而言都会有所不同。在评估实践中风险报酬率的确定方法有多种,需根据被评估资产的具体状况选择。以下简要介绍风险累加法和 β 系数法的基本概念,并深入探讨在具体评估业务中的应用。

用风险累加法估算企业风险报酬率的思路是,将企业在其生产经营中可能面临的经营风险、财务风险和行业风险对投资报酬率的要求加以量化并予以累加,即可得到企业的风险报酬率。其计算公式为:

$$风险报酬率 = 经营风险报酬率 + 财务风险报酬率 + 行业风险报酬率 \quad (2-27)$$

β 系数法可用于估算企业所在行业的风险报酬率,也可估算企业自身的风险报酬率,行业风险报酬率(或企业自身风险报酬率)是市场平均风险报酬率与被评估企业所在行业的平均风险和市场平均风险的比率系数 β 的乘积,用公式表示为:

$$R_i = (R_m - R_f) \times \beta_i \quad (2-28)$$

式中，R_i 为被评估企业的风险报酬率；R_m 为市场平均收益率；R_f 为无风险报酬率；β_i 为被评估公司（或其代表性证券）的风险报酬率与市场平均风险报酬率之间协方差与市场平均收益率方差的比值。市场平均收益率和无风险报酬率比较容易获得，β 系数一般由国际著名评级机构或会计、金融等中介机构定期发布。β 系数法下折现率计算公式为：

$$r = R_f + (R_m - R_f) \times \beta \quad (2-29)$$

2. 资本成本加权法

如果我们把资产视作投入资金总额，即构成一个持续经营企业的所有有形资产和无形资产减流动负债的净额，那么企业资产可以理解为长期负债与所有者权益之和。当我们从长期负债和所有者权益两方面来认识资产时，长期负债和所有者权益所表现出的利息率和投资收益率必然影响折现率的计算。对于这样的问题，我们采用加权平均法来处理，其计算公式为：

r = 长期负债资本占比 × 长期负债利率 × （1 - 所得税税率）+ 权益资本占比 × 投资报酬率
$$(2-30)$$

式中， 投资报酬率 = 无风险报酬率 + 风险报酬率 $\quad (2-31)$

3. 市场比较法

市场比较法是通过寻找与被评估资产相类似的资产的市场价格以及该资产的收益来倒求折现率，而不像在加和法中那样由折现率的各组成部分相加得出。其基本思路由公式表示为：

$$r = \left(\sum_{i=1}^{n} \frac{样本资产收益}{样本资产价格} \right) \div n \quad (2-32)$$

所谓样本资产，是指与被评估资产在行业、销售类型、收益水平、风险程度和流动性等方面相似的资产。同时，市场比较法要求尽可能多的样本，否则不能准确反映市场对某项投资回报的普遍要求。市场比较法的具体运用需视具体评估对象而定。例如，对房地产评估可采用租价比法，对企业评估可采用市盈率法或收购市盈率法，其具体操作方法将在相关资产业务中探讨。

（三）收益期限

资产的收益期限是资产获得收益的持续时间，通常以年为单位，它由评估人员根据被评估资产的自身条件、市场条件、法律法规条件、历史收益情况和未来变化趋势等因素来估算。

四、对收益法的评价

收益法是从资产获利能力的角度来确定资产的价值，它适用于那些形成资产的成本费用与其获利能力不对称，以及成本费用无法或难以准确计算的资产。例如，企业价值、无形资产、资源性资产的价值评估。

但是该方法也具有局限性。首先，该方法的使用需具备一定的前提条件，对于没有收益或收益无法用货币计量以及风险报酬率无法计算的资产,该方法无法使用。其次,该方法的操作含有较大主观性成分,例如对未来收益的预测、对风险报酬率的确定等。

虽然从理论上讲收益法的计算公式十分完美,但是如果所使用的假设条件和基于假设条件选取的数据存在问题,那么就验证了一句名言:"垃圾进去,垃圾出来。"预测不准确,计算结果也就毫无意义。因此,在收益法运用中如何坚持资产评估的客观、公正原则十分重要,它既需要评估人员具有科学的态度,又需要评估人员掌握预测收益和确定风险报酬率的方法。此外,该方法的运用也需具备一定的市场条件,否则一些数据的选取就会存在困难。例如,在证券市场不完善的情况下,β 系数的准确性、适用性就会存在一定问题。同时,在市场机制不健全的市场中,对收益的预测由于不确定性因素太多,使用起来也较困难。

第三节 评估技术路线——成本法

【微案例 2-3】

某公司欲以公司拥有的进口专用机器设备等资产对外联营投资,故委托某评估机构对该进口设备的价值进行评估,评估基准日为 20×0 年 11 月 30 日。

设备名称:图像设计系统

规格型号:STORK

设备产地:A 国××厂家

启用日期:20×8 年 7 月

账面价值:11 000 000.00 元

账面净值:9 000 000.00 元[①]

请思考:该评估案例适合采用哪种评估技术路线?

一、成本法的基本原理

(一) 成本法的理论基础

成本法也称为重置法或重置成本法,其理论基础是生产费用价值论。该理论认为资产的价值取决于其购建时的成本耗费,一项资产的原始成本越高,其原始价值越大。

(二) 成本法的评估思路

成本法的评估思路是:先计算被评估资产的现时重置成本,即先计算按现时市场条件重新购建与被评估资产功能相同的处于全新状态下的资产所需要的成本耗费,然后再减去各项损耗。由于资产的价值是一个变量,影响资产价值量变化的因素,除了市场价格以外,还有因使用磨损和自然力作用而产生的实体性损耗、因技术进步而产生的功能性损耗、因资产外部环境因素变化而产生的经济性损耗。

"损耗"一词在经济分析上经常被使用,但在不同条件和规则惯例下的运用很容易产生混乱。比如会计上所述的损耗是依照会计惯例和准则来反映的折旧,是根据历史成本对

---

① 根据公开资料整理所得。

资产的原始价值的损耗所做的折扣；而资产评估中所讨论的损耗是一种市场概念，既需要反映物理损耗，又需要反映由于功能和外部经济性因素所造成的损耗。所以，在资产评估时，我们不能用会计账面上的数据作为评估的依据，需要进行重新判断和估算。

（三）运用成本法应注意的问题

与市场法和收益法相比，成本法的运用并不存在严格的前提条件，但是在成本法的运用过程中应注意以下两方面问题。

1. 应注意历史资料的真实性、准确性

成本法的运用是建立在历史资料基础之上的，如复原重置成本的计算、成新率的计算等。因此，在通过历史资料获取信息时，需注意历史资料的真实性、准确性。

2. 形成资产价值的成本耗费是必要的

成本法是从成本耗费的角度评估资产的价值，但这些成本耗费应是必要的，或者说应体现社会或行业平均水平，而不是某项资产的个别成本耗费。

二、成本法的基本计算公式及其各项指标的计算

根据成本法的评估思路，其基本计算公式可以表述为：

$$评估值 = 重置成本 - 实体性损耗 - 功能性损耗 - 经济性损耗 或评估值 = 重置成本 \times 综合成新率 \tag{2-33}$$

（一）重置成本及其计量

资产的重置成本简单地说就是资产的现行再取得成本，重置成本一般可以分为复原重置成本与更新重置成本。

复原重置成本是指采用与被评估资产相同的材料、建筑或制造标准、设计、规格和技术等，以现行价格购建与被评估资产相同的全新资产所发生的必要的、合理的支出。更新重置成本是指采用新型材料，并根据现代建筑或制造标准、新型设计、规格和技术等以现行价格购建与被评估资产具有相同功能的全新资产所发生的必要的、合理的支出。更新重置成本与复原重置成本的相同点在于均采用资产的现行价格，不同点在于采用的材料、标准、设计等技术方面存在差异。应该注意的是，即便是更新重置成本也没有完全改变被评估资产的原有功能。

在计算重置成本时，如果同时拥有计算更新重置成本和复原重置成本的资料，应选择计算更新重置成本。其理由有二：一是更新重置成本比复原重置成本便宜，因为新技术提高了劳动生产率，使采用新技术生产的相同功能的资产所需的必要劳动时间减少。根据资产评估的替代原则，应选择更新重置成本。二是采用新型设计、材料、工艺制造的资产无论从使用性能，还是从成本耗费方面都会优于旧资产。由此可见，更新重置成本与复原重置成本的差异体现在两个方面：超额投资成本与超额运营成本。

值得注意的是，在资产评估中一般不刻意计算超额投资成本，往往只计算超额运营成本。因为在计算重置成本时，如果采用核算法或功能系数法，所选用的价格均为现行价格。该价格既反映了在现行物价水平下被评估资产的价格，也反映了在现有技术条件下生产该类资产的社会必要劳动时间，这说明在重置成本的计算中已将超额投资成本剔除。只

有在采用物价指数法计算的重置成本中，没有考虑因劳动生产率提高而产生的超额投资成本问题时才需要考虑超额投资成本。

重置成本的计量方法有多种，需根据具体评估对象和可以获得的资料进行选择。

1. 重置核算法

这是按资产的成本构成，以现行市价为标准，计算被评估资产重置成本的一种方法。其计算公式为：

$$\text{重置成本} = \text{直接成本} + \text{间接成本} \tag{2-34}$$

式中，直接成本是购建全新资产时所花费的直接计入购建成本中的那部分成本，如购买、安装和人工等支出；间接成本是购建过程中不能直接计入的成本，但又与资产形成有关的一些支出，如企业管理费。

对间接成本往往采取一定的标准和方法进行分配，以便使资产的成本真实可靠。通常对间接成本的分配方法有以下3种。

（1）人工成本比例法。

$$\text{间接成本} = \text{人工成本总额} \times \text{分配率} \tag{2-35}$$

（2）单位价格法。

$$\text{间接成本} = \text{工时} \times \text{工时费率} \tag{2-36}$$

（3）间接成本百分率法。

$$\text{间接成本} = \text{直接成本} \times \text{间接成本占直接成本的比例} \tag{2-37}$$

有时候间接成本金额较小，可以忽略不计。

【例2-6】某企业5年前购置一台设备，原购买价为200 000元，运杂费1 500元，直接安装费1 200元（其中材料费700元，人工500元）。据统计分析，这台设备的间接成本为每元人工成本的0.85倍。评估时，经市场调查，该设备的现行买价为230 000元，运杂费为2 400元，直接安装费1 800元（其中材料费1 000元，人工800元），间接成本为直接成本的0.9%。请计算这台设备的重置成本。

$$\begin{aligned}\text{重置成本} &= (230\,000 + 2\,400 + 1\,800) + (230\,000 + 2\,400 + 1\,800) \times 0.9\% \\ &= 236\,307.8\ (\text{元})\end{aligned}$$

采用重置核算法的前提是能够获得处于全新状态的被评估资产的现行市价，重置核算法既适用于计量复原重置成本，也适用于计量更新重置成本。

2. 功能系数法

一般情况下，如果无法获得处于全新状态的被评估资产的现行市价，但是经分析发现资产的重置成本与某功能之间存在相关关系，就可以通过寻找与被评估资产相类似的处于全新状态的资产作为参照物，然后通过调整参照物与被评估资产之间的功能差异的途径来获得被评估资产的重置成本。

此种情况下，资产的重置成本与功能之间的函数关系有两种表现，因此功能系数法有两种具体形式。

（1）若资产的功能与重置成本呈线性关系，即功能与重置成本同比例增大，就可以采用生产能力比例法。其计算公式为：

$$重置成本 = 参照物重置成本 \times \left(\frac{被评估资产产能}{参照物产能}\right) \quad (2-38)$$

（2）若资产的功能与成本呈指数关系，即虽然功能与重置成本呈正相关关系，但不是同比例增大，随着功能的增大，成本的上升幅度会趋缓，表现出规模经济效应。这种情况可采用规模经济效益指数法。其计算公式为：

$$重置成本 = 参照物重置成本 \times (被评估资产年产能 / 参照物年产能)^x \quad (2-39)$$

式中，x 为规模经济效益指数。

规模经济效益指数通常按行业设定，例如，美国加工工业该指数一般在 0.6~0.7，房地产行业 0.9。x 指数的设定需在同类资产中选择有代表性的样本进行分析。其计算公式推导如下：

$$P_i = \left(\frac{F_i}{F_j}\right)^x \times P_j \quad (2-40)$$

式中，P 为资产的成本；F 为资产的功能；i 和 j 是功能相同、生产能力不同的两种资产的下标。

【例 2-7】被评估资产生产能力为 600 000 件/年，参照物重置成本为 5 000 元，生产能力为 300 000 件/年，设 x 取值 0.7，求被评估资产的重置成本。

重置成本 = 5 000 × (600 000 ÷ 300 000)$^{0.7}$ = 8 122（元）

由于功能系数法中所选择的参照物一般为新技术条件下所生产的资产，因此，通过调整被评估资产与参照物之间的功能差异获得的重置成本，一般是考虑了功能性损耗的更新重置成本，从而在计算评估值时就无须再扣减超额投资成本引起的功能性损耗。

x 指数一般由专门的统计机构分行业计算，而不是由评估机构自行设定，我国目前尚无此类指数的统计。

需要特别注意的是，市场上相同或类似全新资产的交易价格往往只是它重置成本的一部分，如果以此成交价格为依据，采用功能系数法计算出的重置成本是不完全的，还需要采用重置核算法的思路，加上必要的安装、调试、培训等费用，即使资产达到预定可使用状态。

3. 物价指数法

如果既无法获得处于全新状态的被评估资产的现行市价，也无法获得与被评估资产相类似的参照物的重置成本，就只能按照资产的历史成本按物价指数进行调整来获取被评估资产的重置成本。其计算公式为：

$$重置成本 = 被评估资产历史成本 \times \left(\frac{资产评估时物价指数}{资产构建时物价指数}\right) \quad (2-41)$$

公式中，资产的历史成本要求真实、准确、合理，所采用的物价指数应是资产的类别或个别物价指数，一般不要选择通胀指数。根据实际情况，物价指数可以选用定基物价指数或环比物价指数。

【例 2-8】某项资产购建于 2011 年，账面原值为 10 万元，2021 年进行评估，已知

2011年和2021年的该类资产定基物价指数分别为100%和160%。求该项资产的重置成本。

重置成本 = 10 × 160%/100% = 16（万元）

【例2-9】某项资产购建于2005年，账面原值为20万元，2015年进行评估，已知2005—2015年该项资产价格每年上涨10%，求该项资产的重置成本。

重置成本 = 20 × $(1+10\%)^{10}$ = 20 × 2.6 = 52（万元）

由于物价指数法仅考虑了价格变动对资产重置成本的影响，因此，采用此方法计算的重置成本为复原重置成本，在计算评估值时，一般需要考虑因技术进步对被评估资产价值的影响。

4. 统计分析法

当被评估资产单位价值较低、数量较多时，为了降低评估成本、节约时间，可以采用统计分析法评估某类资产的重置成本，其计算步骤如下：

（1）将被评估资产按一定的标准分类。

（2）在各类资产中抽样选择代表性资产，在上述3种方法中选择适合的方法计算其重置成本。

（3）依据代表性资产的重置成本与其账面历史成本计算出分类资产的调整系数K。

$$K = \sum 某类抽样资产重置成本 / \sum 某类抽样资产历史成本 \qquad (2-42)$$

（4）根据系数K计算被评估资产的重置成本。其计算公式为：

$$某类资产重置成本 = 某类资产历史成本 \times K \qquad (2-43)$$

【例2-10】在对某企业进行整体资产评估时，将其所拥有的机器设备分类为：专用设备、通用设备、运输设备、仪器仪表。其中，通用设备的评估过程如下：经抽样选择具有代表性的通用设备5台，估算其重置成本之和为30万元，而该5台设备历史成本之和为20万元，通用设备账面历史成本之和为500万元。则：

通用设备重置成本 = 500 × 30/20 = 750（万元）

（二）有形损耗及其计量

资产有形损耗是指由于使用及自然力的作用而使资产实体发生的损耗，比如汽车轮胎在长时间行驶过程中发生磨损，橡胶暴露于空气而发生的氧化等都会产生有形损耗，计量时主要是根据已使用年限进行分摊，但是从评估角度看，仅仅知道有形损耗的定义是不够的，还必须进行量化，有形损耗的估测有3种方法。

1. 观察法

这是指具有专业知识和丰富经验的工程技术人员，通过对资产实体各主要部位的观察以及仪器测量等方式进行技术鉴定，从而判断被评估资产的成新率。其计算公式为：

$$有形损耗 = 重置成本 \times (1-成新率) \qquad (2-44)$$

2. 使用年限法

这是根据评估对象的有关指标数据，利用计算折旧的方法，从而求出有形损耗的一种方法。但是此方法的主要数据也是源于客观实际。其计算公式为：

$$有形损耗 = (重置成本 - 残值) \times \frac{实际已使用年限}{总使用年限} \quad (2-45)$$

$$总使用年限 = 实际已使用年限 + 尚可使用年限 \quad (2-46)$$

对于式中各因素,从评估角度看,理论上和实务工作上都存在市场判断的余地。

(1) 残值是从评估角度上所认识的资产清理报废时净收回的金额。所以在评估中,通常只考虑数额较大的残值,如果残值较小可以忽略不计。

(2) 实际已使用年限是一项资产在评估时确认的已使用的年数,与资产在使用中负荷程度以及日常保养有关,其计算公式为:

$$实际已使用年限 = 名义已使用年限 \times 资产利用率 \quad (2-47)$$

式中,名义已使用年限一般指会计记录记载的资产已提取折旧的年限;资产利用率是指截至评估基准日资产累计实际利用时间与累计法定利用时间的比率。

【例 2-11】某资产 2011 年 1 月购建,2021 年 1 月进行评估。根据该资产技术指标,正常使用情况下,每天应工作 8 小时,但实际每天工作 7.6 小时。计算该资产的实际已使用年限。计算如下:

资产利用率 = 10 × 360 × 7.6 ÷ (10 × 360 × 8) × 100% = 95%

实际已使用年限 = 10 × 95% = 9.5(年)

在实际评估中由于数据资料不完整,资产利用率指标往往不易明确。评估时应综合分析资产的开工情况、大修间隔期、原材料供应情况、电力供应情况、是否属于季节性生产等因素来确定资产利用率。

(3) 总使用年限是已使用年限与尚可使用年限之和,其中尚可使用年限是根据资产的有形损耗因素,预计资产的继续使用年限。

使用年限法的原理在评估实践中可以得到进一步的运用。例如,可以根据被评估资产的设计总工作量和已完成的工作量、被评估对象的设计行驶里程和已行驶里程等指标,利用使用年限法的原理测算资产的实体性贬值。

该方法的使用前提是被评估资产的损耗与使用时间或其完成的工作量呈线性关系。

3. 修复费用法

修复费用法是通过估算将被评估资产恢复到原有全新功能所需投入的费用来直接确定资产的实体性损耗的一种方法。所谓修复费用,包括资产主要零部件的更换或者修复、改造、停工损失等费用支出。使用修复费用法时首先需要判断被评估资产是否可修复,可修复意味着修复行为在技术上、经济上均可行,如果资产可以通过修复恢复到全新状态,则可以认为资产的实体性损耗等于其修复费用。该方法可用于尚可使用年限无法确定,或者使用年限无法确定的情况,也可用于资产的局部需要更换或修复的情况。

【例 2-12】某机床重置成本 100 万元,2012 年 1 月份购置,预计使用寿命 20 年,2022 年 1 月进行评估,发现其数控部分损坏,将其修好需要 20 万元。请问,评估时该机床的实体性损耗是多少?

可修复部分实体性损耗:20 万元

不可修复部分实体性损耗:(100 - 20) × 10/20 = 40(万元)

该机床的实体性损耗为:20 + 40 = 60(万元)

(三) 功能性损耗及其计量

资产的功能性损耗是无形损耗的一种，是指由于技术进步导致被评估资产与目前广泛使用的同类主流技术水平的资产相比，因功能陈旧而引起的贬值。功能性损耗可以体现在两方面：一是从运营成本方面看，在产出量相等的情况下，被评估资产的运营成本要高于同类主流技术水平的资产；二是从产出能力方面看，在运营成本相类似的情况下，被评估资产的产出能力要低于主流技术水平的资产。

资产的超额运营成本主要体现在材料消耗、能源消耗、工时消耗的增加，废品率上升，等级下降等方面。其具体计算步骤为：

（1）将被评估资产的年运营成本与同类已普遍使用的主流技术水平的资产的年运营成本相比，计算两者差额得到被评估资产的年超额运营成本额。

（2）从年超额运营成本中扣除所得税因素，计算年净超额运营成本。

（3）根据被评估资产的剩余寿命和折现率（一般取行业平均收益率）将年净超额运营成本折现，得到被评估资产的功能性贬值额。

上述计算步骤可用公式表示为：

$$功能性贬值额 = 年超额运营成本 \times (1-T) \times (P/A, r, n) \qquad (2-48)$$

式中，$(P/A, r, n)$ 为年金现值系数；T 为所得税税率。

【例 2-13】 某被评估资产与目前普遍使用的主流技术水平的资产相比，在完成同样生产任务的情况下，能耗超支 3 万元，工耗超支 1 万元。经评估人员鉴定，该资产尚可使用 3 年，同行业的资产平均收益率为 10%，企业所得税税率为 25%，则资产的功能性贬值为：

$$(30\,000 + 10\,000) \times (1-25\%) \times (P/A, 10\%, 3)$$
$$= 30\,000 \times 2.4869$$
$$= 74\,607（元）$$

资产无形损耗的另一种表现形式是超额投资成本，是指因劳动生产率提高后，生产相同资产所需的社会必要劳动时间减少，从而使原有资产本身的生产成本相对提高，形成超额投资成本，其也被视为功能性贬值。但是如前文所述，实务中通常并不需要单独计算超额投资成本。

(四) 经济性损耗及其计量

经济性损耗是指因资产的外部环境恶化所导致的资产贬值，而非资产本身的问题。引起外部环境变化的原因主要有：宏观经济衰退导致社会总需求不足；国家调整产业政策对资产所在行业的冲击；国家环保政策对资产或资产所生产的产品的限制；经济地理位置变化和污染问题对不动产价值的影响等。经济性损耗一般表现为两种形式：一是资产利用率的下降，如设备利用率下降，房屋出租率下降，此处所讲的资产利用率下降主要体现在评估基准日之后（实体性损耗计算时考虑的资产利用率主要是评估基准日之前）；二是资产年收益额的损失。因此，经济性损耗的计量也存在两个途径。

1. 因资产利用率下降所导致的经济性损耗的计量

首先计算经济性贬值率，然后再计算经济性贬值额。具体计算公式为：

$$经济性贬值率 = \left[1 - \left(\frac{设备预计可被利用的产能}{设计产能}\right)^x\right] \times 100\% \qquad (2-49)$$

式中，x 为规模经济效益指数。

2. 因收益额减少而导致的经济性损耗的计量

具体计算公式为：

$$经济性贬值额 = 年收益损失额 \times (1-T) \times (P/A, r, n) \qquad (2-50)$$

需要注意的是，并非每项被评估资产都需要计算经济性贬值。一般来讲，只有能够单独计算收益的资产，如一个企业、一个车间、一条生产线、一宗房地产等，才需要考虑在评估基准日以后、资产的寿命期内是否存在利用率降低或收益额减少的问题。之所以仅考虑评估基准日之后是否存在经济性贬值问题，是基于两点考虑：一是资产评估的特点即预期性，二是评估基准日之前资产利用率问题已经在估算有形损耗时考虑过了。

三、对成本法的评价

成本法是从资产购建的成本耗费角度评估资产的价值。该方法的运用一般来讲没有严格的前提条件，一切以重置为目的的评估业务都可以采用重置成本法，市场法和收益法失效情况下也可以考虑重置成本法。因此，重置成本法既可用于评估资产的市场价值，也可用于评估资产的非市场价值，包括有限市场资产、专用资产以及以非产权变动为目的的评估。在发达市场经济国家，重置成本法主要用于后者；而在我国，由于市场机制尚不够成熟等原因，重置成本法长期以来被作为主要评估方法广泛使用。

这里需要注意的是，并非所有评估对象都适合采用重置成本法，因为成本法注重从成本耗费的角度评估资产价值，而某些资产的价值主要是由效用决定的，而非成本耗费，例如企业整体资产、无形资产以及资源性资产等。

第四节 如何选择评估技术路线

【微案例2-4】

某资产评估事务所接受中国工商银行南京市浦口区分行的委托，根据国家有关资产评估的规定，本着客观、独立、公正、科学的原则，按照公认的资产评估方法，对丽都雅苑快乐之城4栋5楼C户型毛坯房开展资产评估工作，旨在评估委估标的物在评估基准日20×7年1月7日的房地产现值，为该房地产分期付款失败进行资产处置拍卖变现提供客观、公正、合理的拍卖底价依据。

请思考：基于以上资料，选择哪种评估技术路线比较合适？

以上三节介绍了三种资产评估的基本技术路线，它们各自从不同途径评估资产的价值，成本法是从资产购建或者说成本耗费的角度评估资产的价值，收益法是从资产产出能力（效用）的角度评估资产的价值，市场法是从被评估资产替代物品的市场成交价的角度评估资产价值。

一、资产评估技术路线的多样性和可选择性

与资产评估标准不同,资产评估技术路线存在多样性和可选择性,而且三大技术路线也存在交叉。从理论上讲,在相对完善市场经济中,如果不存在资产的购建成本与效用严重不对称的情况,运用三种技术路线评估同一资产的公允市价,其评估结果不应存在太大差异。因此,评估机构在对一些价值较高的资产如企业价值进行评估时,往往会采用两种或三种评估技术路线从不同途径评估资产价值。例如,国外评估机构在采用收益法评估企业价值的同时,采用市场法来检验收益法的评估结果是否合理。我国则要求在进行企业价值评估时,同时采用收益法和成本法。

二、资产评估技术路线的最恰当选择

尽管从理论上讲,不同的评估技术路线不应对评估值产生太大的影响,并且在必要时需同时采用几种技术路线评估一项资产。但是,由于在现实经济中,市场总是存在一定的缺陷,同时,不同的评估对象自身具有不同的特点,因此为了使评估值更具合理性,不同的资产业务还是存在最适合评估技术路线的选择问题。一般来讲,评估技术路线的选择应主要考虑两方面的因素。

(一)与评估对象相适应

由于不同的评估技术路线是从不同的途径评估资产的价值,因此评估时应根据被评估资产自身的特点,分析从哪个途径评估最合适。在评估时首先应区别被评估资产是单项资产还是整体资产,是有形资产还是无形资产,是具有通用性的资产还是专用性资产,是可以复制的劳动创造的资产还是不可复制的资源性资产。

单项资产评估,评估的是单个生产要素的价格,单个生产要素往往难以单独计算收益,因此收益法的使用受到限制;整体资产评估,评估的是资产综合体的获利能力,因此最适合采用收益法。

无形资产虽然也是劳动创造的,但是一般难以复制,并且存在较严重的成本耗费与效用的非对称性,因此最适合的评估途径是采用收益法。具有通用性的资产可以在公开市场上出售,较适宜采用市场法;而专用资产由于缺乏在公开市场上出售的条件,所以无法采用市场法。可以复制的劳动创造的资产可以从成本耗费的途径进行评估,而自然形成的资源性资产则适合从效用的角度进行评估。

综上所述,成本法适合评估劳动创造的可复制的资产、专用资产、单项资产,收益法适合评估资源性资产、无形资产、整体资产,市场法适合评估具有一定的通用性、能够在公开市场上出售的资产。当然,评估技术路线与评估对象相适应也存在交叉的情况,例如,具有通用性的资产同时也适合采用成本法和收益法进行评估。

(二)受可搜集到的数据和信息资料的制约

每一种评估技术路线都需要有相应的数据和资料,但是由于市场缺陷的存在和资产本身的问题,某些数据和资料往往无法获得,从而也就限制了相关评估技术路线的运用。例如,市场法既要求产权市场活跃,又要求被评估资产具有一定的通用性,否则就无法获得参照物及其与被评估资产可比较的指标、技术参数等资料。再如,收益法要求被评估资产拥有可以用货币表示的预期收益,同时资产的风险报酬率也能够计算。于是公益性资产

（无货币收益）、微利亏损企业、收益无规律且难以预测的资产以及风险报酬率无法确定的资产均无法运用收益法评估。相对而言，成本法在运用中对市场和被评估对象没有严格的前提条件。因此，在市场经济发育不成熟、微利亏损企业较多的情况下，成本法就成为主要评估技术路线了。

【本章习题】

1. 简述成本法的理论依据与评估思路。
2. 简述收益法的理论依据及其适用的前提条件。
3. 简述市场法的理论依据、评估思路与适用前提。
4. 什么是复原重置成本？什么是更新重置成本？两者之间有何异同？
5. 分析成本法、收益法和市场法三种评估方法的优势与局限，并指出如何选择最适合的评估方法。
6. 机器设备1台，3年前购置，据了解，该设备尚无替代产品。该设备的账面原值为10万元，其中买价为8万元，运输费为0.4万元，安装费用（包括材料）为1万元，调试费用为0.6万元。经调查，该设备的现行价格为9.5万元，运输费、安装费、调试费分别比3年前上涨了40%、30%、20%。求该设备的重置成本（保留两位小数）。
7. 2015年1月评估设备一台，该设备于2011年12月购建，账面原值为40万元，2013年进行一次技术改造，改造费用（包括增加设备）为4万元。若定基物价指数2011年为1.05，2013年为1.18，2015年为1.3，求该设备的重置成本。
8. 评估资产为一台年产量为8万件甲产品的生产线。经调查，市场上现有的类似生产线成本为24万元，年产量为12万件。如果规模经济效应指数为0.8，求该资产的重置成本。
9. ××专用技术预计可使用5年，预测未来5年的收益分别为40万元、42万元、44万元、45万元、46万元，年折现率为12%，求该技术的评估价值（保留两位小数）。
10. 某资产可以持续使用，年收益额为50万元，适用资本化率为20%，求其评估值。
11. 被评估机组购建于2009年3月，主要由主机、辅助装置和工艺管道组成，账面原值60万元人民币，其中主机占60%，辅助装置占28%，工艺管道占12%。到评估基准日，机组主机价格下降4%，辅助装置价格上升2%，工艺管道价格上升了6%。求该机组评估基准日的重置成本。

第三章 资产评估程序

学习目标

通过本章学习,学生能够了解资产评估程序的含义、重要性,掌握资产评估的具体程序,能够熟练并灵活运用资产评估程序。

学习重点与难点

1. 资产评估程序的含义;
2. 资产评估的具体程序。

导入情境

《资产评估法》关于评估程序有哪些规定?

《中华人民共和国资产评估法》(以下简称《资产评估法》)于 2016 年 7 月 2 日经第十二届全国人民代表大会常务委员会第二十一次会议通过,并于 2016 年 12 月 1 日起施行,这是资产评估行业发展近 30 年出台的第一部法律,实现了资产评估行业依法发展的目标,对资产评估行业发展具有里程碑式的重要意义。

《资产评估法》的核心内容之一就是降低从业门槛,激发市场活力。在《资产评估法》中放宽了评估从业门槛,减少了评估业务限制,同时,规范了评估工作程序。《资产评估法》出台前,由于各类资产评估属于不同部门的管理范围,各领域的资产评估程序不尽相同。对此,《资产评估法》就专门设置了"评估程序"一章,主要程序包括:选择评估机构(第 22 条)、订立委托合同(第 23 条)、指定评估专业人员承办(第 24、28 条)、现场调查(第 25 条)、选择评估方法(第 26 条)、编制评估报告(第 26 条)、签名盖章(第 27、28 条)、保存评估档案(第 29 条)、使用评估报告(第 32 条)、异议处理(第 30、31 条)等。统一规范了各类资产评估的程序,使评估业务的开展有章可循,对于保证科学、公正开展评估业务具有重要意义。

请思考: 资产评估程序有怎样的意义和作用?

第一节 资产评估程序概述

【微案例 3-1】

A 市居民张三拥有某综合楼负一层产权面积 750m²，因该综合楼被划定在 A 市公园改造土地储备项目，A 市城投公司在取得了土地储备批准文件、规划红线、拆迁许可，并对张三房屋委托评估后，准备给予相应补偿。B 土地资产评估有限公司出具了相应评估报告，评估报告中载明"房屋类型：仓库"。A 市房管局根据评估报告，对张三房屋拆迁补偿事宜做出裁决：由拆迁人对被拆迁人的被拆迁房屋进行一次性货币补偿 1 441 887 元（其中房屋补偿 750m² × 1 910 元/m² = 1 432 500 元，室内装修补偿 9 387 元）。张三不服上述行政行为，认为将其房屋性质确定为仓库不合理，该房屋性质应当确定为商场，诉至 A 市人民法院，请求判决撤销该裁决。

请思考：在评估过程中有无不恰当之处，并说明理由。

一、资产评估程序的定义

资产评估程序，是指资产评估机构及资产评估专业人员执行资产评估业务所履行的系统性工作步骤。资产评估程序由八项基本程序组成，每项基本程序包括具体的工作步骤。不同的资产评估业务由于评估对象、评估目的不同，可获取的资产评估资料完备度以及所选用的评估方法存在差异，资产评估专业人员对每项基本程序需要执行的具体工作步骤是有差异的。

二、资产评估的基本程序

2016 年 7 月 2 日，我国发布的《中华人民共和国资产评估法》第四章"评估程序"中，明确了资产评估业务必须履行程序，包括委托人对评估机构的选聘、委托合同的签订、评估人员的指派、现场调查及资料的核查验证分析、评估方法的选择、报告的签署出具及档案管理等。

依据《资产评估法》，财政部制定发布了资产评估基本准则，明确规定资产评估通常包括八大基本评估程序，如表 3-1 所示。

表 3-1 资产评估的基本程序

序号	资产评估程序的内容
1	明确资产评估业务基本事项
2	签订资产评估业务约定书
3	编制资产评估计划
4	进行资产评估现场调查
5	收集整理资产评估资料
6	评定估算形成结论

续表

序号	资产评估程序的内容
7	编制出具资产评估报告
8	整理归集评估档案

以上基本评估程序中，前三项程序是项目承接阶段和项目组织阶段需要履行的工作，从第四项程序开始，评估项目进入实施阶段，包括现场调查、收集评估资料、评定估算和编制出具评估报告等，第八项程序是对已经履行的各项工作内容的归纳整理，包括评估工作底稿的整理和档案建立等工作。各项程序的具体工作步骤和工作目标构成了评估程序的主要内容。

资产评估专业人员不得随意删减基本评估程序，应当根据准则，结合评估业务具体情况，制定并实施适当的具体评估步骤。资产评估专业人员在执行评估业务的过程中，由于受到客观限制，无法或者不能完全履行评估程序，可以根据能否采取必要措施弥补程序缺失或是否对评估结论产生重大影响，决定继续执行评估业务或者终止评估业务。资产评估专业人员应当记录评估程序履行情况，形成工作底稿。

三、资产评估程序的重要性

资产评估专业人员执行资产评估业务，需要履行一系列资产评估程序。履行资产评估程序有利于保证资产评估行为的合法性、保障资产评估业务质量、防范评估执业风险。

（一）保证资产评估行为的合法性

履行资产评估程序是资产评估法对评估机构和评估专业人员的基本要求。《资产评估法》从评估业务委托、评估报告的签署出具、报告的使用等方面对评估程序的履行提出了要求。如果评估机构和评估专业人员未能按照《资产评估法》的要求，履行必要的评估程序，将可能导致违反评估法，需要承担相应的法律责任。比如评估基本程序中的明确业务基本事项，要求明确评估业务的委托人、产权持有人和委托人以外的其他评估报告使用人，如果评估机构及评估专业人员未履行或未能恰当履行该评估程序，导致未能识别评估机构及评估专业人员存在的利害关系，受理了该业务，将违反《资产评估法》关于"评估机构不能受理与自身有利害关系的业务"的规定，要承担相应的法律责任。

（二）保障资产评估业务质量

履行资产评估程序是保障资产评估结论合理的要求。从接受委托到出具资产评估报告，评估专业人员必须通过履行必要的工作步骤，才能保障评估结论的合理性，有效服务于评估目的。比如，评估基本程序中的现场调查，主要目的在于了解资产状况和法律权属，由于企业申报的资产可能有实际不存在或不属于企业所有的情况，如果评估专业人员未能履行或未能恰当履行现场调查程序，仅根据企业申报资料进行评估，将可能出现评估结论包含不存在或不属于企业所有的资产的价值的情况，导致评估结论不合理，评估业务质量未得到保障。

（三）防范评估执业风险

资产评估服务于上市公司并购重组、国有产权变动等，涉及社会公众、国有企业、第三方等众多相关当事方的利益，同时评估业务本身的特点使评估结论的形成过程存在判断的因素，如果评估业务引起法律纠纷，评估机构和评估专业人员要依法承担行政责任、民事责任和刑事责任等。法院、国务院行政管理部门、资产评估行业协会等在对评估机构和评估专业人员应承担的法律责任进行认定时，一个重要的方面是看其是否履行了必要的评估程序。

第二节　资产评估的具体程序

【微案例3-2】

A农场有一块面积为0.8亩的土地，后来转让给B物资经销处，土地性质为工业用地，2006年B物资经销处又将土地转卖给个人（李四）用于建房，并收费6万元。因为转让行为不合法，没有经过土地、规划、建设等各种审批手续，10年过去了，国有土地使用权证书一直难以办理，因属于违章建筑，也无法取得房产证。后来因为李四涉案，要对没有任何手续的土地和房屋进行价值评估，估价采用方法是公开市场价值标准。该评估工作分别由C不动产评估有限责任公司出具土地估价报告和D房地产评估事务所出具房地产评估报告。两份评估报告均被该地区中级人民法院采信，法院判定李四利用职务之便，向他人索要价值9.9870万元的土地，为自己建造房屋，仅支付6万元地款；建造的房屋价值21.5783万元，李四仅支付6万元工程款和提供价值8万元的工程材料。

请思考：两家评估公司出具的评估报告是否可信？如不可信，在评估过程中存在哪些问题？

一、明确资产评估业务基本事项

明确业务基本事项是开展和实施评估业务的第一个环节，包括在签订资产评估业务约定书以前所进行的一系列基础性工作，其对资产评估项目风险评价、项目承接与否以及资产评估项目的顺利实施等都具有重要意义。

明确资产评估业务基本事项，资产评估机构可以在受理评估业务前，对评估业务的背景、基本情况、委托要求、可能的工作条件等有一个全面、充分的了解，进而对资产评估机构和评估专业人员的专业胜任能力、独立性、业务风险进行评价，决定是否承接相关业务，并在决定承接的情况下，为签订资产评估业务约定书做好准备。

（一）明确委托人、产权持有人和委托人以外的其他评估报告使用人

资产评估机构和人员应当明确委托人、产权持有人和委托人以外的其他评估报告使用人的基本状况。在不同的资产评估项目中，相关当事方的人员组成有所不同，主要包括委托人、产权持有人、资产评估报告使用方及其他利益关联方等。委托人与相关当事人之间的关系也应当作为重要基础资料予以充分了解，这对于理解评估目的、相关经济行为以及防范恶意委托等十分重要。在可能的情况下，评估机构和评估人员还应要求委托人明确资产评估报告的使用人或使用人范围以及资产评估报告的使用方式。明确评估报告使用人范围一方面有利于评估机构和评估人员更好地根据使用者的需求提供良好的服务，另一方面有利于降低评估风险。

（二）明确评估目的

评估目的是由引起资产评估的特定经济行为所决定的，对价值类型、评估方法、评估结论等有重要影响。了解与评估业务相关的经济行为，并明确评估目的和报告用途是项目洽谈双方需沟通确定的重要内容。

专业评估人员应详细了解委托人具体的评估目的及与评估目的相关的事项，如评估目的的依据，评估目的的相关方、计划实施的经济行为及其对评估目的的要求、经济行为的进展等，并尽可能从委托人处取得经济行为文件、合同协议、商业计划书等与评估目的相关的资料。

（三）明确评估对象和评估范围

评估人员首先应界定评估对象和评估范围。对评估对象和评估范围予以界定后，评估人员还应对评估对象的基本情况予以初步了解：如评估对象为整体企业（或单位）的，应了解企业所属行业、经营范围、资产和财务概况、企业长期股权投资的数量和分布等；评估对象为资产组合和单项资产的，应了解资产的具体类型、分布情况、特性、账面价值等。这样可以为判断资产评估可能的工作量、复杂程度和评估机构及人员的胜任能力，进行评估服务报价和风险评价提供必要的参考。评估人员应当特别了解有关评估对象的权利受限状况。

（四）明确价值类型

评估人员应该根据对评估目的的理解，结合资产评估准则，选择恰当的价值类型，并就价值类型的选择、定义及对应的假设前提与委托人达成一致，避免出现歧义、误导。

（五）明确资产评估基准日

评估机构洽谈人员应当提示委托人合理选取评估基准日，并根据专业知识和经验，建议委托人选取评估基准日时重点考虑以下因素：

（1）有利于评估结论有效服务于评估目的。

（2）有利于现场调查、评估资料收集等工作的开展。

（3）企业价值评估业务中评估基准日尽可能选择会计期末。

（4）法律、法规有专门规定的，从其规定；相关部门有专门要求的，在不违反评估准则的前提下，可以遵照执行。

（六）明确资产评估报告的使用范围

评估报告的使用范围包括评估报告使用人、目的及用途、使用时效、报告的摘抄引用或披露等事项。评估人员在前期洽商时，应与委托人就评估报告的使用范围加以明确。

（七）明确评估报告提交时间及方式

资产评估报告提交时间受多方面因素的限制与约束，如预计的评估工作量、委托人和相关当事方的配合力度、评估所依据和引用的专业或单项资产评估报告（专项审计报告、土地估价报告、矿业权评估报告等）的出具时间等。评估人员应了解委托人实现评估所服务经济行为的时间计划，根据对上述限制与约束因素的预计和把握，与委托人约定提交报告的时间和方式（当面提交或邮寄），在评估委托合同中加以明确。评估报告的提交时间不宜确定具体日期，一般确定为开始现场工作、委托人提供必要资料（包括评估所依据和引用的专业报告送达）后的一定期限内。

（八）明确评估服务费及支付方式

这是评估机构与委托人洽商沟通的重要内容。评估机构洽谈人员根据了解的情况提出评估收费标准及报价，并与委托人就评估费用、支付时间和方式进行沟通。委托人需要了解评估机构报价确定依据和口径，除专业服务费以外，差旅及食宿费用、现场办公费用等是否也在预计数额之内以及如何负担等，应在双方达成一致后，体现在评估委托合同中。

（九）明确需要委托人、相关当事人、资产评估机构、资产评估专业人员工作配合和协助的其他事项

评估机构洽谈人员应当根据评估业务具体情况与委托人沟通，明确委托人与资产评估专业人员工作配合和协助等其他需要明确的重要事项，包括落实资产清查申报、提供资料、配合现场及市场调查、协调与相关中介机构的对接和交流等。当委托人不是评估对象的产权持有者时，需约定委托人协调产权持有者协助配合评估工作的责任。目的是在资产评估委托合同签订之前将一切可能需委托人尽责的事项沟通明确，为在资产评估委托合同中形成约束性条款做好准备。

另外，资产评估机构和人员还应当分析下列因素，确定是否承接资产评估项目。

1. 业务风险分析

评估机构和人员应当根据初步掌握的相关评估业务的基础情况，具体分析资产评估项目的执业风险，以判断该项目的风险是否超出合理的范围。

2. 专业胜任能力分析

评估机构和人员应当根据所了解的评估业务的基础情况和复杂性，分析本机构和评估人员是否具有与该项目相适应的专业胜任能力及相关经验。

3. 独立性分析

评估机构和人员应当根据职业道德要求和国家相关法规的规定，结合评估业务的具体情况分析资产评估师的独立性，确认与委托人或相关当事方是否存在现实或潜在利害关系。

4. 综合分析与评价

评估机构和评估专业人员在对业务风险、自身专业胜任能力、独立性分别进行分析与评价后，应对评价结果予以综合考虑，决定是否受理评估业务。一般在自身专业胜任能力、独立性均满足要求，并且业务风险可承受时，评估机构可以受理该业务。

二、签订资产评估业务约定书

资产评估业务约定书是资产评估机构与委托人共同签订的，以确认资产评估业务委托与受托关系，明确委托目的、被评估资产范围及双方义务等相关重要事项的合同。根据我国资产评估行业的现行规定，资产评估师承办资产评估业务，应当由其所在的资产评估机构统一受理，并由评估机构与委托人签订书面资产评估业务约定书。资产评估师不得以个人名义签订资产评估业务约定书。

资产评估业务约定书应当由资产评估机构与委托方的法定代表人或其授权代表签订，

资产评估业务约定书应当内容全面、具体，含义清晰准确，符合国家法律、法规和资产评估行业的管理规定。资产评估业务约定书通常包括如下内容：

（1）资产评估机构和委托人的名称、住所、联系人及联系方式。

（2）评估目的。资产评估委托合同载明的评估目的应当表述明确、清晰。

（3）评估对象和评估范围。

（4）评估基准日。

（5）资产评估报告使用范围，包括资产评估报告使用人、用途、评估结论的使用时效及报告的摘抄引用或披露。

（6）资产评估报告提交期限和方式。

（7）评估服务费总额或支付标准、计价货币种类、支付时间和方式，并明确资产评估服务费未包括的与资产评估服务相关的其他费用的内容及承担方式。

（8）资产评估机构和委托人的其他权利和义务。

（9）签约各方的违约责任、合同履行过程中产生争议时解决的方式和地点。

（10）签约时间。

（11）签约地点。

签订资产评估业务约定书时尚未明确的内容，签约方可以采取签订补充合同或法律允许的其他形式做出后续约定。资产评估委托合同签订后，发现相关事项存在遗漏、约定不明确，或者合同履行中约定内容发生变化的，如评估目的、评估对象、评估基准日发生变化等，资产评估机构可以要求与委托人签订补充委托合同或者重新签订评估委托合同或者以法律允许的其他方式，如传真、电子邮件等形式，对评估委托合同的相关条款进行变更。

三、编制资产评估计划

资产评估计划是评估机构和评估专业人员为执行资产评估业务，拟定的资产评估工作思路和实施方案。资产评估计划一般在评估项目开展前编制。编制评估计划的目的是合理、有效配置各项资源，高效保质完成资产评估业务，更好地服务于委托人。资产评估计划通常包括评估业务实施的主要过程及时间进度、人员安排等内容。

资产评估专业人员在编制资产评估计划的过程中，应当同委托人及相关当事人就相关问题进行沟通，以保证资产评估计划的可操作性。编制资产评估计划时，应当考虑以下因素：

（1）资产评估目的以及相关管理部门对资产评估开展过程中的管理规定。

（2）评估业务风险、评估项目的规模和复杂程度。

（3）评估对象及其法律、经济、技术、物理等因素。

（4）评估项目所涉及资产的结构、类别、数量及分布状况。

（5）委托人及相关当事人的配合程度。

（6）相关资料收集状况。

（7）委托人、评估对象产权持有人（或被评估单位）过去委托资产评估的情况、诚信状况及其提供资料的可靠性、完整性和相关性。

（8）资产评估人员的专业胜任能力、经验及人员配备情况。

四、进行资产评估现场调查

资产评估机构和人员执行资产评估业务，应当对评估对象进行必要的勘察和调查，包括对不动产和其他实物资产进行必要的现场调查。对企业价值、股权和无形资产等非实物性资产进行评估时，也应当根据评估对象的具体情况进行必要的现场调查。进行资产勘察和现场调查工作不仅基于资产评估人员勤勉尽责义务的要求，同时也是资产评估程序和人员全面、客观了解评估对象，核实委托方和资产持有方提供资料的可靠性，并通过在资产勘察和现场调查过程中发现的问题、线索，有针对性地开展资料收集和分析工作。由于各类资产差别很大以及评估目的不同，不同项目中对评估对象进行勘查或现场调查的具体方式和程度也不尽相同。评估师应当根据评估项目具体情况，确定合理的资产勘查或现场调查方式，并与委托方或资产持有方进行沟通，确保资产勘查或现场调查工作的顺利进行。

五、收集整理资产评估资料

收集评估资料是指资产评估专业人员根据评估项目的具体情况收集评定估算所需要的相关资料的过程。资产评估专业人员在执行现场调查程序，对资产状况有了客观、全面、充分的了解后，还需进一步收集整理评估资料，形成评定估算的依据。

资产评估师应当通过询问、函证、核对、监盘、勘察、检查等方式进行调查，获取评估业务需要的基础资料，了解评估对象现状，关注评估对象法律权属。资产评估师在执行现场调查时无法或者不宜对评估范围内所有资产、负债等有关内容进行逐项调查的，可以根据重要程度采用抽样等方式进行调查。资产评估师应当根据评估业务需要和评估业务实施过程中的情况变化及时补充或者调整现场调查工作。资产评估师收集的评估资料包括直接从市场等渠道独立获取的资料，从委托方、产权持有者等相关当事方获取的资料，以及从政府部门、各类专业机构和其他相关部门获取的资料。评估资料包括查询记录、询价结果、检查记录、行业资讯、分析资料、鉴定报告、专业报告及政府文件等。资产评估师应当根据评估业务具体情况对收集的评估资料进行必要的分析、归纳和整理，形成评定估算的依据。

六、评定估算形成结论

资产评估专业人员在收集整理评估资料的基础上，进入评定估算形成结论程序，该程序主要包括：恰当选择评估方法、形成初步评估结论、综合分析确定资产评估结论等具体工作。

资产评估方法包括收益法、市场法和成本法三种基本方法及其衍生方法，每种基本方法下还有具体的评估方法，资产评估专业人员在执行资产评估业务过程中，应当恰当选择评估方法。评估方法的选择会受到许多因素的影响，其中，评估目的、评估对象、价值类型、资料收集情况是重要的影响因素。

在选定评估方法之后，资产评估专业人员还需要合理选择技术参数，应用评估模型等，形成初步评估结论。例如，采用成本法，应当合理确定重置成本和各相关贬值因素；采用市场法，应当合理选择可比案例，分析评估对象和可比参照物的相关资料和价值影响因素，通过可比因素的差异调整，得出评估对象的价值；采用收益法，应当合理预测未来收益，并合理确定收益期和与收益口径一致的折现率，通过折现计算，得出评估对象的评估值。

资产评估专业人员应当对形成的初步评估结论进行分析，判断采用该种评估方法形成的评估结论的合理性。首先，应当对评估资料的全面性、有效性、客观性以及评估参数的合理性、评估模型推算和应用的正确性进行判断；其次，对评估结论与评估目的、价值类型、评估方法的适应性进行分析；再次，对评估增减值进行分析，确定资产评估增值或者减值的原因，并判断其合理性；最后，可以通过对类似资产交易案例的分析，对评估结论的合理性进行判断。

当采用两种以上评估方法时，资产评估专业人员应当对采用各种方法评估形成的初步结论进行分析比较，对所使用评估资料、数据、参数的数量和质量等进行分析，在此基础上，分析不同方法评估结论的合理性以及不同方法评估结论差异的原因，综合考虑评估目的、价值类型、评估对象现实状况等因素，确定出最终的评估结论。

七、编制出具资产评估报告

资产评估机构和人员在执行必要的资产评估程序、形成资产评估结论后，应当按有关资产评估报告的规范编制资产评估报告书。资产评估报告书主要内容包括委托方和资产评估机构的情况、资产评估目的、资产评估结论价值类型、资产评估基准日、资产评估方法及其说明、资产评估假设和限制条件等内容。资产评估机构和人员可以根据资产评估业务性质和委托方或其他评估报告使用者的要求，在遵守资产评估报告书规范和不引起误导的前提下选择恰当的资产评估详略程度。资产评估机构和人员应当以恰当的方式将资产评估报告书提交给委托人。正式提交资产评估报告书之前，可以在不影响对最终评估结论进行独立判断的前提下与委托方或者委托方许可的相关当事方就评估报告有关内容进行必要沟通，听取委托人、产权持有者对资产评估结论的反馈意见，并引导委托人、产权持有者、资产评估报告使用者等正确理解资产评估结论。

八、整理归集评估档案

评估档案是评价、考核资产评估专业人员专业胜任能力和工作业绩的依据，是判断评估机构和承办评估业务的资产评估专业人员执业责任的重要证据，也是维护评估机构及评估专业人员合法权益的重要依据。评估档案的整理归集是资产评估工作不可忽视的环节，是资产评估程序的重要组成部分。

资产评估机构在提交评估报告后，应当按照法律、行政法规和资产评估准则的规定及时对工作底稿进行整理并与其他相关资料形成评估档案。资产评估专业人员应当整理归集的评估档案包括工作底稿、评估报告和其他相关资料。底稿的整理和评估档案的归集应当符合法律、行政法规和资产评估准则的规定。

根据2008年7月1日施行的《资产评估准则——工作底稿》，资产评估师执行资产评估业务，应当遵守法律、法规和资产评估准则的相关规定，编制和管理工作底稿。工作底稿应当真实完整、重点突出、记录清晰、结论明确；资产评估师可以根据评估业务的具体情况合理确定工作底稿的繁简程度；工作底稿可以是纸质文档、电子文档或者其他介质形式的文档，电子或者其他介质形式的重要工作底稿，如评估业务执行过程中的重大问题处理记录，对评估结论有重大影响的现场调查记录、询价记录和评定估算过程记录等，应当同时形成纸质文档；资产评估师收集委托方和相关当事方提供的与评估业务相关的资料作为工作底稿，应当由提供方在相关资料中签字、盖章或者以其他方式进行确认；资产评估师应当在评估报告日后 90 日内，及时将工作底稿与评估报告等一起归入评估业务档案，并由所在评估机构按照国家有关档案管理的法律、法规及本准则的规定妥善管理；评估业务档案自评估报告日起一般至少保存 10 年；工作底稿的管理应当执行保密制度。除下列情形外，工作底稿不得对外提供：

（1）司法部门按法定程序进行查询的。
（2）依法有权审核评估业务的政府部门按规定程序对工作底稿进行查阅的。
（3）资产评估行业协会按规定程序对执业质量进行检查的。
（4）其他依法可以查阅的情形。

【本章习题】

1. 什么是资产评估程序？
2. 简述资产评估的基本程序。

第二篇

专项资产评估

第三篇

寺院资产的古近代

第四章　机器设备评估

学习目标

通过本章学习，学生能够了解机器设备的含义及分类，理解机器设备评估的特点和影响机器设备价值的因素；了解机器设备评估的具体程序，掌握机器设备评估的基本方法，掌握机器设备重置成本、实体性贬值、功能性贬值及经济性贬值的含义和估算方法，能够熟练运用成本法对机器设备进行价值的评估。

学习重点与难点

1. 机器设备评估的基本方法；
2. 机器设备重置成本、实体性贬值、功能性贬值及经济性贬值的含义和估算方法。

导入情境

我国二手车市场发展

2018年3月5日，"两会"政府工作报告指出，全面取消二手车限迁政策。那么这一政策将会给我国的二手车市场带来怎样的变化呢？

据商务部公布的数据显示，2017年全国31个省1 068家二手车交易市场累计交易二手车1 240.09万辆，交易金额达到8 092.72亿元，而同年新车的销量达到2 887.89万辆。在发达国家，二手车与新车的销售比例普遍为2∶1。我国虽然仍处在汽车普及阶段，二手车交易量却远低于新车。由于此前多地有不同标准的二手车迁入限制，导致二手车流通有很大的局限性，限制了二手车交易量的增长。而取消二手车限迁制度，将有可能明显带动二手车的交易量。

请思考：二手车市场的迅猛发展将会给评估行业带来怎样的影响？

第一节 机器设备评估概述

【微案例 4-1】

2017 年 10 月 12 日,刘先生委托某评估有限公司为其车辆做损失评估。原因是国庆期间刘先生带家人驾车出游,在返程途中被后车追尾,造成刘先生车辆损失,在刘先生与责任方沟通修车事宜时,被对方告知对方车辆只保有交强险,保险公司最多只可以赔付 2 000 元,对方再自付 2 000 元让王先生拿着一起共 4 000 元去维修,够不够都与他没关系了。因为刘先生的车是 2017 年年初刚买的,车辆总价值 120 万,而且车辆被追尾造成后部框架严重受损变形,对方提出的理赔条件让刘先生非常恼火,并决定走司法程序起诉全责方车主。

请思考: 作为评估人员,应如何对刘先生的车辆损失进行评估?

一、机器设备的定义和分类

(一) 机器设备的定义

机器设备,是指利用机械原理制造的装置,将机械能或非机械能转换成为便于人们利用的机械能以及将机械能转换为某种非机械能,或利用机械能来做一定工作的装备或器具。在资产评估领域,从自然属性和资产属性两个方面对机器设备进行定义,即机器设备是指人类利用机械原理以及其他科学原理制造的、特定主体拥有或者控制的有形资产,包括机器、仪器、器械、装置、附属的特殊建筑物等,不仅包括利用机械原理制造的装置,也包括利用机械、电子、电工、光学等各种科学原理制造的装置。

机器设备一般有三个基本特征:①由零部件组成;②零部件之间有确定的相对运动;③有能量转换。

(二) 机器设备的分类

机器设备种类繁多,分类方法十分复杂。按不同的分类标准,机器设备可以分为不同的类别。不同分类方式满足不同领域或管理需要。从机器设备评估的角度考虑,应了解以下一些分类方式,如表 4-1 所示。

表 4-1 机器设备的分类

分类标准	种类
按固定资产分类	通用设备,专用设备,交通运输设备,电气设备,电子产品及通信设备,仪器仪表、计量标准器具及量具、衡器,文艺体育设备等
按会计制度分类	生产机器设备,非生产机器设备,租出机器设备,未使用机器设备,不需用机器设备,融资租入机器设备
按机器设备的组合形式分类	单台设备、机组和成套设备。单台设备是独立的一台或一件设备;机组如组合机床、柴油发电机组等;成套设备是由若干不同设备按生产工艺过程,依次排序联结,形成的一个完成全部和主要生产过程的机器体系(如生产线等)

续表

分类标准	种类
按机器设备的技术性特点分类	通用设备：一般是指可以广泛用于不同行业、企业的具有通用性的、标准化的设备，如企业中常用的机电加工设备、运输、动力等设备
	专用设备：是指专门服务于不同行业的、具有较强行业特征的机器设备
	非标准机器设备：是指非国家定型设备，通常在市场上无法直接购买到，而是根据企业生产工艺或技术要求，由企业自制或提供设计要求交由外单位制造加工的各种设备
按机器设备的来源分类	自制设备和外购设备，外购设备又分为国内购置和国外引进设备

值得注意的是，上述分类并不是独立的，分类之间还可以有不同程度的关联。如外购设备中，可能是通用设备，也可能是专用设备，还可能是进口通用设备或进口专用设备；成套设备中可能部分是外购，部分是自制的。在资产评估中，评估人员应根据评估目的、评估要求和评估对象的特点，选择不同的分类方法，灵活进行分类处理。

二、机器设备评估的特点

（一）多以单台、单件为评估对象

机器设备的评估一般以单台、单件作为评估对象。机器设备单位价值较高、种类规格型号繁多、性能与用途各不相同，为保证评估结果的真实性和准确性，一般对机器设备实行逐台、逐件地评估。对数量多、单位价值相对较低的同类机器设备可进行合理的分类，按类进行评估。对不可细分的机组、成套设备则可以采取一揽子评估的方式。

（二）以技术检测为基础

由于机器设备技术性强，涉及的专业面比较广泛，机器设备自身技术含量的多少直接决定了机器设备评估价值的高低，技术检测是确定机器设备技术含量的重要手段。又由于机器设备使用时间长，并处于不断磨损过程中，其磨损程度的大小又因机器设备使用、维修保养等状况不同而造成一定的差异，通过技术检测来判断机器设备的磨损状况及新旧程度，这是决定机器设备价值高低的最基本的因素。所以，必要的技术检测是机器设备评估的基础。

（三）注重机器设备的价值构成

机器设备的价值构成相对来说比较复杂，由于机器设备的来源不同，其价值构成也不同。一般来讲，国内购买的机器设备价值中，应包括买价、运杂费、安装调试费等；而进口的机器设备价值中，则应包括买价、国外保险费、增值税、关税、国内的运杂费、安装调试费等。因此，在评估机器设备尤其是采用成本法评估时，掌握其价值构成尤为重要。

（四）合理确定被评估机器设备贬值因素

由于科技发展，机器设备更新换代较快，其贬值因素比较复杂，除实体性贬值因素外，往往还存在功能性贬值和经济性贬值。科学技术的发展，国家有关的能源政策、环保政策等，都可能对机器设备的评估价值产生影响。

三、影响机器设备价值的因素

（一）影响机器设备价值的自身因素

1. 机器设备的存在状态影响其价值

机器设备可以作为整体资产的一个组成部分，也可以是独立使用或单独销售的资产。前者所能够实现的价值取决于该设备对整体的贡献，后者只能实现该设备单独销售的变现价值。

2. 机器设备的移动性影响其价值

在机器设备中，一部分机器设备属于动产，它们不需安装，可以移动使用。一部分属于不动产或介于动产与不动产之间的固置物，它们需要永久地或在一段时间内以某种方式安装在土地或建筑物上，移动这些资产将可能导致机器设备的部分损失或完全失效。

3. 机器设备的用途影响其价值

机器设备一般按某种特定的目的购置、安装、使用，如果机器设备所生产的产品、工艺等发生变化，可能会导致一些专用设备报废，或者要对这些专用设备进行改造，以适应新产品或新工艺的要求，还可能要求一些设备的移动，这也会对某些机器造成损伤或导致机器完全报废，使设备原有的安装、基础等完全失效。

4. 机器设备的使用维护保养状况影响其价值

对于已经使用过的机器设备，其使用时间长短、负荷状况、维修保养状况如何，会对机器设备的磨损大小造成影响，从而导致其尚存价值发生变化。

因此对机器设备进行评估时，应当考虑机器设备的存在状态、移动性、用途和使用维护状况对机器设备价值的影响。

（二）影响机器设备价值的外部因素

1. 受所依赖的原材料资源有限性的影响

原材料资源的短缺可以导致设备开工率不足，原材料资源的枯竭可以导致机器设备的报废。

2. 受所生产产品的市场竞争及市场寿命的影响

市场竞争的加剧，会导致设备开工不足，生产能力相对过剩；所生产产品的市场寿命终结也将导致生产该产品的某些专用设备的报废。

3. 受所依附的土地和房屋建筑物使用年限的影响

大部分机器设备需要以某种方式安装在土地或建筑物上，土地、建筑的使用寿命会对机器设备的价值产生影响。

4. 受国家的能源政策、环境保护政策的影响

机器设备在提高劳动生产率和提高人类物质文明的同时，也对自然环境起到了破坏作用，带来了能源的大量消耗和环境的严重污染两大社会问题。为了节约能源、保护环境，从而实现可持续发展，国家颁布的相关法律、法规和产业政策都可能会对机器设备的价值评估产生影响。

因此对机器设备进行评估时，应当考虑机器设备所依存资源的有限性、所生产产品的市场竞争及市场寿命、所依附土地和房屋建筑物的使用期限、国家的法律法规以及环境保护、能源等产业政策对机器设备价值的影响。

四、机器设备评估的基本程序

（一）评估准备阶段

在签订了资产评估协议以后，具体实施资产评估工作之前，应该着手做好评估的准备工作。具体包括以下工作：

（1）指导委托方填写准备资料。如评估人员应指导委托方根据评估操作的要求填写被评估设备明细表，对评估设备进行自检和清查，做好盘盈和盘亏事项的调整，以及机器设备产权资料及有关经济技术资料的准备等。

（2）广泛收集相关数据资料，为机器设备价值的估算做好准备。主要包括设备的产权资料、设备使用情况的资料、设备实际存在数量的资料、设备的相关价格资料等。

（3）分析整理资料，明确评估重点和清查重点，制定评估方案，落实评估人员，设计评估路线。

（二）现场工作阶段

现场工作阶段是机器设备评估的重点，主要是对机器设备进行清查核实和技术鉴定，以判断其成新率及损耗情况等。

1. 逐台（件）核实评估对象，以确保评估对象真实可靠

逐台（件）清查核实被评估的机器设备是设备评估现场工作阶段的首要工作，以核实后的设备作为评估对象，来确保评估对象真实可靠。根据单位的设备管理状况，以及被评估设备的数量和价值高低，可以采用全面清查、重点清查和抽样清查的方法，评估人员需要根据实际情况具体确定。

2. 对被评估机器设备进行分类

为了突出重点，提高工作效率，必须对设备进行分类。一般可以采用两种方法分类。一种是按设备的重要性划分，如 ABC 法。这种方法把价值量大、关键的重要设备分为 A 类，把单位价值量小、数量多的设备归为 C 类，介于中间的归为 B 类。在评估中根据不同的需要对三类设备采用不同的评估方法。另一种分类是按照设备的性质划分，如可分为通用设备和专用设备。这样可以有效地收集数据资料，合理地分配评估人员。

3. 对被评估的机器设备进行鉴定

对被评估的机器设备进行鉴定是现场工作阶段的重点，资产评估师可以通过现场观察，利用机器设备使用单位所提供的技术档案、检测报告和运行记录等历史资料以及专业机构的检测结果，对机器设备的技术状态做出判断。必要时，资产评估师可以聘请专业机构对机器设备进行技术鉴定。具体鉴定包括对设备的技术鉴定、使用情况鉴定、质量鉴定及磨损鉴定等。

（1）对设备技术状况的鉴定。主要是对设备满足生产工艺的程度、生产精度和废品率以及各种消耗和污染情况的鉴定，判断设备是否有技术性贬值和功能性落后现象。

（2）对设备使用情况的鉴定。主要了解设备是在用状态还是闲置状态、使用时的设备

运行参数、故障率、零配件保证率、设备闲置的原因和维护情况等。

（3）对设备质量的鉴定。主要了解设备的制造质量、设备所处环境条件对设备质量的影响、设备现时的完整性、外观和内部结构情况等。

（4）对设备磨损程度的鉴定。主要了解和掌握设备的物质性损耗，如锈蚀、准确度下降、疲劳损伤、材料老化等。

现场工作收集到的是第一手资料，必须要有完整的工作记录，特别是设备的鉴定工作更要有详细的鉴定记录。这些记录是机器设备价值评估的重要数据来源，也是评估工作底稿的重要组成内容。

（三）评定估算阶段

（1）评估人员应当根据评估对象、价值类型、资料收集情况等相关条件，分析成本法、市场法和收益法三种资产评估基本方法的适用性，并做出恰当的选择。

成本法是机器设备评估的一种常用方法，一般适用于继续使用前提下不具备独立获利能力的单台设备或其他设备的评估。市场法的运用必须首先以市场为前提，它是借助于参照物的市场成交价或变现价运作的。因此，一个发达、活跃的设备交易市场是市场法得以广泛运用的前提，并且市场法的运用还必须以可比性为前提，运用该方法评估机器设备市场价值的合理性与公允性。运用收益法评估机器设备的前提条件是，被评估机器设备具有独立的、能连续用货币计量的可预期收益。由于单台、单件机器设备一般不具有这一条件，因此在对单项机器设备评估中较少运用收益法，该方法大多用于可单独核算收益的生产流水线的评估。

（2）评估人员根据收集到的数据资料，分析整理，按照各种方法选择合适的参数，如成本法要确定设备的重置成本、实体性贬值、功能性贬值和经济性贬值等参数，最终确定评估结果。

（四）撰写评估报告及评估说明，整理评估底稿

在评定估算过程结束后，应整理评估工作底稿，并对评估结果进行分析评价，及时撰写评估说明及评估报告书。

（五）评估报告的审核和报出阶段

评估报告完成后，必须有三级审核，包括复核人的审核、项目负责人的审核和评估机构负责人的审核。在审核无误，确认评估报告无重大纰漏后，再将评估报告送达委托方及有关部门。

第二节 成本法在机器设备评估中的应用

【微案例 4-2】

王先生经营一辆 45 座客运大巴已经 3 年，该车的经营线路为湛江至广州，在车辆运营期间盈利水平一直很好，王先生非常满意。但是最近因为王先生的妹妹准备出国留学，急需用钱，王先生拟将带湛江至广州线路牌的大巴车予以转让，故咨询某评估公司转让价格如何确定更为合理。

请思考： 作为评估人员，应如何回答王先生提出的问题？

一、成本法的基本概念

机器设备评估的成本法，是指通过估算机器设备的重置成本，然后扣减其在使用过程中自然磨损、技术进步或外部经济环境导致的各种贬值，即设备的实体性贬值、功能性贬值、经济性贬值，估测机器设备评估值的方法。具体公式为：

$$机器设备评估值 = 重置成本 - 实体性贬值 - 功能性贬值 - 经济性贬值$$

或

$$机器设备评估值 = 重置成本 \times 成新率 - 功能性贬值 - 经济性贬值$$

或

$$P = RC - D_P - D_F - D_E \tag{4-1}$$

式中，P 为评估值；RC 为重置成本；D_P 为实体性贬值；D_F 为功能性贬值；D_E 为经济性贬值。

二、复原重置成本与更新重置成本

复原重置成本，一般用于评估机器设备的制造工艺、材料等与原来完全相同的情况，评估时设备重置成本的变化主要是由于物价水平变化引起的。在这种情况下，只需要将设备历史成本中的人工费、机械费、材料费调整到目前的价格水平，即复原重置成本。

由于技术进步的原因，设备的制造工艺、材料在不断发展，有时按复原重置的方式估算复原重置成本是困难的，或是不合理的。如有些设备，原来使用的材料已淘汰，目前的市场无法得到这些材料，也没有办法确定它的成本；有些设备尽管可以进行复原重置，但是其成本要高于更新重置成本，而性能却低于更新重置方式建造的设备，在这种情况下复原重置是没有意义的，一般使用更新重置成本。

三、重置成本的估算

机器设备的重置成本包括购置或购建设备所发生的必要的、合理的直接成本、间接成本和因资金占用所发生的资金成本。设备的直接成本一般包括设备本体重置成本、运杂费、安装费、基础费及其他合理成本。设备的间接成本一般包括管理费用、设计费、工程监理费、保险费等。直接成本与每一台设备有直接对应关系，间接成本和资金成本有时不能对应到每一台设备上，为整个项目发生的，在计算每一台设备的重置成本时一般按比例摊入。

设备重置成本构成的具体内容与设备类型、安装方式等因素有关。例如，不需要安装的单台设备的重置成本一般包括设备购买价格以及运杂费等；对已安装在用的单台设备的重置成本，除了设备购买价格以及运杂费外，还包括设备的安装费、基础费等；对生产线以及工厂、车间等整体资产，其重置成本还包括将单项资产组合成整体资产所发生的调试费、工厂设计费、管理费等；对于进口设备和车辆等特殊设备，根据国家的有关规定，在购买设备时还需要支付除设备价以外的税金或费用，例如进口设备的从属费用、车辆购置附加税等，这些费用也包括在设备的重置成本中。设备重置成本构成的具体内容也与评估目的、评估假设前提有关。如机器设备在原地继续使用和移地使用时，其重置成本构成要素是不同的。原地继续使用时,重置成本一般包括设备运杂费、安装费、基础费等;移地使用时,重置成本一般不包括上述费用。

(一) 设备本体重置成本的计算

设备本体的重置成本是指设备本身的价格,不包括运输、安装等费用。设备本体的重置成本的计算方法有市场询价法、物价指数法、重置核算法、综合估价法、重量估价法、功能价值类比法六种。

对于通用设备一般按照现行市场销售价格确定,或者通过其他方法计算设备本体的重置成本。自制设备一般按照当前的价格标准计算其建造成本,包括直接材料费、燃料动力费、直接人工费、制造费用、期间费用分摊、利润、税金以及非标准设备的设计费。

1. 市场询价法

市场询价法,是根据市场交易价格资料直接确定设备本体重置成本的方法。这种方法是确定设备购置成本最简单、有效并且可信的途径,运用的关键是获得市场价格资料。对于大部分的通用设备,市场价格资料的取得是比较容易的;而非标准、专用设备的价格资料往往很难从市场直接取得。获得市场价格的渠道包括市场询价和使用价格资料。

(1) 市场询价。对于有公开市场价格的机器设备,大多数可以通过市场询价来确定设备的现行价格。即评估人员直接通过电话、传真、走访等形式从生产厂商或销售商那里了解相同产品的现行市场销售价格。一般情况下,由于市场询价所获得的报价信息与实际成交的价格之间会存在一定的差异,因此,应该谨慎使用报价。对于由市场询价得到的价格信息,评估人员还应该向近期购买该厂同类产品的其他客户了解实际成交价,以判断厂家报价的合理性和可用性。

(2) 使用价格资料。价格资料包括生产厂家提供的产品目录或价格表、经销商提供的价格目录、报纸杂志上的广告、权威部门出版的机电产品价格目录、机电产品价格数据库等。在使用价格资料时,应当注意数据的有效性和可靠性。

2. 物价指数法

物价指数法,是以设备的历史成本为基础,根据同类设备的价格上涨指数,确定机器设备本体的重置成本的方法。对于二手设备,历史成本是指设备最初使用者的账面原值,而非当前设备使用者的购置成本。物价指数分为定基物价指数和环比物价指数。

(1) 定基物价指数。定基物价指数是以固定时期为基期的指数,通常用百分比来表示。以 100% 为基础,当物价指数大于 100% 时,表明物价上涨;物价指数在 100% 以下,表明物价下跌。采用定基物价指数计算设备本体重置成本的公式为:

$$\text{设备本体的重置成本} = \text{历史成本} \times \frac{\text{评估基准日定基物价指数}}{\text{设备购建时定基物价指数}} \quad (4-2)$$

【例 4-1】某设备 2016 年购置,其历史成本为 40 000 元,计算 2021 年该设备的重置成本。2016 年的物价指数为 126%,2021 年物价指数为 105%,则

2021 年该设备重置成本 = 40 000 × (126%/105%) = 48 000 (元)

(2) 环比物价指数。环比物价指数是以上期为基期的指数。如果环比期以年为单位,则环比物价指数表示该类产品当前年比上年的价格变动幅度,通常也用百分比表示。采用环比物价指数计算设备本体重置成本的公式为:

$$\text{设备本体的重置成本} = \text{历史成本} \times P_1^0 \times P_2^1 \times \cdots \times P_n^{n-1} \quad (4-3)$$

式中 P_n^{n-1}——n 年对 $n-1$ 年的环比物价指数。

【例 4-2】某设备 2017 年购置时的价值为 30 000 元，2017 年到 2021 年的环比物价指数分别为 103%，105%，107%，108%，110%，计算 2021 年该设备的重置成本。

重置成本 = 30 000 × 105% × 107% × 108% × 110%

= 40 041.54（元）

在机器设备评估中，对于一些通过直接法难以获得市场价格的机器设备，采用物价指数法是简便可行的。但在使用时，评估人员应该关注以下问题。

（1）选取的物价指数应与评估对象相配比，一般采用某一类产品的综合物价指数，而非某个设备的物价指数。如果评估的是单台设备，该设备的价格变动指数与这类产品的综合物价指数之间可能存在一定的差异。因而，评估的该类设备数量越多，样本数量越大，整体误差将越小。

（2）审查历史成本的真实性。因为在设备的使用过程中，账面历史成本可能进行了调整，即企业的账面价值已不能反映设备真实的历史成本。另外，企业账面的设备历史成本一般还包括运杂费、安装费、基础费以及其他费用，上述费用的物价变化指数与设备价格变化指数往往是不同的，应分别计算。特别是对锅炉、锻压机械等，运杂费、安装费、基础费所占比例很大，有的可能超过设备本身的价格，评估专业人员应特别注意。

（3）一般来讲，物价指数并不能反映技术先进性，因此，物价指数法不能运用于确定更新重置成本，也不能作为衡量复原重置成本和更新重置成本差异的手段。

（4）对于购买时间较长、采用综合物价指数或对高通货膨胀期设备进行物价指数法评估时，资产评估专业人员应相当谨慎，并尽可能用其他方法校验。

（5）用物价指数法计算进口设备的重置成本，应使用进口国的分类物价指数。

3. 重置核算法

重置核算法，是通过分别测算机器设备的各项成本费用来确定设备本体重置成本的方法。一般用于确定非标准的、自制的设备本体重置成本。如果很难从公开市场获得机器设备的价格资料，如非标设备、自制设备和专用设备等，需要资产评估专业人员按目前的价格标准重新估算建造该设备的成本。与建筑工程相比，设备成本的估算过程更为复杂而费时。目前，由于时间和工作量方面的限制，精确的计算几乎是不可能的，这项工作需要排定每个零部件及工序，分别计算材料及制造费用。评估中，一般根据设备性质特点，可依据设备材料费用来确定设备本体重置成本，也可以依据设备人工费用来确定设备本体重置成本。

4. 综合估价法

综合估价法，是根据设备的主材费用和主要外购件费用与设备成本费用有一定的比例关系，通过确定设备的主材费用和主要外购件费用，计算出设备的完全制造成本，并考虑企业利润和设计费等费用，确定设备本体的重置成本。其计算公式为：

$$P = C_{m1}/K_m + C_{m2} \times (1+K_p) \times (1+K_t) \times (1+K_d/n) \quad (4-4)$$

式中 P——非标设备的价格；

C_{m1}——主材费（不含主要外购件费）；

K_m——不含主要外购件费的成本主材费率；

C_{m2}——主要外购件费；

K_p——成本利润率；

K_t——销售税金率；

K_d——非标准设备设计费率；

n——非标准设备生产数量。

【例4-3】 某机器设备为非标准自制设备，于2015年1月建成，评估基准日为2021年1月。根据被评估设备的设计图纸，该设备主材为钢材，主材的净消耗量为24吨，评估基准日钢材不含税市场价为2 800元/吨，另外，所需主要外购件不含税费用为63 000元。主材利用率90%，成本主材费率55%，成本利润率15%，设计费率17%，产量1台。

首先确定设备的主材费用，该设备的主材利用率为90%，

则主材费 = 24÷90%×2 800 = 74 666.67（元）

成本主材费率 = 55%

主要外购件费 = 63 000（元）

成本利润率 = 15%

非标设备设计费率 = 17%

非标设备的数量 = 1（台）

设备重置成本：RC = (74 666.67÷55% + 63 000)×(1 + 15%)×(1 + 17%/1)

= 267 428.33（元）

5. 重量估价法

重量估价法，是假设人工费、车间经费、企业管理费及设计费是设备材料费的线性函数，根据相似设备的统计资料计算出单位重量的综合费率，以设备的重量乘以综合费率，并考虑利润和税金，根据设备的复杂系数进行适当调整后，确定设备本体的重置成本。其计算公式为：

$$P = \frac{W \times R_W \times K \times (1 + r_p)}{(1 - r_t)} \quad (4-5)$$

式中　P——非标设备价格；

W——设备的净重；

R_W——综合费率；

K——调整系数；

r_p——利润率；

r_t——综合税率。

该方法简单，计算速度快，适用于材料单一、制造简单、技术含量低的设备本体重置成本的计算。

6. 功能价值类比法

该方法是根据被评估机器设备的具体情况，寻找评估时点同类设备（参照设备）的市价或重置成本，然后根据参照设备与被评估设备功能（生产能力）的差异，比较调整得到被评估机器设备本体的重置成本。

(1) 当该类设备的功能与其价格或重置成本之间呈线性关系或近似于线性关系时,可采用生产能力比例法,其计算公式为:

$$设备本体的重置成本 = 参照物设备的现行价格 \times \frac{被评估设备生产能力}{参照物设备生产能力} \quad (4-6)$$

(2) 当该类设备的功能与其价格或重置成本呈指数关系时,可采用规模经济效益指数法,其计算公式为:

$$设备本体的重置成本 = 参照物设备的现行价格 \times \left(\frac{被评估设备生产能力}{参照物设备生产能力}\right)^x \quad (4-7)$$

式中,x 为规模经济效益指数。

规模经济效益指数是用来反映资产成本与其功能之间指数关系的具体指标。在国外经过大量数据的测算,取得的经验数据是:指数 x 的取值范围一般在 0.4~1.2 之间。目前,在我国比较缺乏这方面的统计资料。评估人员使用该方法时,需要通过该类设备的价格资料分析测算。

【例 4-4】某化工设备,生产能力为 30 吨/月,现在市场上已没有相同生产能力的设备,但可知某生产能力为 50 吨/月的生产同类化工产品的设备,其市场售价为 200 万元,该类设备的规模经济效益指数为 0.85。试通过功能价值法计算该设备的重置成本。

该设备的重置成本 $= 200 \times (30/50)^{0.85} = 129.56$(万元)

(二) 运杂费

1. 国产设备运杂费

国产设备运杂费是指从生产厂家到安装使用地点所发生的装卸、运输、采购、保管、保险及其他有关费用。其计算方式有两种:一是根据设备的生产地点、使用地点以及重量、体积、运输方式,根据相应部门的运费计费标准计算;二是按照设备本体重置成本的一定比率计算。

2. 进口设备的国内运杂费

进口设备的国内运杂费,是指进口设备从出口国运抵我国后,从所到达的港口、车站、机场等地,将设备运至使用目的地所发生的港口费用、装卸费用、运输费用、保管费用、国内运输保险费等有关费用,不包括运输超限设备时发生的特殊措施费。其计算公式为:

$$进口设备国内运杂费 = 进口设备到岸价 \times 进口设备国内运杂费率 \quad (4-8)$$

需要注意的是,式(4-8)中国内运杂费率分为海运方式和陆运方式两种。

(三) 安装费

设备的安装工程范围一般包括以下几部分:①所有机器设备、电子设备、电气设备的装配、安装工程;②锅炉及其他各种工业炉窑的砌筑工程;③设备附属设施的安装工程,如与设备相连接的工作台、梯子的安装工程;④设备附属管线的敷设,如设备工作所需的电力线路、供水、供气管线等;⑤设备及附属设施、管线的绝缘、防腐、油漆、保温等工程;⑥为测定安装工作质量而进行的单机试运转和系统联动无负荷试运转。设备安装费,是指为安装设备而发生的人工费、材料费、机械费及全部取费。设备安装费用，可以用设备的安装费率计算。

1. 国产设备安装费

$$国产设备安装费 = 设备原价 \times 设备安装费率 \quad (4-9)$$

设备安装费率，可以按所在行业概算指标中规定的费率计算。

2. 进口设备安装费

$$进口设备安装费 = 相似国产设备原价 \times 国产设备安装费率 \quad (4-10)$$

或

$$进口设备安装费 = 进口设备到岸价 \times 进口设备安装费率 \quad (4-11)$$

进口设备安装费率一般低于国产设备安装费率。如机械行业建设项目概算指标中规定，进口设备的安装费率可按相同类型国产设备的30%~70%选取，进口设备的机械化、自动化程度越高，取值越低；反之越高。如设备的价格很高，而安装简单，应低于该指标；设备的价格很低，而安装较复杂时，应高于该指标。

（四）基础费

设备的基础，是指安装设备而建造的特殊构筑物。设备基础费是指为建造设备基础所发生的人工费、材料费、机械费及全部取费。评估实践中，有些特殊设备的基础列入构筑物范围时，应该分清设备的基础费用是否已在房屋建筑物评估值中考虑了，不应重复计算。

1. 国产设备基础费

$$国产设备基础费 = 国产设备原价 \times 国产设备基础费率 \quad (4-12)$$

式（4-12）中，国产设备基础费率可以按所在行业颁布的概算指标中规定的费率标准取值，行业标准中没有包括的特殊设备的基础费率，应自行测算。

2. 进口设备基础费

$$进口设备基础费 = 相似国产设备原价 \times 国产设备基础费率 \quad (4-13)$$

或

$$进口设备基础费 = 进口设备到岸价 \times 进口设备基础费率 \quad (4-14)$$

进口设备基础费率一般低于国产设备基础费率。如机械行业建设项目概算指标中规定，进口设备的基础费率可按相同类型国产设备的30%~70%选取，进口设备的机械化、自动化程度越高，取值越低；反之越高。如设备的价格很高，而基础简单，应低于该指标；设备的价格很低，而基础较复杂时，应高于该指标。

（五）进口设备从属费用

进口设备的从属费用包括国外运费、国外运输保险费、关税、消费税、增值税、银行财务费、公司代理手续费，对于车辆还包括车辆购置附加费等。

1. 国外运费

国外运费可按设备的重量、体积及海运公司的收费标准计算，也可按一定比例计取，取费基数为设备的离岸价。其计算公式为：

$$海运费 = 设备的离岸价 \times 海运费率 \tag{4-15}$$

对于海运费率的取值，远洋一般取 5%~8%，近洋一般取 3%~4%。

2. 国外运输保险费

国外运输保险费的取费基数为设备的离岸价+海运费。其计算公式为：

$$国外运输保险费 = （设备的离岸价 + 海运费）\times 保险费率 \tag{4-16}$$

保险费率可根据保险公司费率表确定，一般在 0.4% 左右。

3. 关税

关税的取费基数为设备到岸价（CIF）。其计算公式为：

$$关税 = 设备到岸价 \times 关税税率 \tag{4-17}$$

关税的税率按国家发布的进口关税税率表计算。

4. 消费税

消费税的计税基数为关税完税价+关税。其计算公式为：

$$消费税 = \frac{关税完税价 + 关税}{1 - 消费税税率} \times 消费税税率 \tag{4-18}$$

消费税的税率按国家发布的消费税税率表计算。

5. 增值税

增值税的取费基数为关税完税价+关税+消费税。其计算公式为：

$$增值税 = （关税完税价 + 关税 + 消费税）\times 增值税税率 \tag{4-19}$$

根据相关法规，减免关税，同时减免增值税。

6. 银行财务费

银行财务费的取费基数为设备离岸价的人民币数。其计算公式为：

$$银行财务费用 = 设备离岸价 \times 费率 \tag{4-20}$$

我国现行银行财务费率一般为 4‰~5‰。

7. 公司代理手续费

公司代理手续费也称为外贸手续费，取费基数为设备到岸价人民币数。其计算公式为：

$$外贸手续费 = 设备到岸价 \times 外贸手续费率 \tag{4-21}$$

目前，我国进出口公司的进口费率一般为 1%~1.5%。

8. 车辆购置附加费

车辆购置附加费的取费基数为到岸价人民币数+关税+消费税。其计算公式为：

$$车辆购置附加费 = （到岸价人民币数 + 关税 + 消费税）\times 车辆购置税税率 \tag{4-22}$$

【例4-5】被评估设备为2010年10月从英国引进,进口合同中的FOB价是25万英镑。2015年10月进行评估时英国厂家已不再生产这种型号的设备,其替代产品的FOB报价为35万英镑。

针对上述情况,评估人员经与有关专家共同分析研究待评估设备和替代产品在技术性能上的差别及其对价格的影响,最后认为,按照通常情况,实际成交价为报价的70%~90%。故按英国厂商FOB报价的80%作为FOB成交价。针对替代设备在技术性能上优于待评估设备,估测被评估设备的现行FOB价格约为替代设备FOB价格的70%,30%的折扣主要是功能落后造成的。评估基准日人民币对英镑的汇率为9.71:1。境外运杂费按FOB价格的5%计,保险费按FOB价格的0.4%计,关税与增值税因为符合合资企业优惠条件,予以免征。银行手续费按FOB价格的0.5%计算,外贸手续费按CIF价的1%计算,国内运杂费按CIF价格的1%计算,安装调试费用按CIF价格的0.5%计算。由于该设备安装周期较短,故不考虑资金成本。

根据上述分析及数据资料,被评估设备的重置成本计算过程如下:

FOB价格 = 35 × 80% × 70% = 19.6(万英镑)

 FOB价格 = 19.6 × 9.71 = 190.32(万元)

 境外运杂费 = 190.32 × 5% = 9.52(万元)

 保险费 = (190.32 + 9.52) × 0.4% = 0.80(万元)

 CIF价格 = 190.32 + 9.52 + 0.80 = 200.64(万元)

 银行手续费 = 190.32 × 0.5% = 0.95(万元)

 外贸手续费 = 200.64 × 1% = 2.01(万元)

 国内运杂费 = 200.64 × 1% = 2.01(万元)

 安装调试费 = 200.64 × 0.5% = 1.00(万元)

 被评估设备重置成本 = 200.64 + 0.95 + 2.01 + 2.01 + 1.00 = 206.61(万元)

四、实体性贬值的估算

设备在使用过程中,零部件受到摩擦、冲击、振动或交变载荷的作用,使得零件或部件产生磨损、疲劳等破坏,其结果是零部件的几何尺寸发生变化,精度降低,疲劳寿命缩短等。设备在闲置过程中,由于受自然界中的有害气体、雨水、射线、高温、低温等的侵蚀,也会出现腐蚀、老化、生锈、变质等现象。设备在使用过程中和闲置存放过程中所产生的上述磨损称为有形损耗,前者为第Ⅰ种有形损耗,后者为第Ⅱ种有形损耗。有形损耗使得设备的生产能力下降或使用价值降低,由此引起的贬值称为实体性贬值(D_p),或物理性贬值。设备的实体性贬值是从设备制造完毕后就开始发生,即使设备没有使用,在闲置和存放过程中也产生损耗(第Ⅱ种有形损耗),这种损耗与设备闲置和存放的时间、环境、条件有关;而设备在使用过程中产生的损耗(第Ⅰ种有形损耗),与工作负荷、工作条件、维修保养状况有关。

设备实体性贬值的程度可以利用设备的价值损失与重置成本之比来反映,称为实体性贬值率。全新设备的实体性贬值率为零,完全报废设备的实体性贬值率为100%。可以用公式表示为:

$$\alpha_p = \frac{D_p}{\text{RC}} \times 100\% \qquad (4-23)$$

式中 α_p——实体性贬值率；

          D_p——设备的实体性贬值；

          RC——设备的重置成本。

资产评估专业人员根据设备的状态，来判断贬值程度。常用的确定方法包括观察法、使用年限法和修复费用法。

（一）观察法

设备的损耗一般会产生一些宏观症状的变化，如震动、噪声增大、温度升高、精度下降、生产能力下降、能耗增高、故障率升高等。观察法就是资产评估专业人员通过现场观察设备的宏观症状，查阅机器设备的历史资料，了解设备使用状况、磨损情况、维修保养情况、工作负荷、工作精度等，并向操作人员询问设备的使用情况、使用精度、故障率，对所获得的有关设备状况的信息进行分析、归纳、综合，依据经验判断设备的磨损程度及贬值率。有时也使用一些简单的检测手段作为判断贬值的参考。在不具备测试条件的情况下，这是最常使用的方法。机器设备的成新率评估参考表如表4-2所示。

表4-2 机器设备的成新率评估参考表

单位：%

设备新旧程度	实体性贬值率	设备状态	成新率
新设备及使用不久的设备	0~10	新设备及使用不久的设备，在用状态良好，能按设计要求正常使用，无异常现象	100~90
较新设备	11~35	已使用一年以上或经过第一次大修恢复原设计性能使用不久的设备，在用状态良好，能满足设计要求，未出现过较大故障	89~65
半新设备	36~60	已使用两年以上或大修后已使用一段时间的设备，在用状态较好，基本上能达到设备设计要求，满足工艺要求，需经常维修以保证正常使用	64~40
旧设备	61~85	已使用较长时间或几经大修，目前仍能维持使用的设备。在用状态一般，性能明显下降，使用中故障较多，经维护仍能满足工艺要求，可以安全使用	39~15
报废待处理设备	86~100	已超过规定使用年限或性能严重劣化，目前已不能正常使用或停用，即将报废待更新	15以下

（二）使用年限法

使用年限法是从使用寿命角度来估算贬值，它假设机器设备有一定的使用寿命，设备的价值与使用寿命成正比关系。设备在使用过程中，物理磨损使得设备的使用寿命逐步消耗，直至寿命耗尽退出使用。因此设备的贬值可以用使用寿命的消耗量表示，实体性贬值率也可以用使用寿命消耗量与总使用寿命之比来表示。其计算公式为：

$$实体性贬值率 = \frac{实际已使用年限}{总使用年限} \times 100\% \quad (4-24)$$

1. 总使用年限

机器设备的实际已使用年限与尚可使用年限之和为设备的总使用年限，即机器设备的使用寿命。机器设备的使用寿命是指从开始使用到淘汰的整个过程，通常可分为物理寿命、经济寿命和技术寿命。

物理寿命指机器设备从开始使用到报废所经历的时间，其长短主要取决于自身质量与运行过程中的使用、保养和正常维修情况。经济寿命是指机器设备从开始使用到因经济上不划算而停止使用所经历的时间，经济上不划算是指维持机器设备的继续使用所需要的维持费用大于机器设备继续使用所带来的收益。技术寿命是指机器设备从开始使用到技术过时经历的时间，取决于社会技术进步和技术更新的速度和周期，通过技术改造可以延长其技术寿命。

这样，在估算机器设备的实体性贬值时，就涉及机器设备的总使用年限应该选择哪个寿命年限，这是个复杂的问题。由于经济寿命要小于物理寿命和技术寿命，因此，国际上首选的是经济寿命，但并不排除物理寿命和技术寿命作为总使用年限的可能性，我国目前没有具体的规定。

2. 实际已使用年限

实际已使用年限是指机器设备从开始使用到评估基准日所经历的时间。由于设备在使用中负荷程度及日常维护保养差别的影响，已使用年限可分为名义已使用年限和实际已使用年限。名义已使用年限指会计记录记载的资产的已提折旧的年限。实际已使用年限指资产在使用中实际磨损的年限，可根据设备运行的记录资料，用下列公式计算。

$$实际已使用年限 = 名义已使用年限 \times 设备利用率 \quad (4-25)$$

$$设备利用率 = \frac{截至评估基准日设备累计实际利用时间}{截至评估基准日设备累计法定利用时间} \times 100\% \quad (4-26)$$

设备利用率计算结果小于 1 表明开工不足，设备实际已使用年限小于名义已使用年限；计算结果等于 1 表明满负荷运转，设备实际已使用年限等于名义已使用年限；计算结果大于 1 表明资产超负荷运转，实际已使用年限大于名义已使用年限。

【例 4-6】某被评估设备已投入使用 6 年，该设备正常情况下每天工作 8 小时，经调查了解，该设备在投入使用 5 年中平均每天工作 10 小时。经现场鉴定，该设备尚可使用 4 年。计算该设备的实体性贬值率。

实际已使用年限 = 6 ×（10 × 360 × 6）/（8 × 360 × 6）= 7.5（年）
实体性贬值率 = 7.5 ÷（7.5 + 4）× 100% = 65.22%
故该设备的实体性贬值率为 65.22%。

3. 尚可使用年限

机器设备的尚可使用年限也可称作机器设备的剩余使用寿命，可以通过计算检测和专业技术鉴定来确定，也可以通过用总使用年限减去实际已使用年限的余额来确定。

4. 加权投资使用年限

如果机器设备经过多次大修理、技术改造或追加投资，就会延长其尚可使用年限或缩短实际已使用年限，那么上述方法计算的已使用年限就不能反映设备的实际情况，需要进行调整。在评估实务中，采用加权平均使用年限的方法，即以每次投资的重置成本为权数，对每次投资的已使用年限进行加权平均，以确定其实际已使用年限的方法。具体计算公式为：

$$加权投资年限 = \frac{\sum(已使用年限 \times 投资成本)}{\sum 投资成本} \quad (4-27)$$

$$实体性贬值率 = \frac{加权投资年限}{加权投资年限 + 尚可使用年限} \times 100\% \quad (4-28)$$

【例 4-7】某企业 2007 年购入一台设备，账面原值为 50 万元，2012 年和 2014 年进行两次更新改造，当年投资分别为 5 万元和 3 万元，2017 年对该设备进行评估。假定：从 2007 年至 2017 年的年通货膨胀率为 10%，该设备的尚可使用年限经检测和鉴定为 7 年，试估算设备的实体性贬值率。

（1）用价格指数法计算被评估设备的重置成本，如表 4-3 所示。

表 4-3 被评估设备的原始投资额和重置成本

投资时间	原始投资额/元	价格变动系数	重置成本/元
2007 年	500 000	2.60	1 300 000
2012 年	50 000	1.61	80 500
2014 年	30 000	1.33	39 900
合计	580 000		1 420 400

（2）计算加权投资成本，如表 4-4 所示。

表 4-4 被评估设备的加权投资成本

投资时间	重置成本/元	投资年限/年	加权投资成本/元
2007 年	1 300 000	10	13 000 000
2012 年	80 500	5	402 500
2014 年	39 900	3	119 700
合计	1 420 400		13 522 200

（3）确定设备的加权投资已使用年限。

设备的加权投资已使用年限 = 13 522 200 ÷ 1 420 400 = 9.52（年）

（4）计算设备的实体型贬值率。

设备的实体型贬值率 = 9.52 ÷（9.52 + 7）= 57.63%

（三）修复费用法

修复费用法是假设设备所发生的实体性损耗是可补偿性的，则设备的实体性贬值就应该等于补偿实体性损耗所发生的费用。所用的补偿手段一般是通过修理或更换损坏部分。比如，一台机床的电机损坏，如要修复该机床，必须更换电机，如果这台机床不存在其他贬值，则更换电机的费用即为机床的实体性贬值。使用这种方法，评估专业人员要注意区分可补偿性损耗和不可补偿性损耗。这里所说的可补偿性损耗，是指可以用经济上可行的方法修复的损耗，也就是说修复这些损耗从经济上是合理的，而不是从技术角度考虑损耗是否可以修复。有些损耗尽管也是可以修复的，但是在经济上是不合理的，这种损耗则为不可修复性损耗。不可修复性损耗不能用修复费用法计算贬值。对于大多数情况，设备的可修复性损耗和不可修复性损耗是并存的,评估专业人员应分别计算它们的贬值,两者之和就是被评估设备的全部实体性贬值。计算公式如下:

$$实体性贬值率 = \frac{修复费用 + 不可修复部分的实体性贬值}{重置成本} \times 100\% \quad (4-29)$$

【例4-8】被评估设备为一储油罐,已经建成并使用了10年,预计将来还能再使用20年。评估人员了解到,该油罐目前正在维修,其原因是原储油罐因受到腐蚀,底部已出现裂纹,发生渗漏,必须更换才能使用。整个维修计划大约需要花费25万元,其中包括油罐停止使用造成的经济损失、清理布置安全工作环境、拆卸并更换被腐蚀底部的全部费用。评估人员已经估算出该油罐的复原重置成本为200万元。

该设备存在可修复性损耗和不可修复性损耗,更换储油罐的损耗是可修复性损耗,我们用修复费用法计算其贬值,贬值额等于修复费用,约25万元。另外,该机器运行10年,我们用使用年限法来确定由此引起的实体性贬值,此项贬值率为10/30。所有实体性贬值及贬值率的计算过程如下:

可修复部分实体性损耗:25万元

不可修复部分实体性损耗率:10/(10+20)×100% = 33.33%

不可修复部分复原重置成本:200-25 = 175(万元)

不可修复部分实体性损耗:175 × 33.33% = 58.33(万元)

油罐全部实体性损耗率:(25 + 58.33)/200 = 41.67%。

(四) 估算机器设备的实体性贬值应注意的问题

在估算设备的实体性贬值时,应注意如下两个问题。

(1) 估算设备实体性贬值具体方法的选择,可以根据信息资料的获得情况、被评估设备具体特点以及评估人员的专业知识和经验来确定。一般情况下,在信息资料充分的情况下,同时运用几种方法估算实体性贬值,并且互相核对,在核对的基础上根据孰低原则确定成新率。也可在有充分依据的前提下,采用加权平均法确定成新率。

(2) 在分析估算实体性损耗时,要注意其中是否含有功能性损耗或其他损耗因素,以避免发生重复扣减的问题。

五、功能性贬值的估算

由于新技术的出现而引起资产价值的损失称为机器设备的功能性贬值。设备的功能性贬值主要体现在超额投资成本和超额运营成本两方面。

(一) 超额投资成本引起的功能性贬值

超额投资成本引起的功能性贬值,是指由于技术进步,新技术、新材料、新工艺不断出现,相同功能的新设备的制造成本比过去降低,它主要反映为更新重置成本低于复原重置成本。复原重置成本与更新重置成本之间的差额即为超额投资成本引起的功能性贬值。

在评估实践中,如果可以直接确定设备的更新重置成本,则不需要再计算复原重置成本,超额投资成本引起的功能性贬值也不需要计算。对于大部分通用设备,重置成本一般根据现行市场价格确定,这个价格中已经反映了超额投资成本引起的功能性贬值。如一台打印机,一年前的购置价为25 000元,由于技术进步使得电脑的生产成本降低,该电脑现行的市场价格 20 000 元，如果使用现行市场价格作为重置成本，则不需要再考虑超额投资成本引起的功能性贬值。如果使用的是复原重置成本，则应该考虑是否存在超额投资成本引起的功能性贬值。

（二）超额运营成本引起的功能性贬值

超额运营成本是由于新技术的发展，新设备在运营费用上低于老设备。超额运营成本引起的功能性贬值也就是设备未来超额运营成本的折现值。分析研究设备的超额运营成本，应考虑下列因素：新设备与老设备相比，生产效率是否提高；维修保养费用是否降低；材料消耗是否降低；能源消耗是否降低；操作工人数量是否减少等。

计算超额运营成本引起的功能性贬值的步骤如下：

（1）选择参照物，核定参照物与被评估设备在产量、成本方面的差异，并将参照物的年运营成本与被评估设备的年运营成本比较，计算被评估设备的年超额运营成本。

（2）将年超额运营成本扣减采用新设备生产的新增利润应缴的所得税，得到被评估设备的年净超额运营成本。

（3）估测被评估设备的剩余寿命。

（4）选择合适的折现率，把整个剩余寿命期间的各年度净超额运营成本折成现值，其现值之和就是功能性贬值额。

【例 4-9】评估人员拟对某一生产设备进行评估，其正常运行需 7 名操作人员。目前同类新式控制装置所需的操作人员定额为 4 名。假设被评估设备与参照物在运营成本的其他支出项目方面大致相同，操作人员人均年工资为 12 000 元，被评估设备尚可使用 3 年，所得税率为 25%，适用的折现率为 10%。试测算被评估设备的功能性损耗额。

根据上述资料，被评估设备的功能性损耗测算如下：

（1）计算被评估设备的年超额运营成本额：

$(7-4) \times 12\,000 = 36\,000$（元）

（2）测算被评估设备的年超额运营成本净额：

$36\,000 \times (1-25\%) = 27\,000$（元）

（3）将被评估设备在剩余使用年限内的年超额运营成本净额折现累加，估算其功能性贬值额。

$27\,000 \times (P/A, 10\%, 3) = 27\,000 \times 2.486\,9 = 67\,146.3$（元）

（三）估算设备功能性贬值时应注意的问题

估算设备的功能性贬值时应注意如下两个问题：首先是参照物的选择，该选择直接影响功能性贬值的大小，一般应选择评估涉及的地区范围内已普遍使用的先进设备，而非尚未普遍使用的最先进的设备；其次是确定评估值时是否需单独计算功能性贬值，如果需要单独计算，是否两类功能性贬值均需计算。

六、经济性贬值的估算

机器设备的经济性贬值是外部因素引起的贬值。这些因素包括：由于市场竞争的加剧，产品需求减少，导致设备开工不足，生产能力相对过剩；原材料、能源等提价，造成成本提高，而生产的产品售价没有相应提高；国家有关能源、环境保护等限制或削弱产权的法律、法规导致产品生产成本提高，或者使设备强制报废，缩短了设备的正常使用寿命等。

（一）使用寿命缩短引起的经济性贬值

引起机器设备使用寿命缩短的外部因素，主要是国家有关能源、环境保护等方面的法律、法规。例如近年来，由于环境保护方面的问题日益严重，国家对机器的环保要求越来越高，对落后的、高能耗的机电产品施行强制淘汰制度，从而缩短了设备的正常使用寿命。

【例4－10】某工业生产设备已使用10年，按目前的技术状态还可以正常使用15年，按年限法，该设备的贬值率为：

贬值率 = 10 ÷ （10 + 15） = 40%

但由于环保、能源控制的要求，国家新出台的强制报废政策规定该类设备的最长使用年限为20年，因此该设备10年后必须强制报废。在这种情况下，该设备的贬值率为：

贬值率 = 10 ÷ 20 = 50%

由此引起的经济性贬值率为10%（即50% - 40%）。如果该设备的重置成本为200万元，则经济性贬值额为：

经济性贬值 = 200 × 10% = 20（万元）

（二）市场竞争加剧引起的经济性贬值

市场竞争的加剧等外部因素，可能导致产品销售数量的减少，从而引起设备开工不足，生产能力相对过剩，进而引起经济性贬值。贬值额或贬值率的计算可以通过如下公式计算：

$$经济性贬值率 = \left[1 - \left(\frac{设备预计可被利用的生产能力}{设备原设计生产能力}\right)^x\right] \times 100\% \qquad (4-30)$$

【例4－11】某生产线的设计生产能力20 000吨，由于市场竞争的加剧，企业竞争力下降，预计现实生产能力为12 000吨。经评估，生产线的重置成本为2 000万元，求生产线的经济性损耗，假定规模经济效益指数为0.8。

具体计算过程如下：

$$经济性贬值率 = \left[1 - \left(\frac{12\ 000}{20\ 000}\right)^{0.8}\right] \times 100\% = 33.55\%$$

经济性贬值额 = 2 000 × 33.55% = 671（万元）

（三）运营费用增加引起的经济性贬值

引起机器设备运营成本增加的外部因素包括原材料成本增加、能源成本增加等。比如，国家对超过排放标准排污的企业征收高额的排污费，对设备能耗超过限额的，按超限额浪费的能源量加价收费，都会导致高污染、高能耗设备运营费用的提高。考虑资金时间价值，将每年多支出的运营成本净额折现加总，即为运营成本增加引起的经济性贬值。

【例4－12】某机组设备，政府规定的可比单耗指标为500千瓦小时/吨，该设备的实际可比单耗为620千瓦小时/吨。该设备的年产量为4 000吨，限额内电价为1.5元/千瓦小时，如果超限额10%～25%，根据政府规定加价150%。该设备还可使用6年，企业所在行业的投资收益率为8%，所得税率为25%。试计算因政府对超限额耗能加价收费而增加的运营成本引起的经济性贬值。

超限额的百分比 = （实测单耗 - 限额单耗）/ 限额单耗
            = （620 - 500）÷ 500 × 100% = 24%
年加价收费额 = 1.5 ×（620 - 500）× 4 000 × 150% = 108（万元）
经济性贬值额 = 108 ×（1 - 25%）×（P/A，8%，6）
            = 108 ×（1 - 25%）× 4.622 9
            = 374.45（万元）

（四）估算设备经济性贬值时应注意的问题

在估算设备的经济性贬值时，必须注意以下两点：首先，经济性贬值是由于外界因素造成的，如果因为某些设备自身的原因而不能按原定生产能力生产，那么这样的能力闲置就可能是有形损耗的结果；其次，需对评估基准日后的影响设备利用率或收益额的因素进行预测，进而判断是否存在经济性贬值的问题。

七、成本法在机器设备评估中的应用举例

【例4-13】 公司有一台机器设备，其账面价值为160万元，购置日为2019年，评估基准日为2021年。已知2021年与2019年物价变动指数为140%，过去两年该设备满负荷运转，评估人员认定该设备尚可继续使用8年，但由于技术进步原因出现一种新设备，其功能与旧设备相同，但每生产100件产品可节约A材料1千克，预计该厂未来8年内该产品年产量为30万件，A材料未来8年保持20元/千克，折现率为10%，超额投资成本为1万元，所得税税率25%。根据上述条件，估测该设备的有关参数和评估值。

该设备的重置成本 = 160 × 140% = 224（万元）
该设备的实体性贬值 = 224 × 20% = 44.8（万元）
该设备超额运营成本引起的功能性贬值为：
300 000 ÷ 100 × 20 ×（1 - 25%）×（P/A，10%，8）= 24（万元）
超额投资成本引起的功能性贬值为1万元，因此，功能性贬值总额为：
24 + 1 = 25（万元）
该设备评估值 = 224 - 44.8 - 25 = 154.2（万元）

第三节　市场法在机器设备评估中的应用

【微案例4-3】

2017年年底，出租车驾驶员王先生在正常营运期间被另外一辆车撞击，导致车辆受损无法营运，在与责任方协商理赔过程中，责任方提出会赔偿王先生的修车损失，但是，王先生提出，在车辆维修期间不能正常运营，会给他带来经济损失，要求责任方对其所驾驶的营运出租车停运损失进行一并补偿。

请思考：责任方是否应就王先生出租车停运损失进行一并补偿？如果需要，如何评估出租车停运期间的损失？

一、应用市场法评估机器设备的前提条件

机器设备评估的市场法是指在目前公开市场上选择与被评估设备相类似的或可比的参

照物设备，根据参照物设备的近期交易价格来确定被评估设备的价格。如果参照物设备与被评估设备不完全相同，则需要根据评估对象与参照物之间的差异对价值的影响做出调整。

使用市场法对机器设备进行评估需要满足三个前提条件。首先，机器设备交易必须满足公开市场条件，需要有一个充分发育活跃的机器设备交易市场。其次，市场必须是有效的。对单台设备评估，二手设备市场是机器设备评估的重要参照物市场，但是并不能保证这个市场对所有的资产都是可靠的。如果能够确定市场所提供的信息资料真实可信，并且该类资产的交易活跃，那么使用市场法将是最为可靠的。另外，使用市场法还必须保证选取的参照设备跟被评估设备是相似的或可比的。

二、应用市场法评估机器设备的基本步骤

（一）获取评估设备的基本资料

评估人员在掌握被评估设备基本情况的基础上，进行市场调查，收集与被评估设备相同或类似的机器设备交易实例资料。所收集的资料一般包括设备的交易价格、交易日期、交易目的、交易方式，机器设备的类型、功能、规格型号、已使用年限、实际状态等。对所收集的资料还应进行查实，确保资料的真实性和可靠性。

（二）选取可比的交易实例作为参照物

参照物选择的可比性至少应关注交易情况的可比性和设备本身各项技术参数的可比性。比较因素是一个指标体系，对于设备而言，可归纳为：设备的规格型号、生产厂家、制造质量、零部件情况、配件情况、有效役龄、技术状况、成新率、出售目的、出售方式、成交数量、交易时间、交易的市场状况等。

（三）对被评估设备和参照物之间的比较因素进行差异调整

尽管在选择参照物时应尽可能与被评估设备相近，但是两者之间难免会在交易时间、成新率、交易地点等方面存在差异，这就需要评估人员在对比分析的基础上确定调整系数或调整值，将参照设备的价格调整为被评估设备的价格。

（四）计算被评估设备的评估值

对差异因素量化调整后，得出初步评估结果。我们还需要对初步评估结果进行分析，一般采用多个参照设备调整后价格的算术平均值或加权平均值作为被评估设备的评估值。

三、应用市场法评估机器设备的具体方法

运用市场法评估机器设备是通过对市场参照物进行交易价格调整完成的，常用的调整方法有直接比较法和类比调整法两种。

（一）直接比较法

直接比较法是根据与评估对象基本相同的市场参照物，通过直接比较来确定评估对象价值的评估方法。例如评估一辆汽车时，如果二手汽车交易市场能够发现与评估对象基本相同的汽车，它们的制造商、型号、年代、附件都相同，只有行驶里程和实体状态方面有些差异。在这种情况下，资产评估专业人员一般直接将评估对象与市场上发现的汽车作比

较，确定评估对象的价值。由于此时评估对象与市场参照物差异小，使用直接比较法评估相对比较简单，对市场的反映也最为客观，能最准确地反映评估对象的价值。该方法可用公式表示为：

$$V = V' \pm \Delta_i \tag{4-31}$$

式中　V——评估值；

　　　V'——参照物的市场价值；

　　　Δ_i——差异调整。

（二）类比调整法

类比调整法是将与评估对象相似的市场参照物作为评估的基础，通过比较、调整评估对象与市场参照物之间的因素差异确定评估对象价值的评估方法。在难以找到与评估对象基本相同的市场参照物，但存在与评估对象相似的市场参照物时，类比调整法就成为具有操作可行性的评估方法。但对相似性设备间存在差异因素的分析、调整过程，相对于直接比较法而言，显得更为重要。例如当评估一台由A公司制造的设备时，资产评估专业人员发现在市场上没有A公司生产的相似的设备，但是有B和C公司生产的相似的设备。在对前面介绍的比较因素进行分析的基础上，需要作更多的调整。

【例4-14】评估对象为一台某型号加工设备，评估人员经市场调查，原生产厂家已不再生产该设备，评估人员选择本地区近几个月已经成交的其他厂家生产的该型号设备的3个交易实例作为比较对象，评估对象及参照物的有关情况如表4-5所示。

表4-5　评估对象及参照物情况

评估项目	评估对象	参照物A	参照物B	参照物C
交易价格/元		120 000	80 000	100 000
交易情况	公开市场	公开市场	公开市场	公开市场
生产厂家	太原	广州	沈阳	广州
交易时间	2021年6月	2020年12月	2021年1月	2021年5月
已使用年限/年	2.5	1.5	3.5	2
尚可使用年限/年	7.5	8.5	6.5	8
成新率/%	75	85	65	80

评估人员经过对市场信息分析得知，3个交易实例都是在公开市场条件下销售的，不存在受交易情况影响价格偏高或偏低现象，影响售价的因素主要是生产厂家（品牌）、交易时间和成新率。

经调查分析得知，参照物A和参照物C是广州知名厂家生产的名牌产品，价格比一般厂家生产的设备高20%左右。近几个月该类设备的销售价格每月平均上升4%左右。

公司该设备价值的估算适合采用市场法。具体估算过程如下：

（1）生产厂家（品牌）因素的分析和修正。因为参照物A和参照物C的价格同一般厂家生产的设备相比高20%左右，所以参照物A、B、C的修正系数分别为：100/120，100/100，100/120。

（2）交易时间因素的分析和修正。因为近几个月该类设备的销售价格每月平均上升4%左右，所以，参照物A、B、C的修正系数分别为：124/100，120/100，104/100。

（3）成新率因素的分析和修正。根据公式：成新率修正系数＝评估对象成新率÷参照物成新率，参照物A、B、C成新率修正系数分别为：75/85，75/65，75/80。

（4）计算参照物A、B、C修正后的价格，得出初步结果。

参照物A修正后的价格＝120 000×100/120×124/100×75/85＝109 411.76（元）

参照物B修正后的价格＝80 000×100/100×120/100×75/65＝110 769.23（元）

参照物C修正后的价格＝100 000×100/120×104/100×75/80＝81 250（元）

（5）确定评估值。对参照物A、B、C修正后的价格进行简单算术平均，求得被评估设备的评估值：(109 411.76＋110 769.23＋81 250)÷3≈100 477（元）。

第四节　收益法在机电设备评估中的应用

【微案例4-4】

甲公司是乙公司的材料供应商，乙公司在采购原材料时经常采取赊销方式，因为乙公司信誉良好，所以两公司之间的业务往来一直处于正常状态，但是在2017年年初，乙公司因发生重大事故，导致企业资不抵债，乙公司董事会决定以正在运营的一台生产设备抵偿所欠甲公司货款，目前该设备生产厂家已停止生产该型号设备。

请思考：结合前面所学机器设备评估的基本方法，思考本案例中评估人员在对该设备进行评估时适合采用什么方法？

一、应用收益法评估机器设备的基本公式

利用收益法评估机器设备是通过估算设备在未来的预期收益，并采用适当的折现率折算成现值，然后累加求和，得出机器设备评估值的方法。其基本计算公式为：

$$P = \sum_{i=1}^{n} \frac{F_i}{(1+r)^i} \qquad (4-32)$$

式中　P——评估值；

F_i——机器设备未来第i个收益期的预期收益额；

r——折现率；

n——收益期限。

二、应用收益法评估机器设备的前提条件

使用收益法的前提条件包括如下三个：一是要能够确定机器设备的获利能力，如净利润或净现金流量；二是能够确定获得收益的期限；三是能够确定合理的折现率。大部分单项机器设备，一般不具有独立获利能力。因此，单项设备通常不采用收益法评估。对于生产线、成套设备等具有独立获利能力的机器设备可以使用收益法评估。另外，在使用成本法评估整体企业价值时，收益法也经常作为一种补充方法，用来判断机器设备是否存在功能性贬值和经济性贬值。

除此之外，收益法也可广泛应用于租赁机器设备的评估。对于租赁的设备，其租金收入就是收益，如果租金收入和折现率是不变的，则可将租金收入按照年金现值的计算方法计算其现值之和，作为租赁设备的评估值。其计算公式如下：

$$P = A \times \sum_{i=1}^{n} \frac{1}{(1+r)^i} \qquad (4-33)$$

式中　P——评估值；
　　　A——收益年金；
　　　r——折现率；
　　　n——收益期限。

【例4-15】某收益性生产线预计未来5年收益额分别是12万元、14万元、13万元、10万元和15万元。假定从第6年开始，以后各年收益均为16万元，确定的折现率和资本化率均为10%。假设该收益性生产线未来尚可使用10年。该生产线的评估值计算过程如下：

该生产线前5年收益现值 = $12 \times (P/F, 10\%, 1) + 14 \times (P/F, 10\%, 2) + 13 \times (P/F, 10\%, 3) + 10 \times (P/F, 10\%, 4) + 15 \times (P/F, 10\%, 5)$

= $12 \times 0.9091 + 14 \times 0.8264 + 13 \times 0.7513 + 10 \times 0.6830 + 15 \times 0.6209$

= 48.39（万元）

第6年至第10年的收益现值 = $16 \times (P/A, 10\%, 5) \times (P/F, 10\%, 5)$

= $16 \times 3.7908 \times 0.6209$ = 37.66（万元）

该生产线的评估值 = 48.39 + 37.66 = 86.05（万元）

【本章习题】

1. 简述机器设备评估的特点。
2. 简述机器设备的重置成本。
3. 简述机器设备的实体性贬值和会计上的折旧是否相同。
4. 评估设备购建于2016年12月，账面原值100万元，其中，购买价为80万元，基础及安装费15万元，运杂费5万元。2019年12月对该设备进行技术改造，以使用某种专利技术，改造费用为10万元，2020年12月对该设备进行评估，并得到以下数据：

（1）该类设备、基础及安装费、运杂费的物价指数相同，2016—2020年定基价格指数分别为105%，110%，110%，115%，120%。

（2）经了解，该设备在评估前使用期间因技术改造等因素，其实际利用率仅为正常利用率的60%，评估基准日以后，其实际利用率可以达100%，在此利用率下被评估设备尚可使用8年。

（3）与同类设备相比，该设备的操作需要5个工作人员，而同类设备需要3个工作人员，操作人员的年工资及福利费用为2万元/人。所得税税率为25%，折现率为12%。

（4）由于环保、能源的要求，国家新出台的政策规定该类设备必须在5年内强制报废。

要求：根据上述条件估测该设备的有关经济技术参数和评估值（评估基准日为2020年12月30日）。$(P/A, 12\%, 5) = 3.6048$

5. 某被评估的一条生产线构建于 2008 年，原始价值为 200 万元，2012 年和 2015 年投资 10 万元和 5 万元进行了两次更新改造，2018 年对该设备进行评估。经评估人员调查，该类设备及相关零部件的定基价格指数在 2008 年、2012 年、2015 年和 2018 年分别为 110%，125%，130%，145%。该设备尚可使用 6 年。另外，该生产线正常运行需要 6 名技术操作员，而目前新式同类生产线仅需 4 名操作员。假定待评估设备与新式设备的运营成本在其他方面没有差异，操作员的人均年工资为 30 000 元，所得税税率为 25%，适用折现率为 10%。根据上述数据资料估算被评估资产的价值。

6. 某被评估设备构建于 2014 年 1 月，账面原值为 100 万元，2016 年 1 月对该设备进行了技术改造，以使用某项专利技术，改造费为 10 万元，2018 年 1 月对该设备进行评估。现得到以下数据：

（1）2014—2018 年该类设备的环比物价指数为 105%，108%，104%，110%，112%。

（2）被评估设备的月人工成本比同类设备超支 1 000 元。

（3）被评估设备所在企业的正常投资报酬率为 10%，规模效益指数为 0.7，该企业为正常纳税企业，所得税税率为 25%。

（4）被评估设备从使用到评估基准日，由于市场竞争的原因，利用率仅仅为设计生产能力的 60%，经过了解，得知该设备在评估基准日后实际利用率为正常利用率的 80%，经评估人员鉴定分析认为被评估设备在利用率为 100% 的情况下尚可使用 6 年。

根据上述条件估算该设备的有关技术经济参数和评估值。

第五章 房地产评估

🔔 **学习目标**

通过本章学习，学生应能够掌握房地产的概念、特征及其价格分类，掌握房地产价格的影响因素及其评估原则，掌握运用收益法、市场法、成本法、剩余法评估房地产价格的基本思路、适用范围、计算公式、操作步骤及其应用。

🔔 **学习重点与难点**

1. 运用收益法进行房地产评估的计算；
2. 运用市场法进行房地产评估的计算；
3. 运用成本法进行房地产评估的计算。

🔔 **导入情境**

中国房地产估价活动历史悠久、源远流长，上千年前就产生了有关房地产价值及其评估思想的萌芽。当时伴随着土地和房屋买卖、租赁、课税、典当等活动的出现，房地产估价活动应运而生。但在20世纪50年代至70年代这段时期，随着废除房地产私有制，禁止房地产买卖、租赁等活动，中国房地产估价活动基本消失。直到1978年以后，在改革开放的背景下，随着城镇国有土地有偿使用和房屋商品化的推进，中国房地产估价活动开始复兴。

1993年，借鉴美国等市场经济发达国家和地区的经验，人事部、建设部共同建立了房地产估价师执业资格制度，经严格考核，认定了首批140名房地产估价师。1994年7月5日颁布的《城市房地产管理法》明确赋予了房地产估价法律地位，使房地产估价成为国家法定制度。为了加强房地产估价行业自律管理，经民政部批准，1994年8月15日成立了"中国房地产估价师学会"这一全国性的房地产估价行业自律组织。经建设部同意、民政部批准，2004年7月12日，"中国房地产估价师学会"更名为"中国房地产估价师与房地产经纪人学会"。为了加强对房地产估价师的管理，完善房地产估价制度和房地产估价人员资格认证制度，规范注册房地产估价师行为，维护公共利益和房地产估价市场秩序，1998年至今又陆续出台多项相关管理办法及规定。自首批房地产估价师诞生以来，中国房地产估价行业快速发展，估价队伍迅速壮大，估价法规不断健全，估价标准逐步完善，估价理论日趋成熟，估价业务持续增长，估价行业的社会影响显著扩大，基本形成了公平竞争、开放有序和监管有力的房地产估价市场，逐步建立起了政府监管、行业自律和社会监督的监管体制。

房地产估价起初主要服务于房地产交易市场管理。随着社会经济发展，为满足社会需要，房地产估价提供着越来越精细化的价值评估服务。此外，房地产估价以房地产价值评估为基础，还提供房地产市场调研、房地产投资项目可行性研究、房地产开发项目策划等相关房地产专业服务，拓宽了服务领域。目前，房地产估价在解决房地产市场失灵，将房地产市场引向理性，维护房地产市场秩序，保护房地产权利人和利害关系人的合法权益，防范金融风险，促进社会和谐等方面发挥着独特的积极作用。随着社会经济发展，房地产估价的内容还会越来越深化，服务领域还将越来越广阔，其作用也会越来越大。

第一节　房地产评估基本情况认知

【微案例 5-1】

2016年10月7日，经济南市舒家房地产经纪公司居间介绍，业主王先生与买方李女士签订《二手房预约买卖及居间服务合同》，将自有济南市历城区金阳家园某房产以109万元实收的价格卖予李女士。合同约定，李女士在签约2日内付足定金2万元，10月21日前监管首期款19.8万元，余款按揭支付；王先生在签约后3日内出具全权委托公证给担保公司指定人员，委托担保公司融资赎楼；双方于银行出具按揭承诺及赎出房地产证并注销抵押登记后3日内签订买卖合同，任何一方违约需按房屋总价的20%支付对方违约金，同时对其他事项进行了详细的约定。

合同签订后，李女士如约履行了定金支付义务，但由于恰逢楼市小阳春房价上涨，王先生收受定金后便毁约不卖，并终止了担保公司的委托赎楼，拒不配合李女士办理首期款监管手续，导致交易无法进行。经舒家地产多次催告，王先生仅愿意赔付李女士损失2万元，不同意履行合同。李女士为争取继续履行合同与王先生多次谈判却无果而终。时至12月11日，眼见谈判无望，李女士最终同意向法院提起诉讼要求解除合同并赔偿违约金21.8万元，但经律师诉前调查得知王先生已于11月24日（谈判期间）将涉案房屋卖予案外人并完成了过户登记手续，起诉后王先生又委托律师向李女士发送了解约通知函。

请思考： 确定房地产交易价格应当考虑哪些因素？

一、房地产的概念及特征

房地产一般指土地、建筑物及其他地上定着物，是房屋和土地的合称。土地一般指地球的表层的陆地部分，包括内陆水域和滩涂；建筑物是指人工建筑而成，由建筑材料、建筑构配件和设备等组成的整体物；其他地上定着物一般是指固定在土地或建筑物上，与土地、建筑物不能分离的植物或人工建筑。

房地产是实物、权益和区位三者的结合体。实物是房地产的物质实体部分，包括建筑物的结构、设备、外观及基础设施完备状况等。权益是指由房地产实物所产生的权利和收益。房地产交易不仅仅是实物交易，更重要的是权益交易。房地产权益包括所有权、使用权、租赁权、抵押权、典权和地役权等；区位是物体在空间和距离上的关系，房地产区位除了地理坐标位置，还包括可及性。

房地产与其他资产相比，有着明显的特征。明确房地产的特征，有助于在评估实务中更好地开展房地产评估工作。

（一）房地产的自然特征

房地产的自然特征源于土地的自然特性。土地是房屋的物质载体，土地的特性一定会通过房地产表现出来。

1. 位置固定性

由于房屋固着在土地上，土地具有位置的固定性，不能随土地产权的流动而改变其空间位置，因此房地产的相对位置是固定不变的。因土地位置的差异，房地产的价格会存在明显的地域特征。

2. 质量差异性

土地的位置不同，造成了土地之间存在自然差异，同时也造成了房地产效用差异。

3. 使用长期性

由于土地可以永续利用，不因使用或放置而损耗、毁灭，建筑物也是耐用品，建筑物的使用年限可达数十年。

（二）房地产的社会经济特征

1. 房地产供求的区域性

由于土地位置的固定性，房地产具有区域性的特点。房地产市场是一个区域性的市场，房地产的供求状况和价格水平在不同地区之间是不同的，一个城市房地产的供给过剩并不能解决另一个城市供给不足的问题，所以不同区域之间房地产价格存在差异性。受到土地位置固定性的限制，房地产的自然地理区位是固定不变的，但其经济地理区位和交通地理区位随着周围社会、市场、环境的变化发展，是会发生变化的。

2. 房地产利用的多方向性

土地的用途是多种的，可以作为农田，也可以建住宅或建写字楼，或者建商场。建筑物的用途在某种意义上也具有转换的可能性。房地产利用的多方向性客观上要求在合法的前提下，在房地产评估中需要确定房地产的最佳用途。

3. 房地产变现的困难性

房地产属于不动产，具有位置固定、用途不易改变、投资金额大等特点，流通性较差，快速变现存在较大困难。

4. 政策限制性

由于房地产是构成自然环境和社会环境的重要因素，为了增进公众安全，保护公共利益，促进城市合理布局，减少房地产外部影响的负面性，房地产的使用和支配会受到限制，房地产市场也受国家和地区政策影响。这就是房地产的外部性，简单地说，就是房地产利用会影响周围的环境及社会公众的利益。因此，房地产的拥有者对房地产的开发利用会受到有关方面的制约，如城市规划、土地利用规划、土地用途管制、住房政策、房地产信贷政策、房地产税收政策等都会对房地产的价格产生直接或间接的影响。其中城市规划对土地用途、建筑高度、容积率、建筑密度和绿地覆盖度等有具体限制和规定。

（三）房地产的价值特征

国家对土地所有权和使用权的垄断，导致房地产市场成为一种比较特殊的市场。实际上房地产存在着两级市场，分别是一级市场和二级市场。其中，一级市场是由政府主导的市场，政府的主导作用集中表现在一级土地市场上。我国实行国有土地所有权与使用权相分离的制度，国有土地所有权不能进入房地产市场流转，国有土地使用权可以转让，因此一级土地市场是政府土地使用权出让的市场。国有土地使用权出让是指国家以土地所有者的身份将国有土地使用权在一定年限内让与土地使用者，并由土地使用者向国家支付土地使用权出让金的行为。国有土地使用权出让可以采取协议、招标、拍卖和挂牌的方式。土地使用权价格按照土地使用用途的不同和使用年限的长短区分为各种年期的使用权价格，其出让的最高年限由国务院按下列用途确定：①居住用地70年（可以无限续展）；②工业用地50年；③教育、科技、文化、卫生、体育用地50年；④商业、旅游、娱乐用地40年；⑤综合或者其他用地50年。土地使用权的二级市场是土地使用权的再转让市场，即已经从政府取得土地使用权的企业、单位和个人将土地使用权再转让的市场。房产也有两级市场，房产的初级市场或一级市场是房产的建造市场，房产的二级市场是房产的交易市场。既然房地产存在着两级市场，房地产的市场价格或价值就自然存在着两个级次：第一个级次包括一级土地市场价格或价值和房产建造价格或价值；第二个级次包括土地二级市场价格或价值，以及房产二级市场价格或价值。由于房地产评估立足于房地产的二级市场，评估人员需要知晓存在一级土地市场价格或价值，以及房产建造价格或价值，不要混淆了房地产的一级市场和二级市场，以及房地产的一级市场价值和二级市场价值。

房地产的二级市场是一个较为丰富的市场，在房地产的二级市场中包括了转让市场、租赁市场、抵押市场、拍卖市场等。

（1）房地产转让是指房地产拥有者将房地产权益转移的行为，包括出售、交换和赠予。房地产转让时，房地产登记文件中所载明的权利、义务随之转移。房地产转让价格是房地产的权益价格，房地产的评估价值是房地产的权益价值。

（2）房地产出租是指房地产拥有者作为出租人将房地产租赁给承租人使用，由承租人向出租人支付租金的行为。房地产租赁价格是房地产租赁合同载明的权益价格。

（3）房地产抵押是指当事人为获得资金将房地产作为偿债担保物的融资行为。办理房地产抵押时，抵押人与抵押权人应当签订抵押合同，抵押合同不得违背国家法律、法规的规定。房地产抵押应当依照规定办理抵押登记。当事人的融资数量与作为偿债担保物的房地产的价值直接相关。房地产的抵押价值是评估人员为房地产抵押而评估的房地产价值。

房地产二级市场的多样性决定了房地产价值的多种多样，多样性的房地产价值具有以下基本特征：

（1）房地产价值是房地产的权益价值。
（2）房地产价值与其用途和效用相关。
（3）房地产价值具有个别性和区域性。

二、房地产评估的原则

房地产评估是指对不动产的价值进行分析、估算并发表专业意见的行为和过程，房地产评估与其他种类的资产评估在原理和技术运用方面基本相同,但是房地产自身的特点又决定了房地产评估的特殊性,房地产评估在遵循资产评估基本原则的基础上,还包括合法性原则、最佳使用原则、供需原则、贡献原则、评估时点原则等评估原则。

(一) 合法性原则

由于房地产的多用途性和用途转换的可能性较大,在房地产评估中需要强调合法性前提。房地产评估的合法性前提具体是指房地产评估应以评估对象的合法权合法使用和合法处分等为前提进行。在评估房地产的价值时,必须根据城市规划及有关法律的规定,依据规定用途、容积率、覆盖率、建筑高度与建筑风格等来把握房地产的使用状况,测算房地产的收益,评估其价值。不能以非法用途、非正当经营等作为评估依据。

(二) 最佳使用原则

由于房地产的多用途性和用途转换的可能性较大,在充分活跃的市场条件下,通过竞争可以使房地产达到最有效使用,包括房地产的最佳用途、最佳使用强度和最佳效益。站在房地产权利人的角度考虑,希望获得房地产最大收益或达到最佳使用效果是合理的要求,评估人员是应当予以考虑的。但是,根据房地产评估的合法性前提的要求,房地产的最佳使用必须要在法律、法规允许的范围内,以及必须是在城市规划的约束条件下进行。因此,在房地产评估过程中,评估人员不仅需要考虑房地产现时的用途和利用方式,还需要考虑房地产是否具有最佳使用的可能性实现的途径及其合法性。如果能够满足合法性前提,评估人员以房地产的最佳使用所能带来的收益评估房地产的价值是可取的。

(三) 供需原则

商品的价格由该商品供给和需求的均衡点来决定。供小于求时,价格上升,否则下降。房地产的价格由类似房地产的供求状况决定。

(四) 贡献原则

评估房地产价格时,可以利用收益还原法分别估算土地、建筑物的价格,进而求得房地产整体价格,也可以根据房地产整体价格及其构成部分的价格,采用剩余法评估土地或建筑物的价格,所以贡献原则是收益法和剩余法的基础。

(五) 评估时点原则

评估时点又称评估基准日,是一个具体的日期,通常以年、月、日表示,评估值是该日期的房地产价值的货币表现。房地产市场是不断变化的,房地产价格有很强的时间性,它是某一时点的价格,不同的时点,同一宗房地产往往会有不同的价格。也就是说,评估实际上只是求取某一时点上的价格,所以评估一宗房地产的价格时,必须假定市场情况停止在评估时点上,同时评估对象房地产的状况通常也是以其在该时点的状况为准。

三、影响房地产价格及评估价值的因素

影响房地产价格和评估价值的因素众多而复杂,如房地产实体、房地产权益和房地产的区位等。由于这些因素本身具有动态性,因此它们对房地产价格和评估价值的影响也是动态的。时间不同,这些因素以及它们的影响作用也不相同。有些因素对房地产价格及评估价值的影响程度是可以量化的,有的则难以量化,只能凭借评估师的经验加以判断。为

了便于把握和评估实践，通常将影响房地产价格和评估价值的因素归纳为一般因素、区域因素和个别因素。

（一）一般因素

一般因素是指影响一定区域范围内所有房地产价格和评估价值的一般的、普遍的、共同的因素。这些因素通常会在较广泛的地区范围内对各宗房地产的价格和评估价值产生全局性的影响。这类因素主要包括经济因素、社会因素和行政因素等。

1. 经济因素

从大的方面来讲，一个国家或地区的经济发展水平是影响房地产价格和评估价值的最基本的因素。国民经济增长速度、国民生产总值、居民收入水平、物价指数等因素都会对房地产价格和评估价值产生影响。一般而言，国民经济发展快、国民生产总值增加、国家财政收入和居民收入水平高的国家和地区，房地产行业比较繁荣，房地产价格和评估价值水平也比较高。

2. 社会因素

社会因素对房地产价格和评估价值的影响主要是由人口因素、社会福利水平、家庭结构、社会治安状况等因素造成的。

3. 行政因素

行政因素主要指影响房地产价格和评估价值的制度、政策、法规、行政措施等因素，例如，土地使用制度与住房制度、地价政策、城市规划、土地利用规划、城市发展战略、税收制度、贷款政策、投资政策、交通管制等。

（二）区域因素

区域因素是指某一特定的区域内的自然条件与社会、经济、行政等因素相结合所产生的区域性特性。这些区域性特征具体表现为：区域繁华程度、道路通达程度、交通便捷程度、基础设施和公共设施状况，以及区域环境等。

（三）个别因素

个别因素分为土地的个别因素和建筑物的个别因素。土地个别因素，也叫宗地因素，是宗地自身的条件和特征对该地块价格的影响。

1. 土地的个别因素

土地的个别因素具体包括区位因素、面积因素、临街宽度、临街深度、土地形状、地质、地形、地势、容积率、土地使用年限等。

2. 建筑物的个别因素

建筑物的个别因素主要表现为建筑物的面积、结构、材料、设计、设备、施工质量，以及与周围环境的协调等。

四、房地产评估的基本程序

房地产评估一般应依照明确评估基本事项、制订工作计划、实地勘察与收集资料、测算待评估房地产评估价值、综合分析确定评估结果和撰写房地产评估报告的程序进行。

（一）明确评估基本事项

在房地产评估时，必须了解评估对象的基本情况，这是制定房地产评估方案、选择评估途径和方法的前提。评估基本事项包括以下内容。

1. 明确评估目的

从本质上讲，评估目的作为资产评估结果的具体用途，它会在宏观上和微观上影响或决定资产评估的条件。因此，不同评估目的下，评估结果的价值内涵可能也不完全相同。

2. 明确评估对象

明确评估对象，就是对房地产的实体和权益状态进行了解，并在资产评估委托协议中写明委托评估的具体对象。

房地产的实体包括：土地面积、土地形状、临街状态、土地开发程度、地质、地形及水文状况；建筑物的类型、结构面积、层数、朝向、平面布置、工程质量、新旧程度、装修和室内外的设施等。房地产的权益状态包括：土地权利性质、权属、土地使用权的年限、建筑物的权属、评估对象设定的其他权利状况等。

3. 明确评估价值类型

房地产评估的价值类型是房地产评估结果的价值属性及其表现形式。房地产评估的价值类型分为市场价值和非市场价值（或称市场以外价值）两类。如果在房地产评估中选择使用市场价值类型，评估人员可以直接定义市场价值。如果在房地产评估中选择了非市场价值类型，评估人员则需要定义本次评估所选择的非市场价值中的具体价值表现形式，不得直接使用非市场价值这个集合概念。

4. 明确评估基准日

明确评估基准日，就是确定评估对象评估的基准日期，通常以年、月、日表示。

5. 签订评估委托协议或合同

在明确评估基本事项的基础上，双方便可签订评估委托或合同，用法律的形式保护各自的权益。

（二）制订工作计划

制订工作计划，就是对评估工作日程、人员组织等做出安排。在对待估对象有了基本了解之后，就可以对资料的收集、分析和价格的测算等工作程序和组织做出科学的安排。工作计划的合理制订，有助于提高工作效率和评估质量，规避评估风险。

（三）实地勘察与收集资料

实地勘察是房地产评估工作的一项重要步骤。房地产市场是地域性很强的市场，房地产交易都是个别交易，非经实地勘察难以对房地产进行评估。实地勘察就是评估人员亲临房地产所在地，对待估房地产实地调查，以充分了解房地产的特性和所处区域环境。

收集评估资料，主要是收集评估过程中涉及运用评估技术方法、确定评估参数，以及撰写评估报告所需的资料数据。例如，评估对象的基本情况，评估对象所在地段的环境和区域因素，与评估对象有关的房地产市场供需状况，建造成本，租售价格，国家和地方涉及房地产评估的政策、法规和定额指标等。

(四)测算待评估房地产评估价值

在调查研究和资料分析的基础上,根据选定的评估方法对委托评估对象进行评定估算。为保证评估结果的公平合理,不排除采用多种评估途径和方法进行评估,以求互相对照和检验修正。

(五)综合分析确定评估结果

同一宗房地产运用不同的评估途径和方法评估出来的评估价值不一致是很自然的。综合分析是对所选用的评估途径和方法、资料及评估程序的各阶段,做出客观的分析和检查,并在此基础上,采用恰当的方式确定最终评估结果。

(六)撰写房地产评估报告

评估报告是评估过程和评估成果的综合反映,评估师通过评估报告一方面可以让客户了解房地产评估的最后结果,另一方面还可以让客户充分了解整个评估过程的技术思路、评估途径、评估方法和评估依据,以及评估结果使用的约束条件。

第二节 收益法在房地产评估中的应用

【微案例 5-2】

澜海度假公寓是某旅游集团旗下通过不动产管理实现客户投资价值,并满足客户度假、养老等需求的项目,选择国内一线开发商进行合作,如绿城、碧桂园、恒大等,在国内发达旅游城市开发度假公寓,如海口、丽江、威海、郑州等。

周先生经过了解,想要投资一处位于山东省威海市伴月湾旅游度假区的度假公寓,经过营销商介绍,该度假公寓精装修后出售,按照一套一价的定价进行销售,平均价格 1.45 万元/m^2,由于旅游地产异地购房客户较多,因此会出现房屋长时间空置、无人打理、没有收益的痛点,因此有不同投资模式可供选择。营销商首先向周先生介绍了托管返租式的投资模式。周先生购买公寓后,可与旅游集团签订托管合同,合同规定,托管期限为 30 年,30 年间由旅游集团代为管理经营,托管期间,周先生每年可享受最长 30 天度假区域的免费换住权益,每月享有固定比例的租金收益,且无须负担水、电、物业费用。

请思考: 请帮周先生进行决策,租金收益达到何种水平时,建议投资该房地产?

一、收益法评估房地产的基本思路

收益法在国外被广泛运用于收益性房地产价值的评估,在我国也是最常用的方法之一,收益法的基本思路是房地产现实价值取决于它未来带来收益的大小,未来产生的收益折现为现值越大,说明房地产的价值越大。预期收益原则是收益法的基础,房地产的价值通常不是基于其历史价格或生产它所投入的成本或过去的市场状况而决定的,而是基于市场参与者对其未来所能获取的收益或得到的满足、乐趣等预期,历史资料的作用主要是借助它预测未来的动向,解释未来预期的合理性。

收益途径适用的条件是房地产的未来预期收益及风险能够预测和量化,房地产的收益年限能够确定。因此收益途径适用的对象是有收益或潜在收益的房地产,如商场、商务办公楼、公寓、宾馆、酒店、餐馆、游乐场、影剧院等，但对于政府办公楼、学校、公园等公用、公益房地产的评估，收益途径及其方法一般不适用。

二、收益法评估房地产的基本公式

运用收益法评估房地产价值，首先要确定房地产的未来预期收益，然后确定资本化率或折现率，最后选用适当的计算公式求取被评估房地产的价值。一般房地产的收益期限为有限期，因此收益法评估房地产价值的计算公式为：

$$P = \frac{A}{r}\left[1 - \frac{1}{(1+r)^n}\right] \qquad (5-1)$$

其中，A 为房地产预期收益；r 为折现率；n 为收益年限。

该公式适用于房地产预期收益每年不变，折现率固定且大于零，收益年限为有限期。

三、房地产预期收益的测算

（一）预期收益的测算思路

一般以房地产的净收益作为预期收益指标。房地产的净收益是指归属于房地产的除去各种费用后的收益，是通过首先测算房地产的正常收入和房地产的正常费用，然后用房地产的正常收入减去房地产的正常费用得到的，一般以"年"为单位。房地产正常收入可能并不一定是房地产的实际收入，它是剔除了特殊的、偶然的因素之后房地产所能得到的正常的、客观的收入（有租约限制的除外）。房地产正常收入通常是在考虑和分析房地产的实际收益、类似房地产收益、房地产市场走势以及房地产收入的风险性和可实现性的基础上确定的。房地产正常费用也不是房地产为取得实际收益而付出的实际费用，它是房地产取得正常收入所必须支付的各项支出，一般从房地产实际费用中剔除不正常费用项目的金额的方式来求得。房地产的净收益计算的基本公式为：

净收益 = 潜在总收入 − 空置等造成的收入损失 − 运营费用 = 有效总收入 − 运营费用

$$(5-2)$$

潜在总收入是假定房地产在充分利用、无空置状况下可获得的收入。有效总收入是潜在总收入扣除空置、拖欠租金以及其他原因造成的收入损失后所得到的收入。运营费用是维持房地产正常生产、经营或使用必须支出的费用及归属于其他资本或经营的收入。运营费用一般不包括所得税、房地产抵押贷款偿还额、建筑物折旧费、土地摊销费、房地产改扩建费用等，但包含其他资本或经营的收益，如商业、餐饮、工业、农业等经营者的正常利润。

（二）不同类型房地产净收益的测算

1. 出租型房地产净收益的测算

净收益 = 租赁收入 − 维修费 − 管理费 − 保险费 − 房地产税 − 租赁代理费　（5-3）

出租型房地产的租赁收入具体包括有效毛租金和租赁保证金、押金等的利息收入。

维修费、管理费、保险费、房地产税和租赁代理费等是否要扣除，应在分析租赁合同的基础上决定，关键看租赁合同中规定这些费用具体由谁来负担。如果上述费用由出租方负担,则应将这些费用全部扣除;如果这些费用全部由承租方负担,此时的租赁收入就接近于净收益了。此外,如果租金中包含了水、电、燃气、暖气费用等,则这些费用也应该扣除,还要根据评估目的和评估对象的情况,考虑同房屋一起出租的家具等房地产以外的物品的收入是否扣除。

2. 直接经营型房地产净收益的测算

直接经营型房地产通常是指房地产所有者同时又是经营者,房地产租金与房地产经营者利润没有分开的房地产,如商场、宾馆饭店等。直接经营型房地产净收益可按下面的公式进行计算:

$$净收益 = 租赁收入 - 维修费 - 管理费 - 保险费 - 房地产税 - 租赁代理费 \quad (5-4)$$

3. 自用或尚未使用的房地产净收益的测算

自用或尚未使用的房地产可以比照同一市场上有收益的类似房地产的有关资料,按上述相应的方法计算净收益,或直接比较得出净收益。

4. 混合性房地产净收益的测算

混合性房地产是指有多种收益类型(出租、经营自用等)的房地产,在测算净收益时,可以把它看成是各种单一收益类型房地产的组合,先分别求取,然后进行综合。

四、房地产折现率及资本化率的估测

由于折现率与资本化率在本质上是相同的,房地产折现率或资本化率实质上是一种期望的投资收益率。投资收益率的大小与投资的风险呈正相关,在确定房地产的折现率时,应选择与获取评估对象房地产的净收益具有同等风险投资的收益率。此外,要注意不同地区、不同时期、不同用途或不同类型的房地产,由于投资的风险不同,资本化率也不尽相同。在房地产评估中,由于房地产存在形式的多样性,具体评估对象不同所采用的资本化率可能会有所不同。

(一)折现率或资本化率的种类

1. 土地折现率/资本化率

土地资本化率是求取单纯土地的价值时所采用的资本化率。这时对应的纯收益是土地自身的纯收益,不应包含建筑物及其他方面带来的部分。

2. 建筑物折现率/资本化率

建筑物资本化率是求取单纯建筑物的价值时所采用的资本化率。这时对应的纯收益是建筑物自身的纯收益,不应包含土地及其他方面带来的部分。

3. 综合折现率/资本化率

综合资本化率是求取房地合一价值时采用的资本化率。这时对应的纯收益是土地和建筑物共同产生的纯收益。

(二)房地产折现率的估测方法

1. 加和法

加和法是指无风险报酬率加上风险报酬率。无风险报酬率即安全利率,指无风险的资

本投资收益率，在我国房地产评估实践中通常选择国债或银行定期存款利率作为安全利率。风险报酬率是根据社会经济环境、投资风险、变现风险以及通货膨胀等因素对房地产投资的影响经综合分析确定。这种方法的数学表达式为：

$$房地产折现率 = 安全利率 + 风险报酬率 \qquad (5-5)$$

2. 市场租价比法

市场租价比法是在市场上选取多个（通常为3个以上）与评估对象房地产相似的交易实例的正常净租金（净收益）与价格的比率作为依据，然后求出各交易实例的内含资本化，然后以加权平均或简单平均求出折现率的方法。

五、房地产收益年限的确定

（一）单独的土地或建筑物的情况

评估单独的土地或建筑物时，应分别根据土地使用权的剩余年限和建筑物的剩余经济寿命确定未来可获收益的年限。在收益折现时，净收益中不扣除建筑物折旧费和土地摊销费。

（二）土地和建筑物合成一体评估的情况

建筑物的经济寿命比土地的使用年限长或二者相等，根据土地使用年限确定未来可获收益的年限。在收益折现时，净收益计算过程中，建筑物折旧费和土地摊销费不作为费用扣除，同时还应将土地使用年限到期时建筑物部分的残余价值或政府收回土地使用权对建筑物的补偿价值折现。

建筑物的经济寿命比土地的使用年限短，以土地使用年限作为房地产总的收益年限，但对房地产的收益折现需分两段进行：第一段以建筑物的经济寿命为界，将房地合一的净收益折现，净收益中不扣除建筑物折旧费和土地摊销费；第二段将土地使用年限超过建筑物经济寿命的土地剩余使用年限中的土地净收益折现，并把此价值加到第一段的房地产的评估价值中。

六、房地产评估的计算公式

（一）房地合一价值评估

估测房地合成一体的房地产价值，应根据上述介绍的有关方法分别测算和确定房地产净收益、资本化率和收益年限，并运用相应的评估计算公式进行收益折现。

$$房地产价值 = \frac{房地产净收益}{综合资本化率} = \frac{房地产总收益 - 房地产总费用}{综合资本化率} \qquad (5-6)$$

房地产总费用可能包含管理费、维修费、保险费、税金等。

（二）单独土地价值评估

1. 由土地收益评估土地价值

$$土地价值 = \frac{土地净收益}{土地资本化率} = \frac{土地总收益 - 土地总费用}{土地资本化率} \qquad (5-7)$$

此公式一般适用于空地出租情况，其中土地总费用包括管理费、维护费、税金等。

2. 由房地产收益评估土地价值

（1）当建筑物现值可以采用收益法进行评估时，计算公式为：

$$土地价值 = \frac{房地产净收益 - 建筑物净收益}{土地资本化率}$$

$$= \frac{房地产净收益 - 建筑物现值 \times 建筑物资本化率}{土地资本化率} \quad (5-8)$$

（2）当建筑物现值无法用收益法进行评估，但可用成本法或市场法评估时，计算公式为：

$$土地价值 = 房地产价值 - 建筑物现值$$

$$= 房地产价值 - （建筑物重置价 - 年贬值额 \times 已使用年限） \quad (5-9)$$

3. 单独建筑物价值评估

$$建筑物价值 = 房地产价值 - 土地价值 = \frac{房地产净收益 - 土地净收益}{建筑物资本化率} \quad (5-10)$$

第三节 市场法在房地产评估中的应用

【微案例5-3】

在上节课程微案例中，经过营销商的介绍，周先生对托管返租式的投资方式并未表现出太大兴趣，营销商便向周先生介绍了第二种投资方式：直接投资式。购买该公寓后，由周先生自行管理、出租。经市场调查，当地房价从800~12 000元/m^2不等，旅游旺季同类公寓房价约为500元/天，旅游淡季约为260元/天。

请思考： 请帮周先生进行决策，是否可以投资该处房地产，投资模式如何选择呢？

一、市场法适用条件和对象

市场法，又称市场比较法、交易案例比较法等，它是将评估对象房地产与在较近期内已经交易的类似房地产加以比较、对照，并根据已发生交易的类似房地产的价格，经过因素修正得出对象房地产在评估基准日可能实现的合理价值估计数额的评估方法。

市场法适用于发育完善的房地产市场，并且在市场上能够收集到大量的与被评估房地产相类似的市场交易实例资料。适用的具体对象包括具有活跃市场的交易性房地产，如房地产开发用地、商品住宅公寓、别墅、写字楼、商场、标准厂房等。而对于那些没有活跃市场的非交易性房地产，或很少发生交易的房地产，如特殊工业厂房、公园、教堂、寺庙、纪念馆等，则不宜采用市场法评估。市场法在房地产评估中的具体运用，主要体现在市场售价类比法、基准地价修正法和市场租金倍数法等在房地产评估中的具体应用。以下将着重介绍市场售价类比法在房地产评估中的应用。

二、市场法评估房地产价值的程序

(一) 搜集交易资料

运用市场法评估房地产价值,必须有充足的交易资料,这是市场法运用的基础和前提条件。这就要求评估人员平时就尽可能随时收集有关房地产交易实例的资料。评估人员可以采取很多途径来收集交易的实例,如房地产估计事务所、房地产交易会等。收集资料的内容包括房地产的位置、用途、性质、结构、装修、使用情况等,此外,还包括房地产所处的环境、交通状况、权利状况等。评估人员收集的交易实例,应该是近期、客观、真实的交易实例。

(二) 确定可比交易案例

所选取的交易案例应符合以下条件:与被评估房地产的用途相同;与被评估房地产所处的地区相同;与被评估房地产的评估目的及其对应的价值类型相同;与被评估房地产的建筑结构相同或相似;交易实例必须是正常交易或可以修正为正常交易。

(三) 价格影响因素修正

房地产市场是一个不完全竞争市场,房地产价格形成具有个别性,因此要修正。需要修正的因素包括:交易情况修正、交易日期修正、区域因素修正、个别因素修正、容积率修正、土地使用年期修正等。

(四) 确定房地产评估价值

一般情况下,运用市场售价类比法需要选择三个以上参照物,通过各种因素修正的方法基本修正后,应得到三个以上初步评估结果(通常称为比准价值)。最后通过计算将参照估值,确定一个评估结果作为最终的评估结论。在具体操作过程中,可采用简单算术平均法、加权算术平均法、中位数法或取若干比准价值中的某一个作为评估结果。

(1) 简单算术平均法。算术平均后的结果作为评估对象房地产的最终评估价值。

(2) 加权算术平均法。判定各个初步评估结果(比准价值)与评估对象房地产可单独进行的接近程度,并根据接近程度赋予每个初步评估结果以相应的权重,然后进行加权算术平均,得到的结果作为评估对象房地产的最终评估价值。

三、市场法的计算公式

采用市场售价类比法评估房地产的价值时,通常要对参照物房地产(可比性强的交易实例)的交易价格进行交易情况、交易日期、房地产状况(包括区位因素、权益因素和实物状况)、容积率、土地使用权剩余使用年限等因素进行修正,然后得出评估对象房地产的评估价值。市场售价类比法的数学表达式为:

$$房地产评估价值 = 可比交易实例价格 \times 交易情况修正系数 \times 区域因素修正系数 \times$$
$$个别因素修正系数 \times 交易日期修正系数$$
$$= 可比交易实例价格 \times \frac{100}{()} \times \frac{100}{()} \times \frac{100}{()} \times \frac{()}{100} \qquad (5-11)$$

式中,交易情况修正的分子为100,表示以正常交易价格为基准;区域因素修正的分子为

100，表示以评估对象房地产的区域状况为基准；个别因素修正的分子为100，表示以评估对象房地产的自身状况为基准；交易日期修正的分母为100，表示以参照物交易日期的价格水平为基准。运用市场售价类比法评估房地产价值时，通常采取以下步骤进行操作。

（一）交易情况修正

交易情况修正就是剔除交易行为中的一些特殊因素所造成的交易价格偏差，使所选择的参照物的交易价格成为正常价格。特殊因素对交易情况的影响主要表现在：①有特别利害关系人之间的交易；②有特殊动机的交易；③有意为逃避交易税签订虚假交易合同的情况；④买方和卖方不了解市场行情，盲目购买或出售的交易。

上述情况对交易价格的影响主要由评估人员靠经验加以判断和修正。交易情况修正的数学表达式为：

$$正常价格 = 参照物交易价格 \times 交易情况修正系数 \qquad (5-12)$$

（二）区域因素修正

区域因素修正首先是找出参照物房地产所在区域与评估对象房地产所在区域在商业繁华程度、交通状况、环境景观、城市规划、基础设施、公共设施等方面的差异，然后将参照物房地产与评估对象房地产之间的差异所造成的价格差异程度评估出来，最后根据价格差异程度对参照物房地产的价格进行调整。区域因素修正系数主要采用参照物房地产与评估对象房地产直接比较，通过评分的办法确定。首先以评估对象的区域状况为基准（通常定为100分），将所选择的参照物的各区域因素与评估对象对应的各区域因素逐项比较打分，如果参照物房地产所在区域状况好于评估对象房地产所在区域状况，所评分数就高于100；相反，所评分数就低于100。然后根据各区域因素子项对房地产价格的影响程度，分别给出不同的权重，再将各参照物对应的各区域因素子项的实际评分分别乘以对应的权重，得到各参照物区域因素的综合得分。最后将评估对象区域因素值（100）比上各参照物的区域因素综合得分，得出各参照物的区域因素修正系数。区域因素修正数学表达式为：

$$评估对象房地产区域状况下的价格 = 参照物交易价格 \times 区域因素修正系数$$
$$(5-13)$$

$$区域因素修正系数 = 正常区域因素分值（用100表示） \div 参照物区域因素评分$$
$$(5-14)$$

（三）个别因素修正

个别因素修正的主要是参照物与评估对象在土地面积、土地形状、临街状态、基础设施状况、位置、地势、地形、土地使用年限、土地容积率等方面的差异，建筑物新旧程度、建筑规模、建筑结构、建筑式样、朝向、楼层、设备、装修、平面布置、工程质量等方面的差异。个别因素修正的方法与区域因素修正的方法基本相同，通常也采用直接比较和打分的方法确定个别因素修正系数，然后通过计算将参照物房地产价格修正为评估对象房地产自身状态下的价格。个别因素修正的数学表达式为：

$$评估对象自身状态下的价格 = 参照物交易价格 \times 个别因素修正系数 \qquad (5-15)$$

个别因素修正系数 = 正常个别因素分值（用 100 表示）÷ 参照物个别因素评分

(5 – 16)

单独评估土地使用权价值的时候，如果参照物与评估对象在土地使用年限、容积率（建筑总面积与土地总面积的比值）等因素上有较大差异，可单独进行土地使用年限和容积率修正。

1. 土地使用权年限修正

$$K = \frac{1 - (1 + r)^{-m}}{1 - (1 + r)^{-n}} \quad (5 – 17)$$

式中，K 为土地使用权年限修正系数；m 为评估对象土地使用权剩余年限；n 为参照物土地使用权剩余年限；r 为折现率。

2. 容积率修正

容积率是影响土地价格的重要因素之一，一般容积率越大，地价越高，容积率与地价并非呈线性关系，需要根据具体区域的情况具体分析。

$$\text{经容积率修正后的可比实例价格} = \text{可比实例价格} \times \frac{\text{待估宗地容积率修正系数}}{\text{可比实例容积率修正系数}}$$

(5 – 18)

（四）交易日期修正

由于参照物与评估对象的交易时间不同，如果此期间价格发生了变化，就需要进行交易日期修正，一般需要利用价格指数进行交易日期修正，具体需要区分为定基价格指数或环比价格指数。

第四节　成本法在房地产评估中的应用

【微案例 5 – 4】

在二手房市场中，经常会看到这样的房子，装修全新还没住过人却在挂牌出售，这是怎么回事呢？

其实这类房子被叫作"串串房"，也称为包装房，是市面上的"串串"用低于市场均价的价格全款买来的二手清水房，然后通过装修再出售赚取差价的房子。有的"串串房"没有改动房屋结构，直接装修后出售。有的"串串房"改动了户型，或是将大一房改成小两房，或是将大两室改成小三室，以此赚取更多利润。

"串串房"看起来就像新楼盘的样板间一样。一方面，全新装修，省去了购房者再花时间花精力装修的麻烦，买来就可拎包入住。另一方面，房子看起来非常养眼，让不明真相的购房者一看就有想买的意愿。

请思考： 出售装修后的房屋，相比清水房有哪些增值项目呢？

一、成本法评估基本思路

成本法是房地产评估的基本方法之一，是以开发房地产所耗费的各项费用之和为基础，加上一定的开发商利润和应缴纳的税金来确定房地产价格的一种估价方法。

成本法与其他评估方法相比具有特殊用途，一般适用于房地产市场发育不成熟、成交实力不多以及无须计算损耗的新建不动产或无法利用市场法、收益法等方法进行评估的情况，对于无收益又很少有交易情况的政府办公楼、军队营房、公园等公用公益性房地产，以及化工厂、钢铁厂、发电厂、油田、码头、机场等具有独特设计或只针对个别用户的特殊需要而开发建造的厂房、建筑物和构筑物等比较适用。

由于房地产的价格和价值主要取决于它的效用，并非仅仅是它所花费的成本，房地产取得和开发成本加利税并不一定能客观反映其市场价值。所以，运用成本途径评估房地产时应注意这一点。

二、房地产重置成本的估测

房地产的重置成本通常包括取得成本、开发成本、管理费用、投资利息、开发利润、相关税费等。

（一）取得成本

土地取得成本是取得开发用地所需的各种费用。根据房地产开发中土地使用权获得的途径，土地取得成本的构成主要有3个部分。

1. 通过征用集体土地取得土地使用权

土地取得成本包括农地征用费和土地使用权出让金。具体情况应按国家和当地政府规定的征地补偿费标准和土地出让金标准计算。

2. 通过城市房屋拆迁取得土地使用权

土地取得成本包括房屋拆迁补偿安置费和土地使用权出让金。具体情况应按国家和当地政府规定的拆迁安置补偿费标准和土地出让金标准计算。

3. 通过市场交易取得土地使用权

土地取得成本包括支付的土地使用权价款和缴纳的相关税费（手续费、契税等）。土地取得成本可按实际支出额或通过与类似土地进行比较分析后确定。

（二）开发成本

开发成本可分为土地开发成本和房屋建造成本两部分，是在取得土地后进行土地开发和房屋建设所需的直接费用、税金等。它通常包括勘察设计及前期工程费、基础及配套设施建设费、公共事业配套费、建筑安装工程费等。

1. 勘察设计及前期工程费

勘察设计及前期工程费，包括可行性研究、规划、勘察、设计及场地临建用水、用电及场地平整等工程前期所发生的费用。前期工程费用可按工程设计预算计算或以建筑安装工程费用为基数采用比率的方法来确定。

2. 基础及配套设施建设费

基础及配套设施建设费，包括所需的道路、给水、排水、电力、通信、燃气、热力等建设及非经营性配套工程费用。基础设施建设费应按国家和地方政府颁发的城市规划定额指标计算；配套设施建设费一般依据详细规划和施工图预算计算，如果有完整的建筑工程决算资料，可通过对原工程决算数进行调整修正后确定。

3. 公共事业配套费

公共事业配套费主要包括公共建筑配套费、公共交通配套费、绿化费、自来水建设费、污水处理建设费、供电建设费、煤气建设费等，根据国家和地方政府规定的费用标准计算。

4. 建筑安装工程费

建筑安装工程费，是开发商（建设单位）向承包商（施工单位）支付的工程款，包括承包商的直接费、间接费、利润和税金等。建筑安装工程费一般按施工图预算计算，如果有完整的建筑工程决算资料，可通过价格指数调整或采用其他方法通过对原工程决算数进行调整修正后确定，也可以采用与类似单位工程造价比较的思路确定。

（三）管理费用

管理费用包括房地产开发企业管理人员的工资、办公费、差旅费等，可按土地取得成本与开发成本之和乘以一定的比率计算。

（四）投资利息

房地产中的投资利息是指房地产的投资成本，通常是以土地取得成本、开发成本和管理费用之和为基数来计算的。利息率应选择评估基准日建设银行基本建设贷款的利率，如果选择一年期贷款利率，则用复利计息；如果选择与项目建设期相同期限的贷款利率，则采用单利计息。土地取得成本的计息期一般为整个开发建设期。开发成本和管理费用应当根据投资状况确定计息期。开发成本和管理费用通常被理解为在每年内均匀投入。建设周期为一年的项目其计息期一般按照半年计算；建设周期超过一年的项目，其计息期需要按每次投资在各年占用的具体时间分别计算。

（五）开发利润

开发利润是在正常情况下房地产开发商所能获得的平均利润。开发利润通常以土地取得成本、开发成本和管理费用之和为基数按房地产行业开发同类房地产平均利润率水平计算。

（六）相关税费

相关税费是销售开发完成后的房地产所需的费用及应由开发商缴纳的各种税费，主要分为销售费用、销售税金及附加、其他销售税费3种。

1. 销售费用

销售费用包括广告宣传、销售代理费等，通常按房地产售价的一定比例计算。

2. 销售税金及附加

销售税金及附加包括营业税、城市维护建设税和教育费附加，应当按税法规定的税率计算。

3. 其他销售税费

其他销售税费包括由卖方承担的印花税、交易手续费等，应当按税法及政府的有关规定计算。

三、房地产实体性贬值的估测

由于土地不存在有形损耗，房地产中的实体性贬值主要指的是建筑物的实体性贬值。建筑物实体性贬值可以通过实体性贬值率或成新率来反映。下面主要介绍成新率的估测方法。

（一）使用年限法

使用年限法是用建筑物的尚可使用年限占建筑物全部使用年限的比率作为建筑物的成新率。

（二）打分法

打分法是评估人员依据建筑物构成中的最重要部分，把建筑物分为结构、装修和设备三个部分，并分别给出它们在整个建筑物价值中的权重，然后对每个部分再按不同子项目以及各个子项目成新率的评分标准分别打分，再按各个部分汇总，根据结构、装修和设备三个部分的得分以及它们各自的权重加权平均确定建筑物的成新率。其计算公式为：

$$成新率 = 结构部分合计得分 \times G + 装修部分合计得分 \times S + 设备部分合计得分 \times B \tag{5-19}$$

式中，G 为结构部分的评分修正系数；S 为装修部分的评分修正系数；B 为设备部分的评分修正系数。

四、房地产功能性贬值、经济性贬值的估测

（一）房地产功能性贬值的估测

房地产功能性贬值是指由于技术革新、建筑工艺改进、建筑设计理念更新，引起原有建筑物的建筑风格、建筑物内外布局、建筑物的基本装修和设备陈旧落后，建筑物不能满足现实生产、经营或居住的需要，使其价值降低。

房地产功能性贬值可采取以下思路估测：

（1）修复原有功能使其能够满足现实需要，如改变原有设计布局、更新装修或设备，则所花费的修复费用相当于功能性贬值额。

（2）将功能陈旧的房地产与建造成本、新旧程度、外部环境等因素基本相同的房地产交易价格进行比较，二者交易价格之间的差额便是功能性贬值。

（3）与房地产的实体性贬值一起考虑，确定包括功能性贬值因素在内的综合成新率。

（二）房地产经济性贬值的估测

房地产经济性贬值是指由于宏观经济环境、市场竞争、政府有关房地产制度及政策、税收政策、交通管制、自然环境、人口因素、人们的心理因素等外界条件的变化，建筑物的利用率下降，收益损失，导致其价值降低。

房地产经济性贬值可采取以下思路估测：

（1）与外部条件没有发生变化前相同的房地产交易价格进行比较，二者交易价格之间的差额即为经济性贬值。

（2）对于收益性房地产可用房地产未来收益净损失额折现的方法估测经济性贬值。

(3) 与房地产的实体性贬值一起考虑，确定包括经济性贬值因素在内的综合成新率。

如果外界条件变化后的房地产交易价格高于以前的价格，或者房地产预期收益增加，则房地产存在经济性溢价。

第五节　房地产评估衍生方法

【微案例5-5】

某评估机构对位于北京市海淀区清河永泰庄北路××小区的住宅及配套用地进行了评估，为其向北京市政府土地管理部门办理土地出让手续确定项目用地之受让价格提供参考依据。该项目位于海淀区永泰庄北路，土地面积21 681.71m^2，现状用途为工业，规划用途为住宅及配套用地，为北京市六类地价区。小区规划为多层、高层住宅楼，总建筑面积64 232m^2。

请思考：该案例可以采取哪种评估技术路线？

一、基准地价修正法在房地产评估中的应用

（一）基准地价的含义

基准地价是按照城市土地级别或均质地域分别评估的商业、住宅、工业等各类用地和综合土地级别的土地使用权的平均价格，主要反映城镇地价总体化趋势和区域地价水平，是一定区域的平均价格。从基准地价的定义可以看出，基准地价评估主要有两个环节：一是基准地价评估区域的确定；二是基准地价确定。

（二）基准地价测算的基本思路

基准地价测算主要采用如下方法：依据土地使用权出让、转让、出租、房屋出租、买卖、以地换房、征地拆迁、联营入股等资料，分别采用多种方法试算样点地价，对样点地价经过年期、容积率、交易情况、土地条件等修正，得到标准宗地地价，然后根据评估区域内的标准宗地地价求取基准地价。

（三）基准地价修正系数法的基本思路

基准地价修正系数法的基本原理是替代原理，即在正常的市场条件下，具有相似土地条件和使用功能的土地，在正常的不动产市场中，应当具有相似的价格。基准地价修正系数法的思路是利用城镇基准地价和基准地价修正系数表等评估成果，按照替代原则，将被估宗地的区域条件和个别条件等与其所处区域的平均条件相比较，并对照修正系数表选取相应的修正系数对基准地价进行修正，从而求取被估宗地在估价基准日价格的方法。基准地价修正系数法是市场法的一个特例。

（四）基准地价修正系数法的适用范围

基准地价修正系数法适用于完成基准地价评估的城镇土地的估价，即该城市具备基准地价成果图和相应修正体系成果。

（五）基准地价修正系数法估价的程序

（1）收集、整理土地定级估价成果资料。

(2) 确定修正系数表。
(3) 调查宗地地价影响因素的指标条件。
(4) 制定被评估宗地因素修正系数。
(5) 确定被评估宗地使用年期修正系数。
(6) 确定日期修正系数。
(7) 确定容积率修正系数。
(8) 评估宗地地价。

二、剩余法在房地产评估中的应用

（一）基本思路

剩余法又称为假设开发法、预期开发法、倒算法，是将被评估地产的预期开发价值扣除正常投入费用、正常税金及合理利润后，依据该剩余值测算被评估地产价格的方法。剩余法在评估待开发土地价值时运用得较为广泛，其理论基础是价格构成理论。

剩余法的基本思路是，开发商欲投资开发一宗土地，由于存在竞争，其投资目的是希望获取社会正常利润。假设开发法是不动产评估实践中一种科学而实用的评估方法，从该方法的名称就可以看出，利用该方法评估的对象是没有开发的、预期需要开发的不动产。

（二）适用范围

（1）待开发土地的估价。用开发完成后的不动产价值减去建造费、专业费等。
（2）土地开发成熟地的土地估价。用开发完成后的熟地价减去土地开发费用，就得到生地地价。
（3）待拆迁改造的再开发不动产的估价。这时的建筑费还应包括拆迁费用。

（三）计算公式

（1）剩余法的基本公式是：

$$V = A - (B + C + D + E) \qquad (5-20)$$

式中，V 为购置土地的价格；A 为开发完成后的不动产价值；B 为整个开发项目的开发成本；C 为投资利息；D 为开发商合理利润；E 为正常税费。

（2）实际估价工作中，常用的一个具体计算公式为：

$$土地价格 = 房屋的预期售价 - 建筑总成本 - 利润 - 税费 - 利息 \qquad (5-21)$$

（3）目前，现实估价中剩余法的一个较具体的计算公式为：

$$地价 = 预期楼价 - 建筑费 - 专业费用 - 销售费用 - 利息 - 税费 - 利润 \qquad (5-22)$$

（四）操作步骤

（1）调查被评估不动产的基本情况。
（2）确定被评估不动产最佳的开发利用方式。
（3）预测被评估不动产售价。
（4）估算各项成本费用。
（5）确定开发商的合理利润。

(6) 估算被评估不动产价格。

三、路线价法在土地评估中的应用

(一) 路线价法的含义及理论依据

1. 路线价法的含义

路线价法是根据土地价值高低随距街道距离增大递减的原理，在特定街道上设定单价，并依此单价配合深度百分率表及其他修正率表，用数学方法来计算临接同一街道的其他宗地地价的一种估价方法。与市场法、收益法等对个别宗地地价的评估方法相比，这种方法能对大量土地迅速进行评估，是评估大量土地的一种常用方法。

所谓路线价，是指对面临特定街道而接近距离相等的市街土地，设定标准深度，求取在该标准深度上若干宗地的平均单价。

2. 路线价法的理论依据

路线价法认为，市区内各宗土地的价值与其临街深度大小关系很大，土地价值随临街深度的加大而递减，一宗土地越接近道路部分价值越高，离开街道越远价值越低。临接同一街道的宗地根据其地价的相似性，可划分为不同的地价区段。在同一路线价区段内的宗地，虽然地价基本接近，但由于宗地的深度、宽度、形状、面积、位置等仍有差异，地价也会出现差异，所以需制定各种修正率，对路线价进行调整。因此路线价的理论基础也是替代原理。路线价是标准宗地的单位地价，可看作比较实例，对路线价进行的各种修正可视为因素修正，因此，路线价法实际上是一种特殊市场法。

(二) 路线价法的适用范围

路线价法适用于同时对大量宗地进行估价，运用路线价法估价迅速、公平合理、节省人力物力，但评估的土地价格粗糙，特别适用于土地课税、土地重划、征地拆迁等需要在大范围内对大量土地进行估价的场合。

(三) 路线价法的基本计算公式

路线价法的计算公式有不同的表现形式，下面是常用的一种表达方式：

$$宗地地价 = 路线价 \times 深度百分率 \times 临街宽度 \qquad (5-23)$$

如果宗地条件特殊，如宗地属街角地、两面临街地、三角形地、梯形地、不规则形地、袋地等，则需依下列公式计算：

$$宗地地价 = 路线价 \times 深度百分率 \times 临街宽度 \times 其他条件修正率 \qquad (5-24)$$

或

$$宗地总价 = 路线价 \times 深度百分率 \times 临街宽度 \pm 其他条件修正额 \qquad (5-25)$$

(四) 路线价法的程序

(1) 路线价区段划分。地价相等、地段相连的地段一般划分为同一路线价区段，路线价区段为带状地段。

(2) 标准宗地的确定。标准宗地是指从城市一定区域中沿主要街道的宗地中选定的深度、宽度和形状标准的宗地。

（3）路线价的评估。路线价的决定主要采取两种方法：第一种是由熟练的估价人员依买卖实例用市场法等基本估价方法确定；第二种是采用评分方式，将形成土地价格的各种因素分成几项加以评分，然后合计，换算成附设于路线价上的点数。

（4）深度百分率表的制作。深度百分率又称深度指数，是地价随临街深度长短变化的比率。深度百分率表又称深度指数表，深度百分率表的制作是路线价法的难点和关键所在。

（5）计算宗地价值。

第六节 房地产估价师专题

一、房地产估价师

房地产估价师是指经全国统一考试，取得房地产估价师执业资格证书，并注册登记后从事房地产估价活动的人员。国家实行房地产估价人员执业资格认证和注册制度。凡从事房地产评估业务的单位，必须配备有一定数量的房地产估价师。房地产估价师必须在一个经县级以上人民政府房地产行政主管部门审核评定、取得房地产价格评估资质的机构（以下简称"房地产价格评估机构"）内执行业务。房地产价格评估机构的资质等级及其业务范围，由国务院建设行政主管部门另行制定。房地产估价师执行业务，由房地产价格评估机构统一接受委托并统一收费。在房地产价格评估过程中，因违法违纪或者严重失误给当事人造成的经济损失，由房地产价格评估机构承担赔偿责任，房地产价格评估机构有权向签字的房地产估价师追偿。

新房、旧房，大房、小房，买房、卖房、换房、租房……房产成为一种多样化的商品，其交易也日益频繁。换几个地方、搬几次家，将成为生活中的平常事。可怎么换房、怎么买房，这其中大有学问。有人把房产作为一种投资，越换越增值；有人却因为一个错误的决定，而损失惨重；有人不知行情，举棋不定。请个估价师作投资顾问，估算房产价值，也许能帮你拿个主意——房地产估价师就这样慢慢地走入我们的生活。

消费者在换房、购房过程中考虑的因素很多，价格、地段、户型设计、房屋质量、开发商的实力和信誉、合法的手续……价格是其中最重要最敏感的因素。其实在任何一种买卖交易中，商品都需要衡量和确定其价格，但房地产更需要一种专业的估价，因为房地产具有独一无二性和价值量大的特点。不同区位的房产价值相差很大，而且随着市场变化、周围交通和环境的变化还会引起房地产价值的变化。房地产作为居民支付的最大商品，价值量大，值得请人估价，也能承受得起相应的估价费用。

目前，大量二手房上市，消费者需要评估房产的机会增多，房地产估价师也将更有作为。

二、"房估改革"历程

2014年，《国务院关于取消和调整一批行政审批项目等事项的决定》，取消土地估价师职业资格许可和认定。

2015年起，土地估价师考试停考。

2018年，原土地估价师职业资格进行整合改革。2018年度土地估价专业评估师职业资格考试继续暂停。

2019年，土地估价师考试拟于2020年作为土地估价方向纳入房地产估价师职业资格考试。12月7日至8日，全国土地估价师收尾考试举行。

2019年11月，土地估价师和房地产估价师"两师整合"，考试科目设置"2+2"模式。

2020年8月，房地产估价师土地估价方向的考试，待新职业资格制度和考试实施办法颁布后实施。

2021年，《住房和城乡建设部　自然资源部　关于印发〈房地产估价师职业资格制度规定〉和〈房地产估价师职业资格考试实施办法〉的通知》等通知发布，确定房地产估价师、土地估价师"两师整合"，按照新的政策组织考试。

三、房地产估价师与资产评估师的区别

（一）考试内容不同

虽两者均需要经过全国统一考试，取得职业资格证书，但两者考试内容不同。房地产估价师考试内容为房地产制度法规政策、房地产估价原理与方法、房地产估价基础与实务、土地估价基础与实务四个科目，主要侧重于房地产相关专业知识。资产评估师考试内容为资产评估基础、资产评估相关知识、资产评估实务，包含资产评估相关理论与实务，以及会计、财务管理、经济法等方面的内容。

（二）组织管理部门不同

房地产估价师由住房和城乡建设部和自然资源部组织考试，而资产评估师是中国资产评估协会组织的考试，由人力资源社会保障部、财政部负责监督和检查。

（三）执业范围不同

房地产估价师主要针对的是房地产的专门评估，既可以出具房地产估价报告，也可以出具土地估价报告。而资产评估师的执业范围，除了房地产之外，还有机器设备、库存材料、企业等所有一切资产。

【本章习题】

1. 请简述房地产评估的流程。
2. 请简述收益法、市场法、成本法在房地产评估中的适用前提和应用思路。
3. 被评估对象为一宗待开发商业用地，土地面积为5 000m²，该宗土地的使用权年限自评估基准日起为40年，当地城市规划规定，待评估宗地的容积率为5，覆盖率为60%。评估师根据城市规划的要求及房地产市场现状及发展趋势，认为待评估宗地的最佳开发方案为建设一幢25 000m²的大厦，其中1~2层为商场，每层建筑面积为3 000m²，3层及3层以上为写字楼，每层建筑面积为1 900m²。评估师根据相关资料，经分析、测算得到如下数据资料：

（1）将待评估宗地开发成"七通一平"的建筑用地需要投资500万元，开发期为1年，投资在1年内均匀投入。

（2）大厦建设期为2年，平均每平方米建筑面积的建筑费用为3 000元，所需资金分2年投入，第1年投入所需资金的60%，第2年投入所需资金的40%，各年投资均匀投入。

（3）专业费用为建筑费用的10%，资金投入方式与建筑费用相同。

（4）预计大厦建成后即可出租，其中1~2层每平方米建筑面积的年租金为2 000元，出租率可达100%，3~5层（即写字楼部分的1~3层）平均每天每平方米建筑面积租金为2元，6层及以上各层平均每天每平方米建筑面积租金为2.5元，写字楼平均空置率约为10%。

（5）管理费用为租金的5%，税金为租金的17.5%，保险费为建筑费及专业费用的0.1%，维修费用为建筑费用的1%，年贷款利率为5%，复利计息。

（6）开发商要求的利润为建筑费用、专业费用、地价及土地开发费用之和的25%。

（7）房地产综合资本化率为8%。

（8）每年按365天计算。

（9）本项目不考虑所得税因素。

要求：根据上述条件，试对该宗土地的价值进行评估（评估结果保留两位小数）。

4. 某资产评估机构接受委托，评估长清小区某栋房地产于2021年4月1日的市场价值。经了解，待估房地产建筑面积为200 m^2，该类房地产有较多的交易实例，故采用市场售价类比法进行评估，评估人员收集了3个交易实例A、B、C作为参照物，具体情况如表5-1所示。

表5-1 待估宗地及交易实例情况

项目	待估房地产	A	B	C
成交单价/（元·m^{-2}）		5 300	6 500	7 000
交易日期	2021.4	2018.4	2019.9	2020.6
交易情况	正常交易	期房交易	拍卖交易	正常交易
区域因素	一般	一般	较好	较好
个别因素	一般	较差	较好	较好

经分析得知：

（1）待估房地产所在城市2021年4月该类房地产的市场价格与2018年4月、2019年9月、2020年6月相比，分别上涨了15%、5%和3%。

（2）三个参照物中，参照物A为期房，与正常交易相比，交易价格偏低10%；参照物B为拍卖房，比正常交易价格偏低5%。

（3）综合考虑房地产所处区域的商服繁华度、道路通达路、设施完备度等情况，待估房地产与参照物A、B、C的区域因素分值分别为100、100、105、106。

（4）综合考虑房地产的建筑结构、质量、装修水平、权利状况等因素，待估房地产与参照物A、B、C的个别因素分值分别为100、96、102、104。

要求：计算参照物的比准价格，采用简单算术平均法求取待估房地产总价值。

5. 某房地产的总使用面积为1万 m^2，以前年度的年租金是7元/m^2，预计年租金为

7元/m²。以前每年度的房租损失费为年租金总收入的4%，预计年房租损失费为年预期租金总收入的5%，房产税为年预期租金总收入的12%，管理费、修缮费为年预期租金总收入的6%，房屋财产保险费为0.3万元/年。预计该房地产尚可以使用10年，折现率为12%。

要求：（1）计算该房地产的年租金总收入；
（2）计算该房地产的年出租费用；
（3）计算该房地产的年纯收益；
（4）计算该房地产的评估值。

第六章 无形资产评估

📌 学习目标

通过本章学习,学生能够了解无形资产的概念、分类及特点、价值影响因素,掌握收益法和成本法在无形资产评估中的应用,掌握专项无形资产评估的技术路径。

📌 学习重点与难点

1. 无形资产的特点与功能特性;
2. 无形资产成本特性;
3. 自创无形资产成本构成。

📌 导入情境

《印象·刘三姐》的实景演出火了 11 年之后,观印象终于得到了资本的青睐,张艺谋、王潮歌也借此获得了财富升值。2015 年 7 月 6 日,主营房地产业务的三湘股份有限公司(以下简称"三湘股份")发布公告,公司拟以现金加股权的方式收购观印象艺术发展有限公司(以下简称"观印象")100% 的股权,观印象将成为上市公司的全资子公司。

观印象是国内实景演出项目制作公司,以著名导演张艺谋为首,形成了聚合张艺谋、王潮歌和樊跃三位导演的核心团队,其主营业务为旅游文化演出的创作和版权运营,主要收入来源于演出项目制作服务的报酬及演出票房收入分成。三湘股份表示,本次交易前,上市公司的主营业务为房地产开发经营。交易后,公司将新增旅游文化演艺类业务,积极谋求进军文化、旅游行业等创意和服务领域。

沃克森(北京)国际资产评估有限公司接受三湘股份有限公司的委托,对观印象艺术发展有限公司的股东全部权益在 2015 年 3 月 31 日的市场价值进行了评估,为此次收购行为提供价值参考。具体评估范围为观印象艺术发展有限公司于评估基准日的全部资产及负债,在评估基准日,被评估单位申报的母公司总资产和负债分别为 35 660.11 万元和 26 415.34 万元,合并资产负债表中,资产与负债总计分别为 40 893.60 万元与 31 018.50 万元。

本次评估是在公司持续经营假设前提下评估被评估单位股东全部权益在基准日的市场价值。根据本次评估目的和评估对象的特点,考虑市场条件及评估对象的自身条件以及评估的假设前提，确定本次评估结论的价值类型为市场价值。根据评估目的可搜集到的相关资料，评估采用市场法和收益法。

评估师分析，从理论上，收益法的评估结论能更好体现股东权益价值。考虑收益现值法所使用数据的质量和数量优于市场比较法，故最终采用收益现值法作为评估结论。观印象艺术发展有限公司的股东全部权益价值评估值为 166 682.28 万元，评估值较母公司账面净资产增值 157 437.51 万元，增值率 1 702.99%；较合并报表归属于母公司权益增值 157 006.70 万元，增值率 1 622.71%。

三湘股份为引入观印象这一金凤凰，开出的条件颇为优厚。虽然观印象净资产账面价值仅仅约为 9 960.23 万元，三湘股份却以高出 15 倍的价格收入囊中。最终作价 19 亿元，其中支付现金 9.5 亿元；以每股 6.5 元向其股东发行公司股份 1.46 亿股，支付 9.5 亿元对价。对此三湘股份给出的解释是，标的公司与上市公司具有协同效应，加之观印象对接旅游资源的独有性和稀缺性，考虑具有品牌价值和以张艺谋为首的核心导演团队的声望，因此给出如此高的估值。由此可见无形资产对于企业价值的重要影响。

第一节 无形资产评估概述

【微案例 6-1】

无形资产评估作为创新型国家发展战略的重要环节，为知识经济的发展起到重要的促进作用。知识经济的关键是创新能力，对于企业而言，无形资产已成为生产投入中的第一要素。随着企业间重组、联营、兼并、拍卖、股份制改造、中外合资以及国内外技术贸易等活动日益增加，无形资产评估问题引起了政府、企事业单位等各个方面的高度重视。

1998 年 4 月，"中国资产评估准则会议"在上海崇明岛举办，会议确立了资产评估准则体系的基本结构，明确了无形资产评估准则作为实体性准则的重要组成部分，并在其下分别制定专利、商标、著作权等评估指导意见，形成了比较完整且具备有机联系的无形资产评估准则体系。为适应资本市场的迫切需求，2001 年 7 月，财政部发布了我国第一部资产评估准则：《资产评估准则——无形资产》，该准则是无形资产评估准则体系中的基本准则，为其他无形资产具体准则的制定工作开启了新的篇章。随后，《商标资产评估指导意见》《专利资产评估指导意见》《著作权资产评估指导意见》《知识产权资产评估指南》《文化企业无形资产评估指导意见》等正式发布。2017 年，在财政部指导下，中国资产评估协会对《资产评估准则——无形资产》进行了修订，制定了《资产评估执业准则——无形资产》，2022 年制定了《体育无形资产评估指导意见》，此准则的制定，标志着我国无形资产评估准则体系日臻完善，极大地促进我国无形资产工作的规范发展。

在无形资产评估准则制定及业务开展方面，我国均已处于国际先进地位，这一业务领域未来前景无限，你准备好了吗？

一、无形资产与无形资产评估

知识创新和技术创新已成为当今世界经济增长的关键因素。伴随着无形资产的广泛利用，无形资产评估的重要性日益凸显。

(一) 无形资产的概念

无形资产是一个在会计学、经济学、资产评估等学科和专业里均被广泛使用的概念。不同专业领域对无形资产有不同的说明和范围界定。我国《资产评估执业准则——无形资产》将无形资产定义为"特定主体拥有或者控制的，不具有实物形态，能持续发挥作用并且能带来经济利益的资源"。无形资产评估则是指资产评估机构及其资产评估专业人员遵守法律、行政法规和资产评估准则，根据委托对评估基准日特定目的下的无形资产价值进行评定和估算，并出具资产评估报告的专业服务行为。

(二) 无形资产的分类

根据不同的分类方法，无形资产可以被分为不同类别。

1. 按取得无形资产的方式分类

按无形资产的取得方式，可将其分为自创无形资产和外购无形资产。

（1）自创无形资产。自创无形资产是指企业通过自行研究、开发、设计或在生产经营活动过程中形成的无形资产，如自创专利权、自创商标权、自创技术秘密及客户关系等。

（2）外购无形资产。外购无形资产是指企业从外部购入或接受投资形成的无形资产。其中，企业外购的无形资产是指以货币资产或可以变现的其他资产相交换，或以承担债务方式从企业外部获得的无形资产，如外购专利权、商标权、技术秘密、特许权、著作权等；接受投资的无形资产是指投资者以投资方式将持有的无形资产如专利权、专有技术、商标权等投入企业而形成的无形资产。个别情况下，企业也有接收捐赠无形资产的可能，企业接收的捐赠无形资产也归并到外购无形资产之中。

2. 按无形资产能否辨认及独立存在分类

按照无形资产是否可以辨认及独立存在划分，可将其分为可辨认无形资产和不可辨认无形资产。

（1）可辨认无形资产。可辨认无形资产是可分割的即能够从实体企业中分离或拆分出来，并且可以单独进行或与一个相关的合约、一项可辨认资产或负债共同出售、转让、许可使用、租赁或交换。可辨认无形资产一般具有专门名称，包括专利权、商标权、著作权、专有技术、销售网络、客户关系、特许经营权、合同权益、域名等。另外，此类无形资产一般来源于合同性权利或其他法律权利，受法律保护。

（2）不可辨认无形资产。不可辨认无形资产不可单独取得，离开企业整体就不复存在，如商誉。商誉是源于一个企业、企业中的一项权益或使用一个不能分割的资产组所形成的未来经济收益。它的价值包含在企业整体价值之中，其评估通常需基于企业整体价值评估而进行。

3. 按无形资产产生的基础或无形资产的性质和属性分类

在国际资产评估准则中，按无形资产产生的基础，或无形资产的性质和属性分类，可大致将其分为知识型无形资产、权力型无形资产、关系型无形资产和组合型无形资产。

（1）知识型无形资产。知识型无形资产通常是指通过人类智力劳动创造形成的成果，以及包含、凝结和体现人类智力劳动成果的无形资产，例如知识产权范畴的无形资产，通常包括工业产权和著作权。

（2）权力型无形资产。权力型无形资产是指特定当事人经由政府、企业或他人授权，并通常会通过书面（或非书面）契约的形式，以特定当事人付费（或非付费）为代价，获得的能给特定当事人带来超额收益的相关权利，例如租赁权、特许经营权和专卖权等。

（3）关系型无形资产。关系型无形资产是指特定主体通过提高企业经营管理水平、商品质量、服务质量和商业信誉等方面逐渐建立起来的经济资源。与权力型无形资产不同的是，关系型无形资产主要依赖于与相关业务当事人建立非契约性的信任关系。这种能够持续给特定权利主体带来经济利益的非契约型商业信任关系构成了关系型无形资产的基本内容，例如销售网络、客户关系和专家网络等。

（4）组合型无形资产。组合型无形资产指运用多种因素综合形成的无形资产，如商誉等。这类资产的价值源泉无法和具体的因素对应起来，不能一一区分各种因素的综合结果，因此通常被称为组合型无形资产。组合型无形资产是各种难以独立存在和辨识的无形资产的总和，如属于企业管理和企业文化范畴的无形资产，像合理的企业组织体系和管理制度、企业文化、企业信誉和人力资源等。随着社会经济的发展、科技水平的提高，以及市场化程度的提高，包括在组合无形资产中的某些过去难以单独存在或难以辨识的无形资产，有可能会转变为可以独立存在或可以辨认的无形资产。这些无形资产会从组合型无形资产中逐渐分离出来，成为一种独立的可以辨认的无形资产，例如人力资源无形资产等。从一个较长的时间周期来看，组合型无形资产的边界并不确定，具有动态变化的特征。

（三）无形资产的特征

无形资产作为一类专门的资产形式，有其自身的特征，具体体现为无形资产的形式特征和无形资产的功能特征。

1. 无形资产的形式特征

（1）非实体性。无形资产的非实体性是其最显著的基本特征。无形资产不具有实物形态，不需要存放空间，也无法使人们直观判断出它是否存在，因而不存在实体性贬值。另外，无形资产发挥作用的形式也是无形的，具体表现在无形资产在生产经营过程中不直接作用于劳动对象发挥作用，而是以特殊的方式将其作用体现在有形资产和企业生产经营过程中。需要指出的是，无形资产的非实体性是相对的，因为它可以依附于一定载体而呈现实体性。无形资产与有形资产的根本区别在于有形资产的价值主要取决于有形要素的贡献，而无形资产的价值取决于无形要素的贡献。

（2）排他性。排他性也称为垄断性或独占性，是指无形资产特定权利只与特定主体有关。特定主体对无形资产排他性独占。凡不能排他或者不需要任何代价就能获得的，都不属于无形资产。无形资产的此种特性可以分别通过特定主体自身保护取得、获得法律保护取得和获取社会公认的信誉取得。

（3）效益性。无形资产的效益性在于其能够以一定方式，直接或间接地为其控制主体（所有者、使用者或投资者）创造效益，并且必须能够在较长时间内持续产生经济效益。这一经济效益很大程度上属于超额盈利，它的使用能为企业带来超过一般企业的盈利水平。无形资产能够创造效益反映了无形资产最本质的特征，也代表了无形资产的自身价值。

（4）成本的不完整性。购建无形资产的各项费用是否计入无形资产成本是以费用支出资本化为条件的。企业生产经营过程中，科研费用一般是均衡发生且稳定地为生产经营服务，然而我国现行财务制度不对上述费用进行完全资本化处理，而是在当期费用中列支一部分，而且无形资产也不按折旧进行摊销的办法补偿。这种办法简便易行，不影响无形资产的再生产，但企业账簿上反映的无形资产成本就是不完整的，大量无形资产在账外存在。

（5）成本与价值的弱对应性。无形资产属于创造性劳动成果，其研发往往需要较长的时间，研究成果的出现还带有很大的不确定性。这种不确定性，一方面表现在研发投入与研发成果之间的投入产出关系的不确定，另一方面表现在研发投入的数量与研发成果质量之间的不确定。无形资产常常是在一系列努力与失败、投入与浪费后才取得的一些成果，而失败的损失代价很难预计和确切量化。因此，无形资产价值与其研发成本之间往往缺乏明确的对应性，即无形资产的成本与价值具有弱对应性。

2. 无形资产的常见功能特征

（1）依附性。无形资产没有实物主体，所以必须依附于一定的实物载体才能够存在并发挥作用。无形资产所依附的载体主要分为直接载体和间接载体。直接载体包括专利证书、商标标记、注册商标、图纸资料、工艺文件、软盘、标牌等实物主体；间接载体是与此项无形资产相关的有形资产及其他资产，主要通过内容和价格来表现整体的价值。专利技术或非专利技术的优越性及其获利能力通常需要借助于单台设备、机组、生产线及其工艺发挥出来；商标及品牌的知名度、市场影响力及其获利能力通常需要借助于商品或服务表现出来，著作权无形资产的获利能力通常需要借助于影视作品、小说、图书、软件等物质载体表现其客观存在；而商誉则需要通过整体企业的经营管理水平和效益体现。无形资产虽然是一种独立的且没有物质实体的资产，但其作用的发挥及其价值的体现却与相关实体资产或载体有着密切的联系。

（2）共益性。无形资产有别于有形资产，主要体现在它可能作为共同财产存在，即一项无形资产可以在不同的地点、同一时间、由不同的主体所使用，而一项有形资产则不可能在不同地点、同一时间、由不同的主体所使用、控制，因此有形资产的界定是通过物质实体直接界定的，而无形资产的界定则需要根据其权益界限来判断。无形资产特有的共益性表明，其权益边界是不固定的，因此需要在评估过程中慎重考虑。例如，一项先进技术可以使一系列企业提高产品质量、降低产品成本；一项技术专利在一个企业使用的同时，并不影响将其转让给其他企业使用。但应当注意的是，无形资产的共益性也受到市场有限性和竞争性的制约，例如，由于追求自身利益的需要，各主体对无形资产的使用还必须受相关合约的限制。

（3）积累性。无形资产的积累性主要体现在以下两个方面：一是无形资产总是在生产经营的一定范围内发挥特定的作用，其形成一定程度上基于其他无形资产的发展；二是无形资产的形成不是一蹴而就的，而是展现出一个动态的发展过程。无形资产的成熟程度、影响范围和获利能力也处在变化之中，不断积累和演进。

（4）替代性。无形资产除以上几点重要特征外，还存在替代性，具体表现为一种技术取代另一种技术、一种工艺替代另一种工艺等。无形资产的创造和产生是替代性和积累性共同作用的结果，新产品需要在原有积累的基础上继承并进一步创造出新理念的先进产品，从而替代原有老旧的技术。社会的发展会不断地产生新的知识和技术而替代原有的知识和技术，新的市场需求会不断地替代旧的市场需求，更新的营销模式经常要取代传统的营销模式等所有这些变化都将影响无形资产的获利能力，甚至是无形资产本身。无形资产的这一特性也反映了其获利不稳定的一面，在评估中会涉及有效预测无形资产的作用期间，尤其是尚可使用年限，这要取决于该领域内技术进步的速度和无形资产带来的竞争。

（四）影响无形资产价值的因素

与有形资产相比，无形资产的评估难度较大，因此如果想使无形资产的评估值比较真实可信，需要了解影响无形资产评估值的各种因素，这些因素包括成本因素、效益因素、技术因素、市场因素、风险因素、产权因素、使用期限因素、其他因素等。

1. 成本因素

成本因素是从价值补偿的角度来考虑如何影响无形资产的评估值。对于外购的无形资产，其成本就比较容易确定，即全部外购成本。相比较而言，自创无形资产的成本计量较为复杂，其成本一般包括试验研究仪器、机器设备和试验材料等物质材料。同时无形资产的研制开发过程中脑力劳动占主体地位，因此，在无形资产的整个支出中或劳动支出所占比例较高。技术复杂程度越高，无形资产的价值也越高。另外，对无形资产估价时，还要考虑机会成本。所谓机会成本是指该项无形资产转让、投资、出售后失去市场而损失收益的大小。这些由无形资产转让带来的机会成本也要由购买者承担。值得注意的是，在无形资产评估中，成本虽是一个必要的考虑因素，但不是决定因素。

2. 效益因素

无形资产最重要的特征是其效益性。无形资产的效益包括经济效益和社会效益。经济效益是无形资产使用后所产生的货币效益，无形资产价值的高低与其未来产生的经济效益密切相关，如果无形资产获利能力强，收益额高，其评估值就高一些，否则，评估值就低一些。社会效益是一种非货币效益，如果无形资产的使用给社会带来积极的效果，评估值就高一些，反之，评估值就低一些。

3. 技术因素

任何科学技术一般都有一个发展、成熟和更替的过程。无形资产（主要指技术性无形资产）的成熟度直接影响其评估值，一项技术开发程度越高，技术越成熟，评估值会越高。同时，如果技术不够成熟，则运用该项技术的风险就大，评估值就会低一些。

4. 市场因素

市场需求的变动影响无形资产的评估值。无形资产在转让出售时，如果市场需求量大，其评估值就高一些；否则，其评估值就低。另外，它还与市场上同类无形资产的价格有关，如果市场上同类无形资产供应量大，价格较低，则其评估值就低一些；若一项无形资产在市场上没有替代品，则可以产生垄断效益，其评估值就应该高一些。

5. 风险因素

对无形资产未来收益预测的准确性，直接影响到无形资产价值的评估，而收益往往受很多不确定因素影响，使得收益的实现具有极大风险。因此，在对无形资产评估时，风险越大，其价值越低，风险越小，其价值越高。

6. 产权因素

产权是一个复数概念，包括所有权、使用权、收益权和处置权等一系列权利。从转让内容看，无形资产转让分为完全产权转让和部分产权转让。转让的产权内容不同，评估值也不同。例如，无形资产所有权转让的评估值要高于使用权转让的评估值。

7. 使用期限因素

使用期限包括法律保护期限和实际使用期限，使用期限除考虑法律保护期限外，更主要的是其实际具有的使用期限。实际可使用的期限是指无形资产受技术进步、保密程度等因素影响所形成的期限。如某项发明专利的法律保护期是 20 年，但实际的超额收益期限为 10 年，则评估该项专利的使用期限按 10 年算。在评估无形资产时，无形资产实际收益年限越长，说明其技术生命周期越长，无形资产能为使用者创造的收益就越高，其价值就越高。

8. 其他因素

除了上述因素以外，同类无形资产的发展和更新趋势、无形资产的价格支付方式等因素也影响无形资产的评估值。

第二节　收益法在无形资产评估中的应用

【微案例 6-2】

生活中，你会发现一个有趣的现象，一大批劣质的商品，匆匆来，匆匆去，而与时俱进的品牌，却越做越好了。作为消费者这么多年，你会发现一个客观事实：随着人们对美好生活的向往，虽然品牌商品会稍微有点贵，但买品牌的人越来越多了。那些卖得好的品牌商品，拥有专业的团队，经验丰富并且不断提升，卖了许多年，商品依然受欢迎，企业越来越壮大。而伪劣的山寨商品，利用精美的包装，相似的外表，一锤子买卖，没过多久往往就销声匿迹了。

请思考：你是否会选择品牌商品？品牌给企业带来的超额收益体现在哪些方面？

一、收益法及其应用前提

无形资产评估中的收益途径及其方法是将无形资产带来的超额收益以适当的折现率折现求和，以此确定无形资产价值的评估思路和技术方法。

收益途径及其方法的基本前提条件是：无形资产的未来预期超额收益能够预测和计量，无形资产未来所面临的风险状况能够预测和计量，无形资产获得超额收益的年限能够确定。

二、收益法中各项指标的确定

运用收益法评估无形资产价值关键是确定超额收益、折现率、收益期限这三个基本参数。

（一）超额收益的估测

无形资产的价值在于能带来经济效益，即该资产能在未来给企业带来新增的或超额的收益，因此超额收益的确定就成为一个关键点。根据无形资产的特点、无形资产所在企业的盈利模式以及评估师所收集的评估基准日的相关资料，可以选择不同的方法来确定超额收益。超额收益确定的方法包括直接估算法、分成率法和差额估算法。

1. 直接估算法

直接估算法是指通过未使用无形资产与使用无形资产的前后收益情况对比分析，确定无形资产带来的收益额。把使用无形资产后的收益额与使用无形资产前的收益额进行对比，计算两者的差额，即为无形资产带来的超额收益。在实务中，无形资产投入使用后，或是可以提高产品的单位售价，或是可以降低单位产品的成本，或是可以提高产品的销量，或是对这些收益兼而有之。因此，收益额的计算可以分为收入增长型和费用节约性两种方法。

（1）收入增长型。收入增长型表现为销售收入大幅度增长，从而形成超额收益。具体有两种形式。

一是价格上升导致的收入增长型，即生产的产品能以高出同类产品的价格销售。假设在销售量和单位成本不变，不考虑销售税金的情况下，无形资产形成的超额收益的计算公式为：

$$R = (P_2 - P_1) \times Q \times (1 - T) \qquad (6-1)$$

式中，R 为无形资产超额收益；P_2 为使用无形资产后单位产品价格；P_1 为使用无形资产前单位产品价格；Q 为产品销售量；T 为所得税税率。

二是销量扩大导致的收入增长型，即生产的产品销售数量大幅度增加，从而获得超额收益。假设单位价格和单位成本不变，不考虑销售税金的情况下，无形资产形成的超额收益的计算公式为：

$$R = (Q_2 - Q_1) \times (P - C) \times (1 - T) \qquad (6-2)$$

式中，R 为超额收益；Q_2 为使用被评估无形资产以后的单位产品销售量；Q_1 为使用被评估无形资产以前的单位产品销售量；P 为产品价格；C 为产品单位成本；T 为所得税税率。

（2）费用节约型。费用节约型是由于生产的产品成本费用降低而获得超额收益。假设在销售量和单位产品的价格不变，不考虑销售税金的情况下，无形资产形成的超额收益的计算公式为：

$$R = (C_1 - C_2) \times Q \times (1 - T) \qquad (6-3)$$

式中，R 为超额收益；C_1 为使用无形资产以前的单位产品成本；C_2 为使用无形资产以后的单位产品成本；Q 为产品销售量；T 为所得税税率。

实际上，无形资产应用后，其带来的超额收益通常是价格提高、销售量增加以及成本降低等各因素共同形成的结果，评估人员应根据不同情况加以综合的运用和测算，以科学地估测无形资产的超额收益。

2. 分成率法

分成率法是建立在收益分享原则基础上的一种确定无形资产超额收益的方法。分成率法是目前国际和我国无形资产评估实践中常用的一种方法。无形资产未来收益的确定，在很多情况下很难进行直接的超额收益计算，也就是使用直接法计算超额收益有一定的局限性，所以经常采用整体性资产收益的预测途径。在此基础上，将被评估无形资产使用后企业预期可获得的收益额，在获得该利润的各要素之间进行分配，其中，被评估无形资产分配得到的收益额,即为其分成收益,也就是无形资产带来的超额收益。用分成率法来计算超额收益最重要的因素是确定无形资产分成率。分成率法计算收益额的公式为:

$$\text{无形资产收益额} = \text{销售收入(利润)} \times \text{销售收入(利润)分成率} \times (1-\text{所得税税率}) \quad (6-4)$$

$$\text{销售利润分成率} = \text{销售收入分成率} / \text{销售利润率} \quad (6-5)$$

在转让实务中,因利润额不稳定,也不容易控制和核实,按销售收入分成则切实可行,因此一般确定销售收入分成率(俗称"抽头"),然后换算成利润分成率。例如,国际市场上一般技术转让费不超过销售收入的1%~10%,如果按社会平均销售利润率10%推算,当技术转让费为销售收入的3%时,则利润分成率为30%。从销售收入分成率本身很难看出转让价格是否合理,只能从利润分成率来判断,因而利润分成率是评估的基础。

利润分成率的确定以无形资产带来的追加利润在利润总额中的比重为基础。有的情况下容易直接计算,在不容易区别追加利润的情况下,往往要采取迂回的方法。无形资产转让的利润分成率的确定方法主要有边际分析法和约当投资分成法。

(1)边际分析法。边际分析法是根据各生产要素对提高生产率的贡献估算无形资产价值的。一般情况下,企业选择两种生产经营方式,一种使用普通生产技术或企业原有技术,另一种使用转让的无形资产,两者利润的差额就是投资于无形资产带来的追加利润。各年度追加利润占总利润的比重按各年度利润现值的权重,求出无形资产寿命期间追加利润占总利润的比重即评估的利润分成率。其计算公式为:

$$\text{利润分成率} = \frac{\sum \text{追加利润现值}}{\sum \text{利润总额现值}} \quad (6-6)$$

边际分析法的步骤如下。

首先,通过以下方面对无形资产边际贡献因素进行分析得出追加利润:开辟新市场的垄断加价因素;消耗量降低,低廉材料取代,成本费用降低因素;产品结构优化,质量改进,成本销售收入率提高因素。

然后,测算无形资产寿命期间的利润总额及追加利润总额并折为现值。

最后,计算利润分成率。

这种方法的关键是科学分析净追加利润。

(2)约当投资分成法。边际分析法根据各生产要素对提高生产率的贡献来估算,易于被人接受,但许多场合下无形资产与有形资产互为条件,很难单独确定无形资产的贡献率。评估时应考虑到无形资产是高度密集的知识智能资产,采取在成本基础上附加相应成本利润率并折合成约当投资的办法,按无形资产的折合约当投资与购买方投入资产的约当投资的比例确定利润分成率,其计算公式为:

$$\text{利润分成率} = \frac{\text{无形资产约当投资量}}{\text{购买方约当投资量}} \quad (6-7)$$

$$\text{无形资产约当投资量} = \text{无形资产重置成本} \times (1+\text{适用成本利润率}) \quad (6-8)$$

$$\text{购买方约当投资量} = \text{购买方投入的总资产的重置成本} \times (1+\text{适用成本利润率}) \quad (6-9)$$

确定无形资产约当投资量时，适用的成本利润率按转让方无形资产总成本占企业（产品）超额利润总额的比率计算，没有企业的实际数时按社会平均水平确定。购买方约当投资量适用的成本利润率按购买方的现有水平测算。

3. 差额估算法

差额估算法是指如果可以取得评估基准日有效的行业平均净利润率，则可将实施被评估无形资产后所得净利润与行业平均净利润进行对比，以两者的差额作为该无形资产带来的超额收益。其计算公式为：

$$无形资产超额收益 = 经营利润 - 资产总额 \times 行业平均利润率 \qquad (6-10)$$

使用这种方法时，应注意计算出来的超额收益，有时不完全由被评估无形资产带来，往往是一种组合无形资产超额收益，还须进行分解处理。

（二）折现率的估测

折现率是收益法中的一个重要参数，也是影响收益法评估结果最为敏感的因素。折现率的微小差异，可能会给评估结果带来数以万计，甚至数以亿计的差异。因此，应当重视无形资产折现率确定方法的选择和运用，进一步提高无形资产的评估质量。

折现率的实质是指投资于该无形资产而得到的相适应投资报酬率。无形资产的折现率与有形资产的折现率的构成基本相同，通常包括无风险报酬率和风险报酬率，用公式表示即：

$$折现率 = 无风险报酬率 + 风险报酬率 \qquad (6-11)$$

无风险报酬率一般用银行利率或国债利率来表示，这是投资者要求的最低投资报酬率。一般来说，无形资产的投资收益高、风险性强，因此，无形资产评估中的折现率往往高于有形资产的折现率。评估时，评估人员应根据该项无形资产的功能、投资条件、收益获利的可能性和形成概率等因素，科学预测其风险利率，进一步测算出折现率。

另外，收益额与折现率计算口径应相互匹配，评估中如果选用企业利润系列作为收益额，则折现率应选择相应的资产收益率；如果以净现金流量作为收益额，则应以投资回收率作为折现率。同时，如果预期收益中考虑了通货膨胀和其他因素的影响，那么在折现率中也应有所体现，反之亦然。

（三）收益期限的确定

收益期限是指无形资产未来持续带来超额收益的时间，无形资产收益期限的表示方式主要有法律寿命、合同寿命和经济寿命三种。

1. 法律寿命

法律寿命是指无形资产受法律保护的有效期限。许多无形资产都有明确的法律保护期限，例如，根据《专利法》规定，发明专利的法律保护期限 20 年，实用新型和外观设计为 10 年。

2. 合同寿命

合同寿命是指通过合同规定无形资产的收益期限，合同寿命一般比法定寿命更为明确，操作性更强。一般情况下，法律寿命和合同寿命是比较明确的。

3. 经济寿命

经济寿命是指无形资产能有效使用并创造收益的持续时间。有形资产的收益期限为物理寿命或者经济寿命,而无形资产没有物质实体,不存在物理寿命,故其收益期限的上限只能是无形资产的经济寿命,经济寿命是通过评估人员调查、论证分析和判断得出的。

在确定无形资产的收益期限时,要遵循以下两个原则:

(1)对于既有经济寿命又有法律寿命的无形资产,应根据孰短的原则来确定收益期限。

(2)对于不受专门的法律保护的无形资产,一般无法定寿命,确定收益期限时只能遵循经济寿命为基础的原则。例如专有技术收益期限的确定,在评估操作中,可根据专有技术的寿命周期、技术产品的市场竞争状况、专有技术保密措施的有效性、可替代技术的状况以及与技术有关的合同协议等综合状况确定收益期限。

第三节 成本法和市场法的应用

【微案例6-3】

知识经济通俗地说就是以知识为主的经济,国家间、地区间、企业间的差异将主要表现于拥有无形资产资源的数量和质量。我国市场经济的发展,在各种合资、合作中不乏以专利技术、专有技术、商标权等无形资产折价入股者。合资、合作者在决策中,必须对这些无形资产进行量化,由评估机构对其进行客观、公正、合法、独立的评估。评估的结果既是投资者与被投资单位投资谈判的重要依据,又是被投资单位确定其无形资产入账价值的客观标准。为适应无形资产评估事业的发展,原来一些主要从事有形资产评估工作的机构,纷纷开拓了无形资产评估业务。1993年,改革开放的前沿地区——深圳率先成立了专门的无形资产评估机构——深圳无形资产评估事务所。截至目前,全国已有多所专门从事无形资产评估业务的专业机构。

请思考: 从研发成本的角度看,一项无形资产的价值应包含哪些方面?

一、成本法在无形资产评估中的应用

在评估无形资产时,如果无形资产确实具有现实或者潜在的获利能力,但是不容易量化,就只能以无形资产的重置成本为基础来估算其价值,即采用成本法来评估无形资产。

运用成本法评估无形资产需要把握两大基本要素:一是无形资产的重置成本;二是无形资产的贬值,主要是无形资产的功能性贬值和经济性贬值。无形资产成本包括研制或取得、持有期间全部物化劳动和活劳动的费用支出。由于无形资产的成本具有不完整性、弱对应性、虚拟性等特点,真正投入和维护商标的各项费用已经远远超出其按照现行制度记录的成本。所以,无形资产成本只具有象征意义或虚拟性,如商标成本一般包括商标设计费、登记注册费、广告费等,但是,商标标示着商品的内在质量信誉,实际上包括了该商品的特种生产技术、配方和多年的经验等。因此,运用成本法评估无形资产的价值受到一定的限制。采用成本法评估无形资产的基本公式为:

$$无形资产评估值 = 无形资产重置成本 \times 成新率 \qquad (6-12)$$

根据上述公式可以看出，对无形资产的评估，主要取决于无形资产的重置成本和成新率两个因素。正确估算这两个因素是科学确定无形资产价值的关键。

(一) 无形资产重置成本的估测

重置成本法是指在资产评估时，按被评估资产的现时完全重置成本，减去应扣损耗或贬值，来确定被评估资产价格的一种方法。具体来讲，就是根据重新购建与被评估资产相同或类似的全新资产的全部重置成本在现行市价条件下所需的费用，并在此基础上扣除被评估资产因为使用、存放和技术进步及社会经济环境变化而对资产价值的影响，从而得出被评估资产按现行市价及其新旧程度计算的重估价值，即在现行的条件下，重新取得该无形资产需支出的全部费用。

1. 自创无形资产重置成本的估测

自创无形资产的成本包括研制、开发、持有期间发生的全部物化劳动和活劳动的费用支出。如果已有账面价格，可以按定基物价指数作相应调整。现实中，大多数企业或个人对自创无形资产的基础成本数据积累不够，使得自创无形资产的成本记录不完整、不真实，甚至没有记录。无账面价格的自创无形资产评估方法有核算法和倍加系数法两种。

(1) 核算法。核算法是将以现行价格水平和费用标准计算的无形资产研发过程中的全部成本费用（包括直接成本和间接成本）加上合理的利润、税费确定无形资产的重置成本的方法。其计算公式为：

$$无形资产重置成本 = 直接成本 + 间接成本 + 合理利润 + 税费 \qquad (6-13)$$

式中，直接成本是指无形资产研发过程中实际发生的材料、工时耗费支出，一般包括材料费用、科研人员工资、专用设备费、咨询鉴定费、协作费、培训费、差旅费和其他有关费用；间接成本是指与无形资产研发有关，应摊入无形资产成本的费用，包括管理费用、非专用设备折旧费用、应分摊的公共费用和能源费用等；合理利润是指以无形资产直接成本和间接成本为基础，按同类无形资产平均成本利润率计算的利润；税费是指无形资产转让过程中应缴纳的城市维护建设税和教育费附加等，以及无形资产转让过程中发生的其他费用，如宣传广告费、技术服务费、交易手续费等。

(2) 倍加系数法。对于投入智力比较多的技术型无形资产，考虑到科研劳动的复杂性和风险，可以用以下公式估算无形资产重置成本。

$$无形资产重置成本 = \frac{C + \beta_1 V}{1 - \beta_2} \times (1 + L) \qquad (6-14)$$

式中，C 为无形资产研制开发中的物化劳动消耗；V 为无形资产研制开发中活劳动消耗；β_1 为科研人员创造性劳动倍加系数；β_2 为科研的平均风险系数；L 为无形资产投资报酬率。

当评估对象无形资产为非技术型无形资产，科研人员创造性劳动的倍加系数 β_1 和科研的平均风险系数 β_2 可以不予考虑。

上述公式中并没有反映间接成本和转让成本的因素，但在实际评估操作中也应该考虑在内。没有较完备的费用支出数据资料的无形资产重置成本的估测，应尽可能利用类似无形资产的重置成本作为参照，通过调整求得评估对象的重置成本。

2. 外购无形资产重置成本的估测

外购无形资产由于其原始购入成本在企业账簿上有记录，相对于自创无形资产的重置成本的估测比较容易计算。此外，外购的无形资产也可能有可供参照的现行交易价格，评估相对比较容易。外购无形资产的重置成本包括购买价和购置费用两部分，一般可以采用市场类比法和价格指数法两种方法。

（1）市场类比法。市场类比法是以与评估对象相类似的无形资产近期交易实例作为参照物，再根据功能和技术先进性、适用性等对参照物的交易价格进行调整和修正，从而确定评估对象现行购买价格，再根据现行标准和实际情况核定无形资产的购置费用，来确定无形资产的重置成本的方法。该方法的难点是能否找到合适的参照物以及调整因素的确定与量化。

（2）价格指数法。价格指数法是以评估对象无形资产的原始成本为基础，采用同类无形资产的价格指数调整为重置成本的方法。其计算公式如下：

$$无形资产重置成本 = 无形资产账面原值 \times \frac{评估时价格变动指数}{购置时价格变动指数} \qquad (6-15)$$

无形资产涉及两类费用，分别是物质消耗费和人工费，前者与生产资料物价指数相关度较高，后者与生活资料物价指数相关度较高，并且最终通过工资、福利体现出来。不同无形资产两类费用的比重可能有较大差别，需要利用现代科研和实验手段的无形资产，物质消耗比重较大，在生产资料物价指数与生活资料物价指数差别较大的情况下，应按两类费用的大致比例分别用生产资料、生活资料物价指数估算。两种价格指数比较接近，且两类费用比重有较大倾斜时，可按比重较大的费用适用的物价指数估算。

（二）成新率的估算

影响无形资产成新率的因素是无形资产的损耗，表现为功能性损耗和经济性损耗。功能性损耗是由于科学技术进步，降低了拥有无形资产的单位或个人获取垄断利润的能力而引致的损耗。经济性损耗是由于无形资产外部环境因素的变化导致的某项无形资产的禁用或报废。如某项技术尽管水平很高，但应用该技术生产的产品可能会引致环境污染或产生其他国家法规禁止的危害，则该技术存在经济性贬值。通常无形资产成新率的确定可采用专家鉴定法和剩余经济寿命预测法。

1. 专家鉴定法

专家鉴定法即由有关技术领域的专家对被评估无形资产的先进性、适用性做出判断，并确定其成新率。

2. 剩余经济寿命预测法

剩余经济寿命预测法即由评估人员对无形资产剩余经济寿命做出预测和判断，确定其成新率的方法。无形资产已使用年限比较容易确定，剩余年限可根据无形资产的特征，分析判断获得。

二、市场法在无形资产评估中的应用

从理论上说，市场法是一种最简单、最有效的方法，应该是资产评估的首选方法。但是，由于无形资产的特征（特殊性、唯一性、非标准性等）和我国无形资产市场的情况，无形资产评估较多地采用收益法，也有选用市场法评估的，例如土地使用权、矿业权、租赁权等。整体而言，从我国目前实际情况出发，运用市场法评估无形资产的情况并不多见。

如果具备使用市场法的条件，也可以采用市场法评估无形资产，其基本程序和方法与有形资产评估的市场法基本相同。除此之外，还应该注意以下几点：

（1）选择的参照物应当与被评估资产在功能、性质、用途等方面基本相同或相似。

（2）由于无形资产的特殊性和个别性，因此每项无形资产之间的差别较大，所以至少需要三个以上的参照物进行比较。

（3）参照物的成交时间要非常接近于评估基准日，越近越好，否则，其价格应当通过因素的相应调整。

（4）参照物的计价标准要与评估对象的计价标准相同或接近，即同为重置价格或收益现值。

【本章习题】

1. 分析无形资产权益对无形资产价值的影响。
2. 简述收益法和成本法在无形资产评估中的适用前提和评估程序。
3. 如何理解无形资产的超额收益？

第七章 金融资产评估

🔔 **学习目标**

通过本章学习,学生应能够掌握各类金融资产价值评估的基本概念、原则,以及金融资产价值评估的原理、基础性评估方法和技巧。

🔔 **学习重点与难点**

1. 债券、股票的概念、特点及其评估方法;
2. 金融衍生工具的概念及其评估方法;
3. 其他长期资产的概念、特点及评估方法。

🔔 **导入情境**

蒙牛初期成长史

2012年年底,蒙牛乳品公司为了快速发展与一国际投资银行签订了融资协议,具体内容包括:2013年1月1日,该投资银行出资2亿元人民币,其中1亿元以2元/股的价格认购乳品公司的普通股股票,另外1亿元购买乳品公司的特种债券,该债券期限为6年,年利率2%,不计复利,每年付息,到期还本。同时投资银行与乳品公司签订了有关企业经营的协议:融资开始后的三年中的每一年,乳品企业的净利润要比上一年增长15%,每一个不能达到增长要求的年份,投资银行都会将20%的特种债券以对应2元/股的价格转换为普通股股票。2016年年初,该投资银行计划将其持有的乳品公司的所有权益(包括股权和债权)一次性转让,某评估机构对这部分权益进行了评估,以下是他们收集和测算的部分数据和案例分析的过程。

案例分析过程:

评估机构提供的资料如下:

(1)评估基准日:2016年1月1日,评估基准日之前产生的股权及债权收益已经结清。

(2)乳品公司2012年、2013年、2014年、2015年的净利润分别为5 000万元、6 000万元、7 000万元、8 000万元,2015年的每股收益是0.8元。

(3) 预测评估基准日后前3年每股收益保持每年10%的增长,之后进入平稳发展时期,每股年金收益为评估基准日后第三年的每股收益。

(4) 考虑风险报酬率的差异,债权和股权使用折现率分别为5%和10%。

根据权益的特征,评估人员应当采用收益法进行分步评估。

第一步,确定在评估基准日的投资银行拥有的债权及股权数量。

2013年的年增长率 = (6 000 - 5 000) /5 000 = 20%
2014年的年增长率 = (7 000 - 6 000) /6 000 = 16.67%
2015年的年增长率 = (8 000 - 7 000) /7 000 = 14.29%

对比公司实际完成的净利润水平,融资后的3年中,只有2015年未完成15%的增长约定,因此有2 000万元债权转为股权,以每股2元的标准,应在原来5 000万股的基础上增加1 000万股,所以在评估基准日,投资银行应持有乳品企业债权8 000万元,股权6 000万股。

第二步,使用收益法评估债权价值。

债券的年利息收益 = 8 000 × 2% = 160(万元)

债券价值 = 160 × (P/A, 5%, 3) + 8 000 × (P/F, 5%, 3)
$\qquad$ = 160 × 2.723 2 + 8 000 × 0.863 8
$\qquad$ = 7 346.11(万元)

第三步,使用收益法评估股权价值。

股权价值 = 0.8 × (1 + 10%) × 6 000 × 0.909 1 + 0.8 × (1 + 10%)² × 6 000 × 0.826 4 + 0.8 × (1 + 10%)³ × 6 000 × 0.751 3 + [0.8 × (1 + 10%)³ × 6 000/10%] × 0.751 3
$\qquad$ = 4 800.05 + 4 799.73 + 4 799.91 + 47 999.05
$\qquad$ = 62 398.74(万元)

债权与股权评估值合计 = 7 346.11 + 62 398.74 = 69 744.85(万元)。

第一节 债券评估

【微案例7-1】

王经理是远近闻名的慈善家,不仅自己经营了几家上市公司,还投资了很多家公司的债券。最近一段时间,王经理听说了A国的B省受到台风入侵,并引发了泥石流等次生灾害,于是王经理计划出售其持有的C公司的债券,将变现收回的款项捐出,用于B省的灾后重建工作。但由于该债券并非公开发行,王经理也因为工作繁忙没有时间参与该债券的出售事宜,便委托了D评估公司帮其判断该债券的市场价值。D评估公司经过分析后得出,该债券的账面余额为15万元(购入债券1 500张,面值100元/张),年利率11%,期限为4年。根据市场调查,其他公司相似的债券在评估基准日的收盘价为110元/张。

请思考: 如何确定该债券在评估基准日的价值?

一、债券投资特点

债券是政府、企业、银行等为了筹集资金,按照法定程序发行的并向债权人承诺于指定日期还本付息的有价证券。债券投资具有如下特点:

（1）投资风险较小。国家对债券发行有严格的规定，发行债券必须满足国家相关政策规定的基本要求。比如，银行发行债券需要以其信誉及一定的资产作为保障；企业发行债券也有严格的限定条件；政府发行国债由国家财政担保。因此，债券投资风险相对较小。当然，债券投资也具有一定的风险，一旦债券发行主体出现财务困难，债券投资者就有发生损失的可能。但是，相对于股权投资，债券投资安全性较高，在债券发行企业破产清算时，债券持有者也有优先受偿权。

（2）收益相对稳定。债券是到期还本付息的一种投资，债券收益取决于债券面值和债券票面利率，而且合同中都有约定。只要债券发行主体不发生较大的变故，债券收益是相当稳定的。

（3）流动性较强。如果购买的债券是可以上市交易的债券，其变现能力较强，投资企业可以随时在证券市场上交易变现。

二、债券投资评估

从理论上讲，债券作为一种有价证券，它的市场价格就是收益现值的市场反映。当债券可以在市场上自由买卖时，其市场价格即为债券的评估值。但是，如果企业购买的是不能在证券市场自由交易的债券，实务中就需要通过一定的方法进行评估得到其价值。

（一）上市交易债券的评估

上市交易的债券是指可以在证券市场上交易、自由买卖的债券。对此类债券一般采用市场法进行评估，对评估基准日的收盘价进行调整确定其评估值。如果在特殊情况下，某种可上市交易的债券市场价格严重扭曲，不能代表实际价格，就应该采用其他的评估方法进行评估。应该注意的是，采用市场法评估债券价值时应在评估说明中解释评估方法和结论与评估基准日的关系，并说明该评估结果应随市场价格变化而适当调整。

运用市场法评估债券，债券价值的计算公式为：

$$债券评估价值 = 债券数量 \times 评估基准日债券的市价 \qquad (7-1)$$

【例7-1】某评估公司受托对某企业的持有至到期投资进行评估，持有至到期投资账面余额为15万元（购买债券1 500张、面值100元/张），年利率12%，期限5年，已上市交易。在评估前，该债券未计提减值准备。根据市场调查，评估基准日的收盘价为110元/张。据评估专业人员分析，该价格比较合理，其评估值为（1 500×110）= 165 000（元）。

（二）非上市交易债券的评估

因为不满足市场法应用的前提条件，非上市交易债券不能直接采用市场法评估。对于距离评估基准日1年内到期的债券，可以根据本金加上持有期间的利息确定评估值；超过1年到期的债券，可以根据本利和的现值确定评估值。

对于不能按期收回本金和利息的债券，评估专业人员应在调查取证的基础上合理确定评估值。通过本利和的现值确定评估值的债券，宜采用收益法进行评估。根据债券付息方法，债券又可分为到期一次还本付息债券和分次付息、一次还本债券两种。评估时应采用不同的方法计算。

1. 到期一次还本付息债券的价值评估

对于到期一次还本付息的债券，其评估价值的计算公式为：

$$P = F/(1+r)^n \quad (7-2)$$

式中，P 为债券的评估值；F 为债券到期时的本利和；r 为折现率；n 为评估基准日到债券到期日的间隔。

F 的计算有单利和复利两种计算方式。

本利和采用复利计算时其计算公式为：

$$F = A(1+r)^m \quad (7-3)$$

本利和采用单利计算时其计算公式为：

$$F = A(1 + m \times r) \quad (7-4)$$

式中，A 为债券面值；m 为计息期限；r 为债券利息率。

债券利息率、计息期和债券本金在票面上均有明确记载，而折现率是评估专业人员根据评估时的市场实际情况分析确定的。折现率一般由无风险报酬率和风险报酬率组成。无风险报酬率通常以银行存款利率、国债利率或政府发放短期债券的利率等为准；风险报酬率的大小则取决于债券发行主体的具体情况。

国债和金融债券等有良好的担保条件，所以其风险报酬率一般较低。如果发行企业经营业绩较好，盈利能力和偿债能力较强，则风险报酬率较低；否则，应以较高风险报酬率调整。

【例7-2】某评估公司受托对B企业拥有的A公司债券进行评估，被评估债券面值60 000元，系A公司发行的4年期一次还本付息债券，年利率6%，单利计息，评估基准日距离到期日两年，当时国债利率为5%。经评估专业人员分析调查，发行企业经营业绩尚好，财务状况稳健。两年后具有还本付息的能力，投资风险较低，取3%的风险报酬率，以国债利率作为无风险报酬率，故折现率为8%。根据前述的公式，该债券的评估价值为：

$$F = A(1 + m \times r)$$
$$= 60\,000 \times (1 + 4 \times 6\%)$$
$$= 74\,400 \text{（元）}$$
$$P = F/(1+r)^n$$
$$= 74\,400 \div (1 + 8\%)^2$$
$$= 63\,786 \text{（元）}$$

2. 分次付息、到期一次还本债券的评估

到期一次还本债券的价值评估宜采用收益法，其计算公为：

$$P = \sum_{i=1}^{n} [R_i(1+r)^{-i}] + A(1+r)^{-n} \quad (7-5)$$

式中，P 为债券的评估值；R_i 为第 i 年的预期利息收益；r 为折现率；A 为债券面值；i 为评估基准日距离收取利息日的期限；n 为评估基准日距离到期还本日的期限。

【例7-3】继续采用【例7-2】中的资料,假定该债券是每年付息一次,到期一次还本,其评估值为:

$$P = \sum_{i=1}^{n} [R_i(1+r)^{-i}] + A(1+r)^{-n}$$
$$= 60\,000 \times 6\% \times (1+8\%)^{-1} + 60\,000 \times 6\% \times (1+8\%)^{-2} + 60\,000 \times (1+8\%)^{-2}$$
$$= 57\,860.1\,(元)$$

第二节 股票评估

【微案例7-2】

黄花公司持有黄蜂城市商业银行10 000股的非流通股票。近日,黄花企业为了获取部分流动资产,计划变现该10 000股股票,但由于非流通股票无法获取其市价,故委托利达评估师事务所对该股票进行价值评估。评估前,黄蜂城市商业银行的每股净资产为3元。评估师履行了合适的评估程序后,发表了最终的评估意见:黄蜂城市商业银行股票的最终价值为2.5元/股。黄花公司和黄蜂城市商业银行都大惑不解,问评估师为什么评估值低于账面值。评估师解释道:由于银行并不景气,可能存在较多的不良贷款,所以会存在一定程度的折价。

请思考:评估师的解释是否合理,并说明理由。

一、股票投资的特点

股票投资是指企业通过购买等方式取得被投资企业的股票而实现收益的一种投资行为。股票按不同的分类标准可分为记名股票和不记名股票,有面值股票和无面值股票,普通股股票、优先股股票,公开上市股票和非上市股票等。股票投资具有高风险、高收益的特点。如果被投资的企业破产,股票投资人不但没有股利,而且有可能"血本无归"。股票的价格包括票面价格、账面价格、发行价格、清算价格、内在价格和市场价格,股票的价值评估通常与股票的内在价格、清算价格和市场价格有着较为密切的联系。

股票的内在价值是股票的理论价值,它是根据评估专业人员对股票未来收益的预测,经过折现后得到的股票价值。股票的内在价值主要取决于公司的经营状况和公司面临的各种风险。

股票的清算价格是公司清算时公司的净资产与公司股票总数的比值。如果因经营不善或者其他原因被清算时,该公司的股票价值就相当于公司股票的清算价格。

股票的市场价格是证券市场上买卖股票的价格。在证券市场比较完善的条件下,根据资本市场的有效性,股票的市场价格基本上是市场对公司股票内在价值的一种客观评价,在某种程度上可以将市场价格直接作为股票的评估价值。但是,当证券市场发育尚未成熟、有效性不足,股票市场的投机成分太大时,股票的市场价格就不能完全代表其内在价值。因此,在具体进行股票价值评估时,也需要在了解资本市场有效性的前提下具体问题具体分析。对于股票的价值评估,一般分为上市交易股票和非上市交易股票两类。

二、上市交易股票的价值评估

上市交易股票是指企业公开发行的、可以在证券市场自由交易的股票。对上市交易股票的价值评估，正常情况下，可以采用市场法中的现行市价法，即参照评估基准日的收盘价确定被评估股票的价值。正常情况是指股票市场发育完全，股票自由流通，不存在非法炒作的现象。此时，股票的市场价格可以代表评估时点被评估股票的价值；否则，股票的市场价格就不能完全作为评估的依据，而应以股票的内在价值作为评估股票价值的主要依据。通过对股票发行企业的经营业绩、财务状况及未来获利能力等因素的分析，综合判断股票内在价值。

依据股票市场价格进行评估，应在评估报告中说明所用的方法，并说明该评估结果应随市场价格变化而予以适当调整。

三、非上市交易股票的价值评估

非上市交易的股票一般应采用收益法评估，即综合分析股票发行企业的历史利润水平和分红情况、经营状况及风险、行业收益、宏观经济走势等因素，合理预测股票投资的未来收益，并选择合理的折现率折现确定评估值。非上市交易股票的价值评估一般分为普通股股票和优先股股票。普通股没有固定的股利，其收益大小基本取决于企业的经营状况和盈利水平；优先股的股利是固定的，一般情况下，都要按事先确定的股利率支付股利，优先股在股利分配和剩余财产分配上优先于普通股的股票。在这方面，优先股与债券很相似，二者的区别在于：债券的利息是在所得税前支付，而优先股的股利是在所得税后支付。

（一）普通股的价值评估

对非上市普通股的价值评估，实际是对普通股预期收益的预测，并折算成评估基准日的价值，因此，需要对股票发行企业进行全面、客观的了解与分析。首先，应了解被评估企业往年的利润水平；其次，了解企业的发展前景，企业微观层面的管理人员素质和创新能力等因素，以及中观层面所处行业的前景和营利能力；最后，应分析被评估公司的股利（利润）分配政策。股份公司的股利分配政策，通常可以划分为固定股利型、股利增长型和股利分段型三种类型。在不同类型的股利政策下，股票价值的评估方法也存在差异。

1. 固定股利型股利政策下股票价值评估

固定股利型是假设企业经营稳定，分配股利固定，并且今后也能保持固定水平。在这种假设条件下，普通股股票评估值的计算公式为：

$$P = R/r \tag{7-6}$$

式中，P 为股票评估值；R 为股票未来收益额；r 为折现率。

【例7-4】假设被评估企业拥有A公司的非上市普通股20 000股，每股面值1元。在持有期间，每年的收益率一直保持在15%左右。经评估专业人员了解分析，股票发行企业经营比较稳定，管理人员素质高、管理能力强。在预测该公司以后的收益能力时，稳健估计，今后若干年内，其最低的收益率仍然可以保持在10%左右。评估专业人员根据该企业的行业特点及当时宏观经济运行情况，确定无风险报酬率为3%（国债利率），风险报酬率为5%，则确定的折现率为8%。根据上述资料，计算评估值为：

$$P = R/r = 20\,000 \times 15\%/8\% = 37\,500（元）$$

2. 股利增长型股利政策下股票价值评估

股利增长型适用于成长型企业股票价值的评估。成长型企业发展潜力大，收益率会逐步提高。该类型的假设条件是发行企业并未将全部剩余收益分配给股东，而是用于追加投资扩大再生产，因此，股利呈增长趋势。在这种假设前提下，普通股股票价值评估值公式为：

$$P = R/(r - g) \qquad (7-7)$$

式中，P为股票评估值；R为股票未来收益额；r为折现率；g为股利增长率。

股利增长率g的计算方法：一是统计分析法，即根据过去股利的实际数据，利用统计学的方法计算出平均增长率，作为股利增长率；二是趋势分析法，即根据被评估企业的股利分配政策，以企业剩余收益中用于再投资的比率与企业净资产利润率相乘，确定股利增长率。

【例7-5】某评估公司受托对B企业进行资产评估。B企业拥有某非上市公司的普通股股票30万股，每股面值1元，在持有股票期间，每年股票收益率在15%左右。股票发行企业每年以净利润的60%用于发放股利，其余40%用于追加投资。根据评估专业人员对企业经营状况的调查分析，该行业具有发展前途，该企业具有较强的发展潜力。经过分析后认为，股票发行企业至少可保持4%的发展速度，净资产收益率将保持在16%的水平，无风险报酬率为5%（国债利率），风险报酬率为3%，则确定的折现率为8%。该股票评估值为：

$g = $ 再投资的比率 $\times$ 企业净资产利润率 $= 40\% \times 16\% = 6.4\%$

$P = R/(r-g)$

$= 300\,000 \times 15\%/[(5\% + 3\%) - 40\% \times 16\%]$

$= 45\,000/(8\% - 6.4\%)$

$= 2\,812\,500（元）$

3. 分段型股利政策下股票价值评估

前两种股利政策一种是股利固定，另一种是增长率固定，应用范围有限。根据实际情况，采用分段型股利政策模型对股票的价值评估更具客观性。分段型股利政策模型可采用两段式或多段式模型，两段式分段型方法的原理如下：第一段，详细预测期，指能够较为客观地预测股票的收益期间或股票发行企业某一经营周期；第二段，永续阶段（固定股利或股利永续增长），以不易预测收益的时间为起点，以企业持续经营到永续为第二段；将两段收益现值相加即可得出评估值。

一般情况下，第一段以预测收益直接折现；第二段可以采用固定股利型或股利增长型，收益额采用趋势分析法或其他方法确定，先资本化再折现。

【例7-6】某资产评估公司受托对C公司的资产进行评估。C公司拥有某一公司非上市交易的普通股股票10万股，每股面值1元。在持有期间，每年股利收益率均在15%左右。评估专业人员对发行股票公司进行调查分析后认为，前3年可保持15%的收益率；从第4年起，一套大型先进生产线交付使用后，可使收益率提高5个百分点，并将持续下去。评估时国债利率为5%，假定该股份公司是公用事业企业，其风险报酬率确定为1%，折现率为6%，则该股票评估值为：

股票的评估价值 = 前3年收益的折现值 + 第四年后收益的折现值 = 100 000 × 15% × (P/A, 6%, 3) + (100 000 × 20% ÷ 6%) × (1 + 6%)$^{-3}$

= 15 000 × 2.673 + 20 000 ÷ 6% × 0.839 6

= 40 095 + 279 867

= 319 962（元）

（二）优先股的价值评估

在正常情况下，优先股在发行时就已被规定了股息率。评估优先股主要是判断股票发行主体是否有足够税后利润用于优先股的股息分配。这种判断是建立在对股票发行企业的全面了解和分析的基础上，包括股票发行企业生产经营情况、利润实现情况、股本构成中优先股所占的比重、股息率的高低以及股票发行企业负债状况等。评估专业人员可以根据事先确定的股息率，计算出优先股的年收益额，然后进行折现计算，即可得出评估值。计算公式如下：

$$P = \sum_{i=1}^{\infty} [R_i (1 + r)^{-i}] \qquad (7-8)$$

式中，P 为优先股的评估值；R_i 为第 i 年的优先股的收益；R 为折现率；A 为优先股的年等额股息收益。

【例7-7】阳光纺织厂拥有大华染料厂200股累积性、非参加分配优先股，每股面值100元，年股息率为10%。评估时，大华染料厂的资本构成不尽合理，负债率较高，可能会对优先股股息的分配产生消极影响。因此，评估专业人员将阳光纺织厂拥有的大华染料厂的优先股票的风险报酬率定为5%，加上无风险报酬率的3%，该优先股的折现率为8%。根据上述数据，该优先股评估值如下：

$P = A/r$

= 200 × 100 × 10% ÷ (3% + 5%)

= 2 000 ÷ 8%

= 25 000（元）

第三节　金融衍生工具评估

【微案例7-3】

从前山上有一座庙，庙里的一个老和尚是个佛法高深的住持。山下不远有一个证券公司，与庙遥遥相对。一天，庙里来了许多公司高管，在菩萨面前烧了许多香，苦苦哀求，要菩萨保佑他们脱离苦海。老和尚心善，问是怎么回事。高管们说，股票大跌，我们的市场业绩不达标，无法对股票期权行权，不知怎么才能脱离苦海。老和尚心想股票真是个坏东西，害了这么多人，我佛以救人为怀，快把这些高管救出来吧。于是他就用庙中所有的香火钱，买进股票。结果买入后，股市大涨了起来。好多日子过去了，一些散户来庙中烧香，一个个眼里放出狼一般的光亮，求股票快涨多涨，还有的人抱怨自己买不到股票。老和尚不明白了,怎么股票又成了好东西了?既然善男信女都要股票,那普度众生,卖给他们吧。于是把所有股票都卖个精光,其后股市大跌。几个来回,老和尚赚了很多钱,大家纷纷向老和尚讨教炒股秘诀。老和尚说:"哪有什么秘诀,我只是无欲无求,抱着一颗善心而已!"

请思考:如何用相关金融知识解释故事中的现象?

一、金融工具的基本概念

金融工具又称交易工具,是证明债权债务关系并据以进行货币资金交易的合法凭证。不同形式的金融工具具有不同的金融风险。金融工具分为现金类和衍生类两大类。现金类分为证券类和其他现金类,衍生类分为交易所交易的金融衍生品和柜台金融衍生品。

二、金融衍生工具计量评估中评估对象的确定

衍生工具包括远期合同、期货合同、互换和期权,以及具有远期合同、期货合同、互换和期权中一种或一种以上特征的工具。

衍生工具通常是独立存在的,但也可能嵌入非衍生金融工具或其他合同中。嵌入衍生工具是指嵌入非衍生工具(即主合同)中,使混合工具的全部或部分现金流量随特定利率、金融工具价格、商品价格、汇率、价格指数、费率指数、信用等级、信用指数或其他类似变量的变动而变动的衍生工具。

衍生金融工具评估对象主要是指金融工具确认和计量准则涉及的、具有下列特征的金融工具或其他合同。

(1)价值随着特定利率、金融价格、商品价格、汇率、价格指数、费率指数、信用等级、信用指数或其他类似变量的变动而变动。变量为非金融变量的,该变量与合同的任一方不存在特定关系。

(2)不要求初始净投资,或与对市场情况变动有类似反应的其他类型合同相比,要求很少的初始净投资。企业从事衍生工具交易不要求初始净投资,通常指签订某项衍生工具合同时不需要支付现金或现金等价物。

(3)在未来某一日期结算。衍生工具在未来某一日期结算,表明衍生工具结算需要经历一段特定期间。但是,"在某一日期结算"不能理解为只在未来某一日期进行一次结算。另外,有些期权可能由于是价外期权而到期不行权,也是在未来日期结算的一种方式。需要指出的是,如买卖非金融项目的合同,根据企业预期购买、出售或使用要求,以获取或交付非金融项目为目的而签订,那么此类合同不符合衍生工具的定义。但是,当此类合同可以通过现金或其他金融工具净额结算或通过交换金融工具结算,或者合同中的非金融项目可以方便地转换为现金时,这些合同应当比照衍生工具进行会计处理。

三、金融衍生工具的评估方法

金融衍生工具,其价值依附于其他更基本的标的变量,例如特定利率、基本金融工具的价格、商品价格、汇率和价格指数等,其主要类型包括期权合同、互换合同和混合衍生工具等。

(一)期权合同

期权合同主要包括看涨期权和看跌期权。看涨期权的持有者有权在某一确定的时间以

某一确定的价格购买标的资产。看跌期权的持有者有权在某一确定时间以某一确定的价格出售标的资产。期权合同中的价格被称为执行价格。合同中的日期为到期日、执行日或期满日。

期权可分为美式期权和欧式期权，其中美式期权在期权有效期内任何时候都可以执行，而欧式期权只能在期权到期日执行。需要注意的是，期权虽然赋予其持有者到期行使权利的选择权，但持有者不一定必须行使该权利。

一般而言，对于存在活跃市场的期权等权益工具，应当按照活跃市场中的报价确定其公允价值；对于不存在活跃市场的期权等权益工具，应当采用期权定价模型估算其公允价值。而员工持股计划的特点决定了并不存在一个活跃市场，无法取得市场报价，需要采用期权定价模型估算其公允价值。期权定价模型的选择需要考虑以下因素：一是模型能够满足员工持股计划的特定条件；二是模型能够满足企业会计准则对公允价值计量的要求；三是模型建立在成熟的金融理论基础上；四是模型能够充分反映员工持股计划的各项实质性条款和限制条件。

目前广泛采用的期权评估方法有布莱克—斯科尔斯模型和 Lattice 模型。

1. 布莱克—斯科尔斯模型

基本的布莱克—斯科尔斯模型认为，在满足如下假设条件的情况下，期权的价格可由以下公式决定：没有交易费用和税负；无风险利率是常数；市场连续运作；股价是连续的，即不存在股价跳空；股票不派发现金股息；期权为欧式期权；股票可以卖空且不受惩罚，而且卖空者得到交易中的全部利益；市场不存在无风险套利机会。

$$C = S \times Nd_1 - X \times e^{-rT} \times Nd_2$$
$$P = X \times e^{-rT} \times N - d_2 - S \times N - d_1 \tag{7-9}$$

其中：

$$d_1 = [\ln S_0/X + r + \sigma^2/2T]/(\sigma T^{-1/2})$$
$$d_2 = [\ln S_0/X + r - \sigma^2/2T]/(\sigma T^{-1/2}) \; d_1 - \sigma T^{-1/2}$$

式中，C 表示买方期权的价值；P 表示卖方期权的价值；S 表示标的资产当前价值；X 表示期权约定价值（执行价）；T 表示期权合约的到期时间（年）；r 表示无风险利率。

模型假设：

（1）标的资产价格变化服从对数正态分布。
（2）在期权有效期内，无风险利率和金融资产收益变量是恒定的。
（3）市场无摩擦，即不存在税收和交易成本，所有证券完全可分割。
（4）标的物在期权有效期内无股利及其他所得。
（5）期权是欧式期权，到期前不可行权。
（6）不存在无风险套利机会。
（7）证券交易是持续的。
（8）投资者能够以无风险利率借贷。

在考虑股利支付的布莱克—斯科尔斯模型中总共涉及 5 个评估参数：金融工具的初始价格、行权价格、无风险收益率、期权有效期和价格的波动率。其中金融工具初始价格是可以从市场上直接得到或通过对权益工具的评估间接得到；行权价格和期权有效期可参考期权合同条款；无风险收益率可参考相应的政府债券到期收益率；金融工具的价格波动率可通过对金融工具历史价格的计算或其他方法得到。

2. Lattice 模型

Lattice 模型通常用于计算期权的公允价值。该模型假设将评估日与期权有效日之间的期限 T 分成 n 份（T/n）。对时点 t 来说，由于未来的不确定性，在时点 $t+T/n$ 的结果就有无限种可能。Lattice 模型通过建立树形图将发生的概率分配给从 t 到 $t+T/n$ 可能出现的结果，然后用倒推的方法来计算期权的价值。常见的 Lattice 模型为双叉树模型、三叉树模型等。

（二）互换合同

互换是两个公司之间达成的协议，以按照实现约定的公式在将来交换彼此的现金流。互换合同的公允价值实际上可以看作一系列债券的组合。

假设公司 A 和公司 B 达成了互换合同，公司 B 同意向公司 A 支付由年利率 8% 和本金 200 万美元所计算的利息；同时，公司 A 同意向公司 B 支付由 6 个月 LIBOR 和同样本金所计算的浮动利息。此互换合同相当于公司 B 向公司 A 发行了本金 200 万美元、年利率为 8% 的公司债券；同时，公司 A 向公司 B 发行了以 LIBOR 为利率的同样本金的浮动利率公司债券。

因此，此互换合同的公允价值实际上就是上述固定利率债券以及浮动利率债券公允价值的差额。

（三）混合衍生工具

嵌入衍生工具是包括该衍生工具和非衍生主合同在内的混合金融工具中的一个组成部分。根据会计准则，如果嵌入衍生工具与主合同分开核算，通常采取整个混合合同的公允价值减去主合同的公允价值这种方法来评估嵌入衍生工具的公允价值。但如果主体不能够可靠地单独计量这项嵌入衍生工具（包括用整个混合合同的公允价值减去主合同的公允价值的方法），则主体应将整个组合合同认定为按公允价值通过损益计量的金融资产或金融负债。

通常用于计量嵌入衍生工具公允价值的模型比较复杂，一般都采用 Lattice 模型进行评估。

四、员工持股计划的评估方法

随着资本市场的发展，一些企业开始通过授予股票期权作为激励和奖励员工的方式。我国部分企业目前实施的职工期权激励计划，也称员工持股计划，属于这一范畴，其确认和计量适用于《企业会计准则第 11 号——股份支付》（以下简称《股份支付准则》），在授予日及之后的每个财务报表日以员工持股计划的公允价值为计量基础，将取得的服务计入相关资产成本或当期费用，同时计入资本公积中的股本溢价。

员工持股计划的评估主要参考期权的评估方法，与普通的期权相比，员工持股计划具有以下特点：一是企业与员工之间发生的交易；二是以获取员工服务为目的的交易；三是交易对价或其定价与企业自身未来价值密切相关。这些特点决定了员工持股计划公允价值评估的特殊性。评估实务中，一般可以采用布莱克—斯科尔斯模型或 Lattice 模型计算员工持股计划的公允价值。由于员工持股计划在授予后通常不能立即行权，应当履行一定服务期限或达到一定业绩条件才可行权，因此在评估员工持股计划的公允价值时，需要充分考虑服务期限等限制条件。只要员工满足了员工持股计划所有非市场条件，企业就应当确认已取得的服务，应考虑市场条件和服务条件的影响，确定员工持股计划的公允价值。同时，相关的限制条件无法满足时，员工持股计划无法行权，即并非所有的员工持股计划都能够最终行权。等待期内每个资产负债表日，企业应当根据最新取得的可行权员工人数变动等后续信息做出最佳估计，修正预计可行权的股票期权数量。在可行权日，最终预计可行权股票期权的数量应当与实际可行权数量一致。

第四节 其他长期资产评估

【微案例7-4】

某资产评估事务所为了掌握资产评估行业的前沿信息，为员工订购了《国际评估视野》期刊。这份期刊为月刊，订购一年的费用为72元，订购了5年，公司财务将这笔开支计入长期待摊费用。《国际评估视野》内容充实，包括行业建设、文化企业评估、证券市场与评估、评估案例、工作研究等多个栏目。该资产评估事务所的员工在阅读该期刊的过程中不仅掌握了评估行业的前沿信息，也提升了自身的理论功底和写作能力，逐渐成为评估业内的佼佼者。

请思考：如何进行长期待摊费用评估？

一、长期待摊费用的评估

（一）长期待摊费用的基本概念与特点

1. 长期待摊费用的基本概念

长期待摊费用是指企业已经支出，但摊销期限在1年以上（不含1年）的各项费用，包括开办费、租入固定资产的改良支出以及摊销期在1年以上的固定资产大修理支出、股票发行费用等。

2. 长期待摊费用的特点

（1）长期待摊费用是企业发生的摊销期限在1年以上的各种预付费用的集合，属于企业的长期资产。

（2）长期待摊费用是企业已经支出的各项费用，不能进行转让。企业的固定资产是有形资产，本身具有价值，可以对外转让，但是长期待摊费用一经发生就已经消费，虽然将其作为一项资产核算，但它只是一项虚资产，不能对外转让。

（3）长期待摊费用应能在以后会计期间受益。能够为企业带来经济利益是资产的一种特性，长期待摊费用也不例外。长期待摊费用为企业所带来的经济利益主要表现在以后的会计期间，且费用数额一般较大，受益期限较长。按照权责发生制的会计核算基础，长期待摊费用单独核算，并在各费用项目的受益期限内分期平均摊销。

（二）长期待摊费用的评估程序及清查核实方法

1. 长期待摊费用的评估程序

（1）了解长期待摊费用核算情况。获取长期待摊费用评估申报表，复核其合计的正确性，并检查其与明细账、总账及报表的勾稽关系；抽查大额长期待摊费用发生的原始凭证及相关文件、资料，以查核其发生额的合法性、真实性和准确性；抽查大额待摊费用受益期的有关文件、资料，了解长期待摊费用的摊销政策，并对其摊销进行复核计算，确认待摊费用受益期及其摊销额的计算是否正确。

（2）选择评估方法。对长期待摊费用的评估，评估方法的选择应该考虑评估目的实现后资产的占有情况和尚存情况、资料收集情况及长期待摊费用的构成情况，一般可采用费用分摊法、账面余额法。

（3）估算长期待摊费用的价值。经过上述评估程序，对长期待摊费用进行评估后，可得出相应的评估结果。

2. 长期待摊费用的清查核实方法

长期待摊费用的清查核实方法主要包括抽查原始凭证、抽查受益期的有关文件和对该摊销数据进行复核计算。

（三）长期待摊费用的评估方法

在评估长期待摊费用资产时，可以借鉴审计业务的思路，了解长期待摊费用合法性、合理性、真实性和准确性，了解费用支出和摊余情况，了解形成新资产和权利的尚存情况。其评估值要根据评估目的实现后资产的占有情况和尚存情况确定，而且需确认与其他评估对象没有重复计算的现象存在。按此原则，长期待摊费用一般采用费用分摊法和账面余额法。

1. 费用分摊法

对于尚存资产或者权利的价值，可以准确计算的某些预付性质和性质特殊的费用，可采用费用分摊法计算评估值。如租入固定资产的改良支出，由于其总的租赁费用、租期及尚存的使用期限均可以准确计算，故可按照其尚存情况采用费用分摊法计算评估值。

【例7-8】某企业拟进行股权转让，采用资产基础法评估时，其长期待摊费用余额150万元。其中，办公楼装修摊余费用90万元；租入固定资产改良支出费用发生总额240万元，摊余100万元。租赁协议约定固定资产租入期6年，已租入2年。由于办公楼装修费已在房屋建筑物评估中包含，则该企业长期待摊费用评估值为$240/6 \times 4 = 160$（万元）。

2. 账面余额法

对于尚存资产或者权利的价值难以准确计算的费用，可按其账面余额计算评估值。如股票发行费用，一般包括股票承销费、注册会计师费、评估费、律师费、公关及广告费、印刷费及其他直接费用等。股份有限公司委托其他单位发行股票支付的手续费或佣金减去发行股票冻结期间的利息收入后的相关费用，从发行股票的溢价中不够抵销的，或者无溢价的，作为长期待摊费用，在不超过2年的期限内平均摊销，计入管理费用。评估时可按其账面余额计算评估值。

对于在其他项目评估时已经一并考虑的费用，评估长期待摊费用时不得计算评估值。

如上例,由于办公楼装修费已经在房屋建筑评估中体现,故该部分的长期待摊费用评估值为零。

二、长期应收款的评估

(一)长期应收款的基本概念与特点

1. 长期应收款的基本概念

长期应收款指的是企业融资租赁产生的应收款项和采用递延方式分期收款、实质上具有融资性质的销售商品和提供劳务等经营活动产生的应收款项。

2. 长期应收款的特点

长期应收款既不是流动资产也不是固定资产,而是具有融资性质的金融资产,具体包括出租人融资租赁产生的应收租赁款,以及采用递延方式分期收款销售商品或提供劳务等经营活动产生的长期应收款。该款项是根据相关融资租赁合同或销售合同确定,并在一定的期限内按照一定的金额分期收取的租金或货款。

(二)长期应收款的评估程序及清查核实方法

1. 长期应收款的评估程序

(1)核对账证、账表。获取长期应收款评估申报表,并与明细账、总账、资产负债表进行核对;了解长期应收款项用途,收集大额长期应收款的合同、协议等资料;抽查相关会计凭证;对大额、重点长期应收款项实施函证。

(2)对长期应收款项进行减值测试,判断是否发生减值迹象。对长期应收款项的账龄进行分析,判断其可回收性,了解有无未能按照合同规定收款或延期收款现象,确认是否存在减值情况,并估计其可回收金额。

(3)估算可回收金额。对于已经确认发生了坏账损失或者减值准备的长期应收款,扣减坏账损失或者减值准备,按照可回收金额确认评估值。

2. 长期应收款的清查核实方法

(1)收集长期应收款的合同、协议。了解分析长期应收款的款项用途,收集与长期应收款相关的合同、协议,并查看长期应收款是否按照合同或协议的规定按期收款,核实长期应收款的真实性。

(2)函证。对大额、有疑问的长期应收款项进行函证,了解长期应收款的存在性及可回收性。

(3)抽查。抽查相关会计凭证,核实长期应收款发生的真实性。

(4)访谈。与相关财务人员、销售人员就长期应收款情况进行访谈,并做好访谈记录。

(5)调查。对付款方的经营情况进行调查,并判断其是否有偿还能力。

(三)长期应收款的评估方法

金融资产发生减值的客观证据是指金融资产初始确认后实际发生的、对该金融资产的预计未来现金流量有影响,且企业能够对该影响进行可靠计量的事项。

金融资产发生减值的客观证据包括:

(1) 债务人发生严重财务困难。
(2) 债务人违反了合同条款，如偿付利息或本金发生违约或逾期等。
(3) 债权人出于经济或法律等方面因素的考虑，对发生财务困难的债务人做出让步。
(4) 债务人很可能倒闭或进行其他财务重组。

评估实务中，判断发生了减值迹象的金融资产，应获取相关的支持性文件或依据。

对于有减值迹象的长期应收款，需要估计其预计未来现金流量现值。预计未来现金流量现值，应当按照该金融资产的原实际利率折现确定，原实际利率即初始确认该金融资产时确定的实际利率。如果预计未来现金流量现值低于账面值，证明发生了减值，则需要计提相应的减值准备，评估值为资产的账面值减记至预计未来现金流量现值。

$$长期应收款评估值 = 长期应收款账面余额 - 资产减值准备 \qquad (7-10)$$

【例7-9】2016年年初，甲公司以分期收款方式销售一批产品，长期应收款金额为2 000万元，约定分10年分期收取。经过对应收款项的可回收金额进行测试，相应的可收回金额为1 850万元，则应考虑150万元的资产减值准备，长期应收款评估值为1 850万元。

【例7-10】甲公司采用分期收款方式向乙公司销售一套大型设备，合同约定的销售价格为3 000万元，分5次于每年12月31日等额收取。企业依据合同约定的收款期安排测算该长期应收款折现值约1 800万元，并以1 800万元确认其公允价值，计入长期应收款科目。经评估专业人员核实，该设备销售后使用正常，且乙公司经营情况较好，无不能按期支付设备款的迹象，判断不存在坏账损失，故以核实后的账面值1 800万元确认该长期应收款的评估值。

【分析性案例：信用等级评价与企业债券发行】

信用评级是投资者获得风险提示最简单可靠的途径，可以大大缓解信息不对称带来的代理问题。但是由于我国资本市场的发展不够完善，我国对企业债券信用等级的评价存在评价结果虚高的问题，这导致了我国目前对债券信用等级评价的方式可能并不能充分反映债券存在的风险。

2012年5月，经中国证券监督管理委员会核准，珠海中富实业股份有限公司（股票代码：000659）公开发行了面值为5.9亿元的公司债券。根据《珠海中富实业股份有限公司2012年公司债券（第一期）发行公告》，珠海中富实业股份有限公司2012年公司债券（第一期）发行规模为5.9亿元，发行价格为每张人民币100元，发行利率为5.28%。当时，发行人的主体信用等级为AA，本期债券信用等级为AA。该次发行的债券称为"12中富01"债券。

2012年5月"12中富01"债券正式发行成功后，发行人珠海中富分别在2013年5月28日和2014年5月28日按时支付了当期应该支付的利息，债券的信用风险情况良好。然而，发行人珠海中富2012年和2013年却连续两年发生亏损，发行主体的信用风险已经逐渐显现出来。

"12中富01"债券本应于2015年5月28日到期，但在4月28日珠海中富的偿债保障专户还显示余额不足。针对这一情况，债券的受托管理人国泰君安证券股份有限公司在4月30日、5月10日、5月18日、5月19日和5月21日分别向投资者发布了信息披露和风险提示公告。2015年5月25日，珠海中富实业股份有限公司发布《2012年公司债券

(第一期）兑付利息及无法按时足额兑付本金的公告》正式宣布债券违约。根据公告，"12中富01"债券5.9亿元的本金将无法在原定兑付日按期全额支付，仅能支付债券本金1.48亿元以及利息3 115.2万元，违约本金占该债券总额的75%。最终，在原兑付日2015年5月28日，"12中富01"债券没有按期全额支付，仅支付本金人民币20 650万元，占该债券应付本金的35%，发生实质违约。目前仅能够按期支付债券本金1.48亿元以及利息3 115.2万元，本期兑付后还剩余4.42亿元本金未偿还，占本期债券总额的75%。[①]

【本章习题】

1. 你认为"12中富01"债券违约的可能原因有哪些？
2. 你认为"12中富01"债券违约带来的经济后果可能有哪些？
3. 你认为资产评估在债券信用等级评价中应发挥什么样的作用？如何发挥？

---

① 案例来源：杨倩云. 公司债违约案例分析及对完善我国信用评级的启示[D]. 杭州：浙江大学，2017.

第八章 流动资产评估

🔔 **学习目标**

通过本章学习,学生应了解流动资产评估特点和评估目的,熟悉实物类流动资产和非实物类流动资产的评估程序和清查核实方法,掌握流动资产的评估方法。

🔔 **学习重点与难点**

1. 流动资产评估特点、评估目的及评估方式;
2. 实物类流动资产评估程序及评估方法;
3. 非实物类流动资产评估程序及评估方法。

🔔 **导入情境**

獐子岛的扇贝去哪了?

獐子岛集团股份有限公司于1958年成立,2006年在深交所上市(证券代码:002069,简称:獐子岛)。曾先后被誉为"黄海明珠""海上蓝筹"等,公司已成长为国内最大的以水产增养殖为主,集海珍品育苗、增养殖、加工、贸易、海上运输于一体的综合性海洋食品企业。①

2014年10月,獐子岛公司发布公告称,因北黄海遭到几十年一遇异常的冷水团,公司100多亩即将进入收获期的虾夷扇贝绝收,将其于2011年、2012年价值7.35亿元的底播扇贝全部核销,并计提存货跌价准备2.83亿元。2018年年初,獐子岛又发布公告称部分海域的底播虾夷扇贝存货异常,最终亏损金额为6.20亿元。大华会计师事务所为獐子岛提供审计服务,在2014年10月18日、10月20日和10月25日对獐子岛2011年、2012年度投苗育种的生物资产进行盘点,监盘面积分别为757.90亩和740.49亩,大华会计师事务所认为獐子岛公司将存货核销计入营业外支出,计提跌价准备的会计处理方式非常正确。被曝光的"扇贝门"事件引起社会各界的热议;在整个事件中,除了獐子岛是否财务造假是大众关注的重点,大华会计师事务所的审计程序是否有效执行也是问题发生的关键

---

① 吴艳琴. 探讨獐子岛"扇贝劫"事件的原因及其反思[J]. 中国乡镇企业会计, 2015 (07): 277-278.

部分。① 同时也可以看到，对于生产性生物资产的审计存在较高的审计风险。

本次绝收的百万亩海域主要为2011年年底播，根据獐子岛集团在灾情发布会的说法，2011年年底播的苗种，公司自己培育的仅占10%，外购的达90%。而资料显示，2011年前后獐子岛曾集中爆发"采购猫腻"，当时负责采购扇贝苗的多为公司高层的亲属。在2012年，《每日经济新闻》曾报道，獐子岛扇贝苗种采购环节存在弄虚作假的现象。报道称，收购苗种的业务人员与养殖户达成私下协议"筐里压着砖头"，"每1亿元的苗种，实际可能只有6 000万"。此外，近四年獐子岛集团的多名高管和采购人员频繁更换，似乎也印证了"采购猫腻"。

除此之外，獐子岛存货占总资产比例长期较高。2006年上市当年的年底，獐子岛存货金额为3.89亿元，仅占总资产的31%，2007年之后，存货就长期占据总资产的半壁江山。存货金额在2009年6月和2011年6月分别突破10亿元和20亿元大关，2014年6月，已达28.3亿元（经本次核销后，9月底尚余16.96亿元）。在同行业中，獐子岛的存货占总资产的比例最高，其存货在不断增加，养殖规模在不断扩大，令人生疑的是其最近三年的营业收入不增反降，2011—2013年獐子岛虾夷、扇贝营业收入分别为11.8亿元、10.6亿元和9.58亿元，年均增长率为-9.9%。养殖规模与营业收入明显背道而驰，反映了其经营效率和盈利能力的下降，也使"虚增存货"的嫌疑加大。②

证监会于2014年12月5日就獐子岛集团的核查情况进行了说明："经证监会核查，未发现獐子岛2011年年底播虾夷扇贝苗种采购、底播过程中存在虚假行为；未发现大股东长海县獐子岛投资发展中心存在占用上市公司资金行为；獐子岛存在决策程序、信息披露以及财务核算不规范等问题。"核查结果将獐子岛事件定性为管理和内控的问题，而非财务造假。但这无法抹灭投资者和舆论的质疑，大量信心受挫的投资者在股市上"以脚投票"：2014年12月8日，獐子岛复盘即迎来连续两个跌停，三天之内市值蒸发多达22亿元，同时导致其他渔业上市公司普遍微跌。③

事后也有部分分析人士表示，在存货审计的过程中，如果大华会计师事务所能够聘请独立的资产评估专业人员对獐子岛的虾夷扇贝进行专业的价值判断，本案例中存在的问题可能会被避免。

第一节　流动资产评估的特点与程序

【微案例8-1】

小伟和小丽为夫妻，婚后各自经营一家个人独资公司，其中小伟的公司为X，主要资产为流动资产，小丽的公司为Y。经营几年过后，夫妻二人由于感情不和计划协议离婚。在签署协议之前的这一段时间里，小丽发现小伟已经把X公司几乎所有的流动资产转移到了他父母的名下，于是小丽便把小伟告上了法庭，要求小伟返还属于自己的流动资产（其余资产均已合理分配）。法官同意了小丽的请求，要求小伟偿还原本属于小丽的流动资产。

---

① 钱燕. 生物性资产审计问题的研究——以獐子岛扇贝为例 [J]. 财会学习, 2018 (15), 143-144.
② 吴艳琴. 探讨獐子岛"扇贝劫"事件的原因及其反思 [J]. 中国乡镇企业会计, 2015 (07), 277-278.
③ 吴艳琴. 探讨獐子岛"扇贝劫"事件的原因及其反思 [J]. 中国乡镇企业会计, 2015 (07), 277-278.

X公司的流动资产项目主要包括货币资金、交易性金融资产、应付账款和存货项目。根据不同流动资产项目的特点,评估师决定采用不同的评估途径对不同项目的流动资产进行评估,并最终为小丽讨回了公道。

请思考:如何进行流动资产评估?

一、流动资产的内容及特点

(一)流动资产的内容

资产按其流动性(变现能力)不同,分为流动资产和非流动资产。满足下列条件之一的,归类为流动资产。

(1)预计在一个正常营业周期中变现、出售或耗用。

(2)主要为交易目的而持有。

(3)预计在资产负债表日起一年内(含1年,下同)变现。

(4)自资产负债表日起一年内,交换其他资产或清偿负债的能力不受限制的现金或现金等价物。

流动资产一般包括库存现金、各种银行存款以及其他货币资金、交易性金融资产、应收票据、应收账款、预付账款、其他应收款、存货以及其他流动资产等。

现金是指企业的库存现金,包括企业内部各部门用于周转使用的备用金。交易性金融资产,是指企业为了近期内出售而持有的债券投资、股票投资和基金投资,以赚取差价为目的从二级市场购买的股票、债券、基金等均属于交易性金融资产。应收票据是指企业因销售商品、提供劳务等而收到的商业汇票。应收账款是指企业因销售商品、提供劳务等应向购货单位或受益单位收取的款项,是购货单位所欠的短期债务。待摊费用是指已经支出但应由本期和以后各期分别负担的各项费用。预付费用是指已经支付,但本期尚未受益或本期虽已受益,但受益期涉及多个会计期间的费用。存货是指企业在日常经营活动中持有以备出售的原料或产品,处在生产过程中的在产品,在生产过程或提供劳务过程中耗用的材料、物料、销售存仓等。

(二)流动资产的特点

与非流动资产相比较,流动资产具有循环周转速度快,变现能力强和占用形态同时并存又相继转化等特点。

1. 循环周转速度快

流动资产在使用中只参加一个生产经营周期或在一个会计年度内就改变其原有实物形态,并将其全部价值转移到所形成的商品中,构成成本费用的组成部分。

2. 变现能力强

各种形态的流动资产都可以在较短的时间内出售和变卖,具有较强的变现能力,是企业对外支付和偿还债务的重要保证。变现能力强是企业流动资产区别于其他资产的重要标志,一个企业拥有变现能力强的流动资产越多,企业对外支付和偿还债务的能力就越强,企业的经营风险就越小。

3. 占用形态同时并存又相继转化

企业再生产过程中,流动资产依次经过供产销三个阶段,分别采取货币资产、储备资产、生产资产和成品资产等形态，不断地循环流动。因此，企业的流动资产是以多种形态并存于企业生产经营过程的各个阶段。同时，各种形态的流动资产又按照生产经营过程的顺序相继转化，如此周而复始地形成流动资产循环和周转过程。

二、流动资产评估对象及评估特点

（一）流动资产评估对象

流动资产一般作为单独的评估对象，不需要以其综合获利能力进行综合性价值评估。一方面是由于流动资产有独特的运营方式，其价值变化的规律与别的资产存在差异，因而评估的技术特点也就不同；另一方面是由于流动资产在会计核算和会计报表中是独立的计量账户，它与流动负债配合，共同反映营运资金的状况，为投资人和债权人提供企业资产流动性的信息。

（二）流动资产评估的特点

（1）流动资产评估时点要尽可能与评估结论使用时点接近。由于流动资产的流动性和价值波动性，其资产的构成、数量以及价值总额随时都在变化，而评估是针对某一时点上的价值估算。因此，在评估实务中，一方面选择的评估时点要尽可能接近评估结论使用时点；另一方面要在规定的时点进行资产清查核实，避免重登和漏登。

（2）流动资产种类多，决定了在评估方法的选择和确定上，应重视对流动资产分类评估。流动资产一般具有数量大、种类多的特点，清查工作量大，所以流动资产清查应考虑工作成本。流动资产评估往往需要根据不同企业的生产经营特点和流动资产分布的情况，对流动资产分清主次，选择不同的方法进行清查和评估。

（3）流动资产评估实务受企业运营的影响较大。由于流动资产处于企业生产经营的实际运转中，进入现场评估会影响企业正常运转，因而通常更需要企业配合，在相对静止的条件下进行清查核实。流动资产种类繁多，许多价格信息只有通过会计资料才能获得，因此，流动资产评估的一个重要特点就是对企业会计账表进行可用性判断，在此基础上判断流动资产评估与这些会计程序、方法间的联系与区别。

（4）在正常情况下，流动资产的账面价值基本上可以反映出流动资产的现值。因此，在特定情况下，可以采用历史成本作为评估值。资产实体性贬值的计算也只适用于低值易耗品以及呆滞、积压流动资产的评估。评估流动资产时无须考虑资产的功能性贬值因素。

三、流动资产评估目的和评估方式

流动资产评估的目的：一是在企业产权变动，如企业改制、合资合作经营、联营等需要采用资产基础法对企业价值进行评估时，单独对各类流动资产进行评估。二是企业清算和资产变卖时，对所涉及的流动资产进行评估。三是保险索赔，对所涉及的流动资产进行评估。我国企业财产保险以企业的固定资产和流动资产为保险标的，索赔以保险责任范围内的标的损失及蔓延费用为依据，这就需要对所涉及的流动资产进行单独评估。四是清产核资。五是会计核算需要。六是其他经济行为中对所涉及的流动资产进行评估。

上述不同目的的资产评估，按照流动资产自身的特点，大致有三种情形。一是流动资产在企业持续经营条件下按在用用途使用。例如，在企业改制、合资合作经营和联营等产权变动的资产业务中,被估企业不改变生产经营方式、产品结构等,流动资产就可按在用用途评估。二是企业持续经营,而流动资产进入市场转移使用或出售。例如,企业产权变动后,生产经营方式、产品结构等进行调整,未来生产经营对被估流动资产的需求大大减少或不需要。三是因企业清算,要求流动资产快速变现,按快速变现净值评估流动资产。

第二节 实物类流动资产评估

【微案例8-2】

W企业是一家濒临破产的企业,但是注册会计师与资产评估师却对企业的偿债能力做出了不同的判断。债权人根据注册会计师出具的审计报告,判断W企业还有一定的偿债能力,因为W企业的账面净资产是正的。但是评估师给出的意见是W企业不具备偿债能力,这是什么原因呢?原因是W企业的存货积压数年,存在较大幅度的减值,其市场价值远远低于账面价值。这就体现出了资产评估的奥妙,同时也体现出了会计中历史成本计量的局限性。

请思考:如何进行存货的资产价值评估?

一、存货评估程序及清查核实方法

(一)确定评估范围,界定评估对象

存货评估范围和评估对象,由委托方根据评估对应的经济行为所涉及的资产范围确定,并通过评估委托合同予以约定,提供给评估机构。在评估实践中,对于企业产权变动的整体资产评估,企业账面核算的全部存货一般均为评估范围。对于单项存货评估,将委托方确定的存货资产范围清单作为评估范围。

(二)确定评估基准日

一般来说,特别是企业产权变动的整体资产评估,评估时点随同其他各单项资产的评估一同确定,至少需要考虑几个因素:一是与会计报表的时间尽可能接近,这是为了方便地利用会计信息;二是最好选择在评估工作期间或者与此临近的某个时点;三是尽可能地与资产变动的发生或生效的时间接近,以便保证评估结果的可用性,减少因价格调整而产生的工作量。

(三)清查核实

存货的清查盘点通常由委托方完成,并由委托方提供存货账表清单。评估专业人员如何利用这些资料,就成为评估工作的程序之一。根据委托方提供的存货账表清单,评估专业人员的主要工作内容有两项:一是核实存货的权属;二是通过抽查的方式来核实、验证存货账表清单与实际数量、状况的一致性。抽查的范围和比例,应根据委托方(或资产占有方)的管理水平以及评估对应的经济行为确定。

(四)选择评估方法及评定估算

存货评估方法的选择,一是根据评估目的,二是根据不同种类存货的特点。一般采用

的评估方法为市场法和成本法。如果其价格变动不大,则可以以账面核算成本为基础,分析估算存货价值。如果其价格变动较大,则以市场价格为基础分析得到存货的价值。

二、各类存货的评估方法

(一) 库存材料

根据待评估材料的特性和不同评估目的,选择成本法或市场法对库存材料进行评估。因为材料功效高低取决于其自身,而且是生产过程中的"消费性"资产,在发生投资行为情况下,仍可采用成本法和市场法。就这两种评估方法而言,在某种材料存在活跃市场、供求基本平衡的情况下,成本法和市场法可以替代使用。由于企业的库存材料品种繁多,且单位价值不等,评估实践中,评估专业人员可以按照一定的目的和要求,对材料按照 ABC 分析法进行排队,着重对重点材料进行评估。

对库存材料进行评估,可以根据材料购进情况的不同,选择相适应的评估方法。

1. 近期购进库存材料的评估

近期购进的材料库存时间短,在市场价格变化不大的情况下,其账面价值与现行市价基本接近。评估时成本法和市场法都可以选用。

【例8-1】甲企业中 A 材料系两个月前从外地购进,材料明细账的记载为:数量 5 000 千克,单价 500 元/千克,运杂费为 1 000 元。根据材料消耗的原始记录和清查,评估时库存尚有 2 000 千克。根据上述资料,可以确定该材料的评估值如下:

材料评估值 = 2 000 × (500 + 1 000/5 000) = 1 000 400 (元)

对于购进时发生运杂费的材料,如果是从外地购进的,因运杂费数额较大,评估时应将由被评估材料分担的运杂费计入评估值;如果是从本地购进的,因运杂费数额较小,评估时可以不考虑运杂费。

2. 购进批次间隔时间长、价格变化大的库存材料的评估

对这类材料评估时,可以采用最接近市场价格的材料价格或直接以市场价格作为其评估值。

【例8-2】乙企业要求对其库存的 B 材料进行价值评估。该材料分两批购进:第一批购进时间为上年 10 月,数量 1 000 吨,单价 3 800 元/吨;第二批购进时间为本年 4 月,数量 200 吨,单价 5 000 元/吨。本年 5 月 1 日进行价值评估,经核实,去年购进的该材料尚存 600 吨,本年 4 月购进的尚未使用。因此,需评估 B 材料的数量是 800 吨。经过分析,第二批购进材料的价格能够反映评估基准日时的市场价格水平,则可直接采用市场价格计算,评估值为:

B 材料的评估值 = (600 + 200) × 5 000 = 4 000 000 (元)

本例中,因评估基准日 5 月 1 日与本年 4 月购进时间较近,直接采用 4 月份购进材料价格作为评估值。如果近期内该材料价格变动很大,或者评估基准日与最近一次购进时间间隔期较长,期间价格变动较大,应采用评估基准日时的市场价格。另外,由于材料分期购入,且购买价格各不相同,企业采用的存货计价方式不同,其账面余额也就不一样。但需要特别注意的是,存货计价方式的差异不应影响评估结果。评估时关键是核查库存材料在评估基准日时的实际数量,并按最接近市场的价格估算其评估值。

3. 缺乏准确现价的库存材料评估

企业库存的某些材料购进的时间早，市场已经脱销，目前无明确的市场价格信息可供参考或使用。对此评估，可以通过寻找替代品的价格变动资料修正材料价格；也可以在分析市场供需的基础上，确定该项材料的供需关系，并以此修正材料价格；还可以通过市场同类商品的平均物价指数进行评估。

4. 呆滞材料价值的评估

呆滞材料是指从企业库存材料中清理出来，需要进行处理的材料。由于这类材料长期积压，可能会因为自然力作用和保管不善等原因而造成使用价值的下降。对这类材料的评估，首先应对其数量和质量进行核实和鉴定，然后区分不同情况进行评估。对其中失效、变质、残损、报废、无用的，应通过分析计算，扣除相应的贬值额后确定评估值。

（二）低值易耗品

低值易耗品与固定资产都属于企业的劳动工具，但固定资产是主要劳动资料。尽管财务制度规定了划分固定资产和低值易耗品的一般标准，但不同行业对二者的划分标准却是不完全相同的。因此，在评估过程中判断劳动资料是否为低值易耗品，原则上视其在企业中的作用而定，一般可尊重企业原来的划分方法。同时，低值易耗品又是特殊流动资产，与典型流动资产相比，它具有周转时间长、不构成产品实体等特点。掌握低值易耗品的特点是做好低值易耗品评估的前提。

低值易耗品种类较多，为了评估需要，可以对其进行必要的分类。一般按其用途和使用情况分类。

（1）按低值易耗品用途分类。按用途，低值易耗品可以分为一般工具、专用工具、替换设备、管理用具、劳动保护用品、其他低值易耗品等。

（2）按低值易耗品使用情况分类。按使用情况，低值易耗品可以分为在库低值易耗品和在用低值易耗品两类。

上述第一种分类的目的在于可以按大类进行评估，以简化评估工作；第二种分类则是考虑了低值易耗品使用的具体情况，直接影响评估方法的选用。

在库低值易耗品的评估，可以根据具体情况，采用与库存材料评估相同的评估方法。在用低值易耗品，可以采用成本法进行评估。计算公式为：

$$在用低值易耗品评估值 = 全新低值易耗品重置价值 \times 成新率 \quad (8-1)$$

其中，全新低值易耗品重置价值，可以直接采用其账面价值（价格变动不大的情况下），也可以采用现行市场价格确定，有时还可以在账面价值基础上乘以其物价变动指数确定。

在对低值易耗品评估时，由于其使用期限短于固定资产，一般不考虑其功能性损耗和经济性损耗，其成新率计算公式为：

$$成新率 = (1 - 低值易耗品实际使用期限 / 低值易耗品预计使用期限 \times 100\%) \quad (8-2)$$

对低值易耗品采用摊销的方式将其价值转入成本、费用，摊销的目的在于计算成本、费用。但是，低值易耗品的摊销在会计上采用了较为简化的方法，这并不完全反映低值易耗品的实际损耗程度。因此，低值易耗品成新率应根据实际损耗程度确定，而不能简单按照摊销方式确定。

【例 8-3】 丙企业 C 低值易耗品原价 750 元，预计使用 1 年，现已使用 9 个月。该低值易耗品现行市价为 1 200 元，由此确定其评估值为：

在用低值易耗品评估值 = 1 200 ×（1 - 9/12）= 300（元）

（三）在产品

在产品包括生产过程中尚未加工完毕的在制品、已加工完毕但不能单独对外销售的半成品。在产品可采用成本法和市场法进行评估。

1. 成本法

根据技术鉴定和质量检测的结果，按评估时的相关市场价格、费用水平重置同等级在产品及自制半成品所需投入合理的料工费估算评估值。这种评估方法只适用于生产周期较长的在产品的评估。对生产周期短的在产品，主要以其发生成本作为价值估算依据，在没有变现风险的情况下，可根据其账面值进行调整。主要包括根据价格变动系数调整成本计算评估值、按社会平均消耗定额和现行市价计算评估值和按在产品的完工程度计算评估值。

2. 市场法

按同类在产品和半成品的市价，扣除销售过程中预计发生的相关费用后计算评估值。一般来说，被评估资产通用性好，能用于产品配（部）件更换或用于维修等，评估价值就比较高。对不能继续生产，又无法通过市场调剂出去的专用配件等只能按废料回收价格进行评估。计算评估值的基本公式为：

某在产品评估值 = 该种在产品实有数量 × 市场可接受的不含税的单价
 - 预计销售过程中发生的费用　　　　　　　　　　　　（8-3）

【例 8-4】 甲企业因产品技术落后而全面停产，现准备与 M 公司合并，有关在产品的资料如下。

在产品原账面记录的成本为 175 万元。按其状态及通用性分为三类：

第一类，已从仓库中领出，但尚未进行加工的原料；

第二类，已加工成部件，可通过市场销售且流动性较好的在产品；

第三类，加工成的部件无法销售，又不能继续加工，只能报废处理的在产品。

对于第一类，可按实有数量、技术鉴定情况、现行市场价格计算评估值；第二类在产品可根据市场可接受的现行价格、调剂过程中的费用、调剂的风险确定评估值；第三类在产品只能按废料的回收价格计算评估值。

根据评估资料可以确定评估结果，如表 8-1、表 8-2、表 8-3 所示。

表 8-1　车间已领用尚未加工的原材料

材料名称	编号	计量单位	实有数量	现行市场价格	按市价估算的资产价值/元
黑色金属	A001	吨	150	1 600 元/吨	240 000
有色金属	A002	千克	3 000	18 元/千克	54 000

续表

材料名称	编号	计量单位	实有数量	现行市场价格	按市价估算的资产价值/元
有色金属	A003	千克	7 000	12元/千克	84 000
合计					

表8-2 车间已加工成部件并可直接销售的在产品

部件名称	编号	计量单位	实有数量	现行单位市价	按市价估计的资产价值/元
A	B001	件	1 800	54元/件	97 200
B	B002	件	600	100元/件	60 000
C	B003	台	100	250元/台	25 000
D	B004	台	130	165元/台	21 450
合计					203 650

表8-3 报废在产品

名称	计量单位	实有数量	可回收废料/(千克·件$^{-1}$)	可回收废料/(千克)	回收价格/(元·千克$^{-1}$)	评估值/元
D001	件	5 000	35	175 000	0.4	70 000
D002	件	6 000	10	60 000	0.4	24 000
D003	件	4 500	2	9 000	6	54 000
D004	件	3 000	11	33 000	5	165 000
合计						313 000

(四) 产成品及库存商品

产成品及库存商品包括已完工入库和已完工并经过质量检验但尚未办理入库手续的产成品以及商品流通企业的库存商品等。根据其变现能力和市场可接受的价格进行评估，适用的方法有成本法和市场法。

1. 成本法

采用成本法对生产及加工工业的产成品评估，主要根据生产、制造该项产品发生的成本费用确定评估值。具体应用过程中，可分以下两种情况进行。

(1) 评估基准日与产成品完工时间较接近。当评估基准日与产成品完工时间较接近，成本变化不大时，可以直接按产成品账面成本确定其评估值。计算公式为：

$$产成品评估值 = 成品数量 \times 产成品账面单位成本 \qquad (8-4)$$

(2) 评估基准日与产成品完工时间间隔较长。当评估基准日与产成品完工时间间隔较长，产成品的成本费用变化较大时，产成品评估值可按下列两种计算方法计算。

方法一：

产成品评估值 = 产成品实有数量 × [合理材料工艺定额 × 材料单位现行价格 +
　　　　　　　合理工时定额 × 单位小时合理工时工资、费用（含借款费用）]

$$(8-5)$$

方法二：

产成品评估值 = 产成品实际成本 × [材料成本比例 × 材料综合调整系数 +
　　　　　　　工资、费用（含借款费用）成本比例 × 工资、费用综合调整系数]

$$(8-6)$$

【例 8-5】某资产评估公司对 K 企业进行资产评估。经核查，该企业产成品实有数量为 1 200 件，根据该企业的成本资料，结合同行业成本耗用资料分析，合理材料工艺定额为 500 千克/件，合理工时定额为 20 小时/件。评估时，生产该产成品的材料价格上涨，由原来的 60 元/千克涨至 62 元/千克，单位小时合理工时工资、费用不变，仍为 15 元/小时。根据上述分析和有关资料，可以确定该企业产成品评估值为：

产成品评估值 = 1 200 × (500 × 62 + 20 × 15) = 37 560 000（元）

【例 8-6】某企业产成品实有数量 60 台，每台实际成本 58 元，根据会计核算资料，生产该产品的材料费用与工资、其他费用的比例为 60∶40，根据目前价格变动情况和其他相关资料，确定材料综合调整系数为 1.15，工资、费用综合调整系数为 1.02。由此可以计算该产成品的评估值为：

产成品评估值 = 60 × 58 × (60% × 1.15 + 40% × 1.02) = 3 821.04（元）

2. 市场法

(1) 应用市场法评估产成品价值，在选择市场价格时应注意考虑下列因素：

①库存商品的使用价值。根据对产成品本身的技术水平和内在质量的技术鉴定，确定产成品是否具有使用价值以及产品的实际等级，以便选择合理的市场价格。

②分析市场供求关系和被评估产品的前景。

③所选择的价格应是在公开市场上所形成的近期交易价格。非正常交易价格不能作为评估的依据。

④对于产品技术水平先进，但产成品外表存有不同程度的残缺的情况，可根据其损坏程度，通过调整系数予以调整。

(2) 如何处理利润和税金。采用市场法评估产成品时，现行市场价格中包含了成本、税金和利润等因素，如何处理待实现的利润和税金，是一个不可忽视的问题。对这一问题应作具体分析，视产成品评估的特定目的和评估的性质而定。

第三节　货币资金及债权类流动资产评估

【微案例 8-3】

股市是经济的晴雨表，股市中个股的股价变动会给大盘带来影响，同时特定投资者的单一决策也会对个股的价格走势产生影响，这也会给评估师某些股价或交易性金融资产的估值带来难度。R公司是一个市值高达 3 000 亿元的大公司，其董事长的儿子 S 是当地有名的高富帅。M 公司也是当地一家成功的大公司，几个月前以 100 亿元购入了 R 公司 0.5% 的股份，计入交易性金融资产。M 公司董事长的女儿 D 也是当地人人皆知的白富美，且与 S 是情侣，但两人在交往的过程中，由于"三观"不匹配，S 向 D 提出了分手。M 公司的董事长得知此事后震怒，立马召开董事会并在极短的时间内抛售了其所持有的 R 公司的所有股票。在这段时间内由于供大于求，导致 R 公司股票价格大跌。

请思考：如何进行非实物流动资产评估？

一、非实物类流动资产评估程序

非实物类流动资产是指除存货外的其他流动资产。非实物类流动资产评估程序主要有：

（1）了解账项核算具体内容。
（2）抽查核实账面记录的正确性。
（3）选择相应的评估方法。
（4）评定估算。

二、非实物类流动资产的清查核实方法

非实物类流动资产的清查核实方法，视不同的资产种类有所不同。常用的清查核实方法有盘点、函证、抽查、访谈等。

（一）盘点

盘点一般用于库存现金的清查核实。库存现金盘点，是证实资产负债表中或申报的资产评估明细表中所列现金是否存在的一项重要评估程序。库存现金盘点通常是指对已收到但未存入银行的现金、零用金、找换金等进行的盘点。盘点现金时，应注意以下问题。

（1）复盘时，必须要求现金出纳人员始终在场。
（2）对于盘点中发现的充抵库存现金的借条、未作报销的收据和发票，要在"库存现金盘点表"中加以说明。
（3）盘点完毕，现金退回给出纳人员时，应取得出纳人员签字的收条或由出纳人员在盘点表上注明已收回盘点的现金。
（4）对于存放在不同地点的库存现金，应将全部现金打上封条，并同时盘点，以避免企业将已盘点的现金转移为未盘点现金。

（二）函证

函证是注册会计师获取审计证据的重要审计程序，多用于执行审计和验资业务，如对应收账款余额或银行存款，通过直接来自第三方对有关信息和现存状况的声明，获取和评价审计证据的过程。通过函证获取的证据可靠性较高，因此，函证是受到高度重视并被经常使用的一种重要程序，也是评估专业人员对资产进行清查核实，获取评估依据的重要评估程序。

评估实践中，特别是对于国有资产规定、上市公司并购及重大资产重组规定有要求，同时开展财务审计工作的评估项目，可以充分考虑与注册会计师函证程序的衔接。考虑到评估工作效率，评估专业人员可以与注册会计师共同确定函证范围和比例，共同实施函证

工作。在确定函证范围和比例时，应充分考虑满足评估工作的需要以及相关评估准则的要求。

（三）抽查

凭证抽查是注册会计师审计工作中一项非常普遍却又十分重要的程序，也是评估工作中一项十分重要的评估程序。会计科目或资产类型不同，凭证抽查所关注的内容就不一样。银行存款凭证抽查，特别是各种银行进账单，对于日期、双方账户、金额、银行业务章等的查看，都是十分重要的。取得应收款权利，查看发票的购货方是否与记账凭证上的明细单位一致；收回应收款，查看进账单的付款方与记账凭证的明细单位是否一致。存货的购入，查看发票类型，确定进项税是否可以抵扣；查看发票日期及存货入库单日期，确定存货是否存在跨期；各种形态流动资产，查看内部领料单或者出库单的日期，防止跨期，等等。这些是存货凭证抽查的重要内容。固定资产的购入，查看发票类型，确定税额是否可以抵扣；查看发票时间（或提货时间），确定开始计提折旧的日期；查看发票购方，确定是否为被评估企业，等等。这些是固定资产凭证抽查的重要内容。收到借款，着重关注借款单上的借款日期、借款期限、借款利率，这些都是测算利息支付是否合理的依据。

（四）访谈

评估工作需要了解的信息，与被评估企业相关资产管理人员进行集中或一对一的访问、交谈，可以极大地帮助评估专业人员取得系统的信息，特别是账项核算的内容。一方面，可以提高评估工作效率；另一方面，可以发现相关记录未记录的问题，掌握评估信息，防范评估执业风险。例如，就应收账款评估明细表中的有关记录，向企业有关人员进行访问，迅速了解账项核算的内容，并配合抽查凭证，有效完成清查核实工作。

三、主要非实物流动资产的评估方法

（一）货币资金

货币资金不会因时间的变化而发生变化，只存在不同币种的换算和不同货币资金形态的转换，因此，不存在价值估算，而仅仅需要核实数额。对现金的评估，实际上是通过对现金的盘点，与现金日记账和现金总账核对，确认现金数额；对各项银行存款的评估，实际上是通过银行函证与核对，核实各银行存款的实有数额，最后，以核实后的实有数额作为评估值；对于外币的价值评估，一般按评估基准日时的汇率换算成等值人民币。

（二）应收款项

应收款项的经济特点是债权以明确的货币金额量化，无论是否约定偿债期，到期偿还的债务额都是事前形成、约定的，如企业生产经营过程中由于赊销等原因形成的尚未支付的货款，因债务方已经收到货物，自然形成需要偿还的债务。这决定了应收款项评估具有如下特点：因债权金额是事前形成、约定的，评估不是对债权金额的重新认定；应收款项评估的是"风险损失"；应收款项评估的是"未来现金资产"。

从上述特点不难看出，应收款项评估的本质是对款项回收的"风险损失"和"未来回收价值现值"的判断，应收款项评估应该是"风险损失的预计"和"未来回收价值现值"的确定，而不是对应收账款账面记录的重新估计。

应收款项评估价值估算的基本公式为：

应收款项评估价值＝应收款项账面余额－已确定的坏账损失－预计可能发生的坏账损失

$$(8-7)$$

也就是说，根据对应收款项可回收性的判断，预计风险损失，然后用款项的账面余额减去预计的风险损失，得出应收款项的评估价值。

应收款项评估的程序和方法如下。

1. 确定应收款项账面余额

确定应收款项账面余额，一般采取账证账表核对、函证、抽查凭证等方法，查明每项款项发生的时间、发生的经济事项和原因、债务人的基本情况（信用和偿还能力），作为评估预计风险损失的依据。

在评估实践中，需要注意对集团内部独立核算单位之间的往来，必须进行双向核对，避免重计、漏计。此外，同时进行财务审计工作的项目，如企业改制设立公司评估项目，应与注册会计师审定调整后的账面余额核对一致，避免重评、漏评。

2. 确认已发生的坏账损失

坏账是指企业无法收回或收回的可能性极小的应收款项。发生坏账而产生的损失，称为坏账损失。已经发生的坏账损失，是指评估时有确切证据证明全部或部分金额确实无法收回。评估操作中，判断作为已发生的坏账损失，应取得下列工作底稿。

（1）法院的破产公告和破产清算的清偿文件。

（2）法院的败诉判决书、裁决书，或者胜诉但被法院裁定终（中）止执行的法律文书。

（3）工商部门的注销、吊销公示信息。

（4）政府部门有关撤销、责令关闭的行政决定文件。

（5）公安等有关部门的死亡、失踪证明。

（6）逾期三年以上及已无力清偿债务的确凿证明。

（7）与债务人的债务重组协议及其相关证明。

（8）其他相关证明。

已发生的坏账损失，直接从应收款项中扣减。

3. 确定可能发生的坏账损失

在评估实践中，对于有充分理由和证据表明无回收风险的、有确切证据表明无法回收的和符合有关管理制度应予以核销的应收账款，是相对容易的。而对很可能收不回部分款项的，需要一定的分析判断方法。对很可能收不回部分款项的坏账损失的预计，实际上是对未来的判断，坏账损失并未在评估基准日现实发生，因而确切地说属于预测的范畴。

一般来说，确定可能发生的坏账损失，首先根据企业与债务人的业务往来和债务人的信用情况，将应收款项分类，然后按分类情况估计坏账损失发生的可能性及其数额。

应收款项一般分为以下四类。

第一类，业务往来较多，债务人结算信用好。

第二类，业务往来少，债务人结算信用一般。

第三类，偶然发生业务往来，债务人信用状况未能调查清楚。

第四类，有业务往来，但债务人信用状况较差，有长期拖欠货款的记录。

对预计坏账损失的估计方法主要有包括坏账比例法和账龄分析法。

(三) 应收票据

应收票据可以采取下列两种方法进行评估。

1. 按票据的本利和计算

票据价值就是票据的到期值，不带息票据为票据的面值；带息票据为票据到期的本利和金额。因此，应收票据的评估价值为票据的面值加上应计利息。其计算公式为：

$$应收票据评估值 = 本金 \times (1 + 利息率 \times 时间) \qquad (8-8)$$

【例8-7】某企业拥有一张期限为6个月的商业汇票，本金75万元，月息为10‰，评估基准日离付款期尚差3.5个月的时间，由此确定评估值为

应收票据的评估值 = 750 000 × (1 + 10‰ × 2.5) = 768 750 (元)

2. 按应收票据的贴现值计算

贴现是持票人持未到期的应收票据，通过背书手续，请银行按贴现率从票据价值中扣取贴现日起到票据到期日止的贴息后，以余额兑付给持票人。票据到期值与贴现收到金额之间的差额，叫作贴息或贴现息，通常记作财务费用。贴息的数额根据票据的到期值按贴现率及贴现期计算。其计算公式为：

$$应收票据评估值 = 票据到期价值 - 贴现息 \qquad (8-9)$$
$$贴现息 = 票据到期价值 \times 贴现率 \times 贴现期 \qquad (8-10)$$

【例8-8】某企业向甲企业售出一批材料，价款500万元，商定6个月收款，采取商业汇票结算。该企业于4月10日开出汇票，并经甲企业承兑。汇票到期日为10月10日。现对该企业进行评估，基准日为6月10日。由此确定贴现日期为4个月(120天)，贴现率按月息6‰计算。则有

贴现息 = 500 × 6‰ × 4 = 12 (万元)

应收票据评估值 = 500 - 12 = 488 (万元)

与应收账款类似，如果被评估的应收票据系在规定的时间内尚未收回的票据，由于会计处理上将不能如期收回的应收票据转入应收账款账户，此时，按应收账款的评估方法进行价值评估。

(四) 待摊费用和预付费用

1. 待摊费用

待摊费用本身不是资产，而是已耗用资产的反映，从而本身并不是评估的对象。但是，费用的支出可以形成一定形式的实物资产和享用服务的权利及其他无形资产，这种有形或无形的资产只要存在，已付出的费用就有价值。因此，对于待摊费用的评估，一般是按其形成的具体资产价值来分析确定。

例如，某企业待摊费用中，发生的待摊修理费用1万元，而在机器设备评估时，由于发生大修理费用会延长机器设备寿命或增加其功能，使机器设备评估值增大，因此，待摊费用1万元已在机器设备价值中得以体现，而在待摊费用中就不应重复体现。

待摊费用价值只与资产和权益的存在相关，与摊余价值没有本质的联系。如果待摊费

用所形成的资产和权益已经消失,无论摊余价值有多大,其价值都应该为零。

2. 预付费用

预付费用与待摊费用类似,只是这类费用在评估基准日之前已经支付,但在评估基准日之后才能发挥作用,产生效益。因而,如果预付费用的效益已经在评估基准日之前全部体现,只因发生的数额过大而采用分期摊销的办法,那么这种预付费用评估一般为零。只有那些在评估基准日之后仍将发挥作用的预付费用,才有相应的评估价值。

【例8-9】某资产评估公司受托对某企业待摊费用和预付费用进行单项评估,评估基准日为2016年6月30日。截至评估基准日,待摊费用和预付费用账面余额为86.78万元,其中有预付1年的保险金7.56万元,已摊销1.89万元,余额为5.67万元;尚待摊销的低值易耗品余额39.71万元;预付的房租租金25万元,已摊销5万元,余额为20万元。根据租约,起租时间为2015年6月30日,租约终止期为2020年6月30日。根据上述资料进行如下评估:

(1) 预付保险金的评估。根据保险金全年支付数额计算每月应分摊数额为:

每月分摊数额 = 75 600 ÷ 12 = 6 300(元)

应预留保险金(评估值) = 6 300 × 6 = 37 800(元)

(2) 未摊销的低值易耗品的评估。低值易耗品根据实物数量和现行市场价格评估,评估值为412 820元。

(3) 租入固定资产租金的评估。租入固定资产的价值按租约规定的租期和5年总租金评估。租赁的房屋尚有4年使用权。

评估值 = 50 000 × 4 = 200 000(元)

评估结果为:37 800 + 412 820 + 200 000 = 650 620(元)

【分析性案例:在产品价值评估与存货跌价准备】

在会计核算过程中和资产评估实务中,存货的范围比较宽,有在途物资、原材料、包装物、在产品、低值易耗品、库存商品、产成品,委托加工物资、受托代销商品、分期收款发出商品等。存货的跌价准备有时需要应用评估技术,此外,存货的跌价准备对存货的评估值影响较大。存货是否需要计提跌价准备,关键取决于存货所有权是否属于本企业、存货是否处于加工或使用状态。凡是所有权不属于本公司所有的存货,不需要计提存货跌价准备,如受托代销商品;凡是处于加工或使用过程中的存货不需要计提存货跌价损失,如委托加工物资、在产品(存货实物形态及数量不容易确定)、在用低值易耗品(价值低且已摊入成本)等。

存货跌价准备的转回。企业应在每一资产负债表日,比较存货成本与可变现净值,计算出应计提的存货跌价准备,再与已提数进行比较,若应提数大于已提数,应予补提。企业计提的存货跌价准备,应计入当期损益(资产减值损失)。当以前减计存货价值的影响因素已经消失,减计的金额应当予以恢复,并在原已计提的存货跌价准备金额内转回,转回的金额计入当期损益(资产减值损失)。以上的会计记录都是评估过程中的重要依据。

【本章习题】

1. 被评估对象为1 000件在产品,完工程度为80%,此时账内产成品价值为每件100元,其中原材料占60%,工资费用占25%,制造费用及其他费用占15%。清查鉴定后有

100 件为废品，可回收价值为 1 000 元。经调查了解，在评估基准日，原材料、人员工资、制造及其他费用的价格水平分别是企业入账时的 1.1 倍、1.2 倍和 1.12 倍。不考虑其他因素，求其评估值。

2. 甲企业被其他企业兼并，生产全面停止，现对其库存的在产品 A、B、C 进行评估。有关的评估资料如下：

(1) 在产品 A 已从仓库中领出，但尚未进行加工处理。这批在产品 A 共有 800 件，账面价值为 25 000 元，经调查，该在产品如完好无损地出售，单位市价为 50 元/件。

(2) 在产品 B 已加工成部件，共有 500 件，账面价值为 5 500 元。据调查了解，该在产品的市场可接受价格为 10 元/件。

(3) 在产品 C 已加工成部件，账面价值为 3 000 元，但是对于兼并后的企业来说，在产品 C 已经没有继续加工的价值。经分析，该在产品只能作为报废的在制品处理，可回收的价格为 700 元。

根据以上资料，试用市场法确定该企业在产品的评估值。

3. 某企业评估化工类库存材料，经核实材料库存量为 100 吨，原始购入成本为 200 万元，根据进货情况，材料的平均库存期为 3 个月。经技术鉴定，其中的一种材料已全部报废，数量为 2.5 吨，购进单价为 2 万元，无回收价值。根据有关权威部门公布的信息，该类材料每月价格上涨系数为 2%，试确定该类化工原料的评估值。

第九章 企业价值评估

🔔 学习目标

通过本章学习,学生应能够掌握企业价值评估的基本概念、原则、原理、基础性评估方法和技巧。

🔔 学习重点与难点

1. 企业价值评估基本概念、基本原则和影响因素;
2. 企业价值评估的评估对象和评估范围,以及企业价值评估信息的分析;
3. 企业价值评估中的评估方法应用。

🔔 导入情境

阿里巴巴美国上市

阿里巴巴于2014年9月19日成功在美国纳斯达克证券交易所上市,发行价格为每股68美元,通过此次IPO,阿里巴巴募集250.3亿美元,创下美股历史最大IPO记录,实现融资250.3亿美元。上市当日收盘价为93.89美元,与发行价相比上涨38.07%,按照收盘价计算,阿里巴巴市值为2 314亿美元,远超亚马逊、Facebook等互联网公司,仅次于苹果、谷歌、微软,成为全球"第四贵"的高科技公司和"第二贵"的互联网公司。

阿里巴巴最初选定上市地点为香港,但是由于其双重股份结构不符合香港市场所坚持的同股同权制度,未能达成所愿,转而选择美国纽约证券交易所作为上市地点。2014年6月,阿里巴巴向美国证券交易委员会提交IPO申请文件,计划融资10亿美元;9月8日,阿里巴巴开始全球路演。9月19日,阿里巴巴正式IPO,首发价格为68美元。阿里巴巴的上市可谓举世瞩目。阿里巴巴早在提交招股说明书前,就吸引来大量的分析师和投资者开始对其价值进行研究,然而各方对阿里巴巴的估值差异非常大。英国《金融时报》甚至在2014年4月22日刊登了一篇名为《难估值的阿里巴巴》的文章,对市场上对阿里巴巴估值的著名案例进行梳理和整理。根据这篇文章的报道,估价师对阿里巴巴的估值从800亿美元到1 500亿美元不等。

国外著名投资网站Seekingalpha分析师、纽约大学金融系教授、传奇估价专家阿斯沃斯·达摩达兰（Aswath Damodaran），根据2014年8月24日发布的招股说明书等文件，在其《阿里巴巴：中国式财富故事？》一文中，阐述了他对阿里巴巴的估值过程。达摩达兰主要通过CAPM、固定增长模型、自由现金流量来为阿里巴巴IPO定价，根据对阿里巴巴经营战略、经营利润、财务状况的分析，最终推断，阿里巴巴经营性资产价值是1 274.8亿美元，拥有现金78.76亿美元，对其他公司持有股份20.87亿美元以及支付宝30亿美元，这些资产减去66.7亿美元的负债以及31.9亿美元的员工期权，得到的价值是1 305.9亿美元，加上IPO募集资金（传言250亿美元），公司净资产为1 555.9亿美元，按照发行股票数2 368 670 000计算，每股股价是65.68美元。①

除了现金流量法估算企业价值，理论上讲，将阿里巴巴与竞争对手相比来计算其估值是最简单、可靠的方法。但问题是，缺乏有关阿里巴巴的足够信息，且真正能与阿里巴巴相对比的企业也少之又少。其中，最常见的是将阿里巴巴与Facebook、腾讯和亚马逊相对比。Facebook在业务方面与阿里巴巴相差最远，但两家公司有一些类似的发展经历。至于腾讯，如果投资者认为中国所有大型互联网公司都差不多，则两家公司确实具有可比性。至于亚马逊，两家公司都在销售商品，但模式不同。相比之下，日本的乐天（Rakuten）可能最适合与阿里巴巴直接对比。与阿里巴巴一样，乐天也运营着一个在线市场，并不销售商品，而是收取佣金。当前，投资者所掌握的阿里巴巴的唯一信息来自雅虎的季度财报。据雅虎提交给美国证券交易委员会的财报显示，阿里巴巴2013年的利润为35亿美元。基于2013年利润，Facebook的市盈率为100倍，亚马逊为500倍，腾讯为50倍，乐天为40倍。基于上述市盈率，对比阿里巴巴2013年的利润，其估值在1 410亿美元至1 760亿美元之间。②

你认为可以采用哪些方法为阿里巴巴股票发行定价？

第一节 企业、企业价值与企业价值评估

【微案例9-1】

江湖上流传着"三个苹果改变人类"的故事，其中被咬了一口的那个苹果价值10.5万亿美元，成为世界上最贵的苹果。那么是什么创造了10.5万亿美元的价值呢？首先，毋庸置疑苹果是个优秀的高科技公司，拥有强大的核心技术和众多的专利，但更为重要的是苹果的品牌代表着一种时尚潮流，似乎苹果的产品已成为"潮人"标配，这样独特的社会心理利益使得许多人都想拥有一款苹果新机；其次，苹果产品的确为用户带来了良好的使用体验，最为经典的"iPhone 4"更是以其流畅的iOS系统和4英寸完美手感重新定义的智能手机，成为行业标杆；根据Brand Finance公司发布的数据，苹果公司曾连续5年蝉联全球品牌价值榜首，独特的品牌形象、极致的客户体验为客户带来功能性利益、体验利益和社会心理利益，延伸了其产品的内在属性和外在属性，在此基础上，形成巨大的品牌溢价，也成为苹果公司一项价值来源。

请思考：你为什么愿意购买"苹果三件套"？你认为苹果公司最为重要的价值来源是什么？

---

① http://www.laohucaijing.com/Www_detail/index/15468/.
② http://tech.qq.com/a/20140421/021777.htm.

一、企业概述

企业是社会生产力发展到一定阶段的产物，不同的流派从不同的角度去把握企业的性质，形成了关于企业定义的诸多观点。从资产评估和企业价值评估的角度，可以把企业看作是以盈利为目的，按照法律程序建立起来的经济实体。从形式上它体现为在固定地点的相关资产的有序组合；从功能上和本质上讲，企业是由构成它的各个要素资产围绕着一个系统目标，保持有机联系，发挥各自特定功能，共同构成一个有机的生产经营能力载体和获利能力载体，以及由此产生的相关权益的集合。从这个角度的企业定义中不难发现，现代企业不仅是一个经营能力和获利能力的载体，以及由此产生的相关权益的集合，而且是按照法律程序建立起来的并接受法律法规约束的经济组织。企业作为一类特殊的资产也有其自身的特点。

（一）营利性

企业作为一个经济组织，说明企业经营的目的就是盈利。为了达到盈利的目的，企业需要在既定的生产经营范围内，以其生产能力或服务能力为主线，将若干要素资产有机组合并形成相应的生产经营结构和功能。

（二）持续经营性

企业要获取盈利，必须进行经营，而且要在经营过程中努力降低成本和费用，延长企业生命周期。为此，企业要对各种生产经营要素进行有效组合并保持最佳利用状态。影响企业生产经营要素最佳利用的因素很多，持续经营是一个重要方面。

（三）整体性

企业的整体性是企业作为一项特殊的资产区别于其他资产的一个重要特征。构成企业的各个要素虽然具有不同性能，但只有在特定系统目标下构成企业整体，各个要素资产功能才可能会产生相互作用。因此，企业的各个要素资产可以被整合为具有良好整体功能的资产综合体。当然，即使构成企业的各个要素资产的个体功能良好，如果它们不能服务于企业的特定目标，它们之间的功能也可能无法发挥最大的作用，甚至相互产生不利影响，由此组合而成的企业整体功能可能降低。

（四）权益可分性

作为生产经营能力载体和获利能力载体的企业具有整体性的特点，而与载体相对应的企业权益却具有可分性的特点。企业整体价值由股东全部权益和付息债务组成，而企业的股东权益又可进一步细分为股东全部权益和股东部分权益。

二、企业价值的概念

企业的价值具有多层次性和决定因素综合性的特点，这种复合性使得企业价值可以从不同的角度来看待和定义。从政治经济学的角度，企业价值是指凝结在其中的社会必要劳动时间；从会计核算的角度，企业价值是指建造或取得企业的全部支出或全部耗费；从财务管理的角度，企业价值是企业未来现金流的折现值；从资产评估的角度，企业价值是企业获利能力的货币化体现。企业价值是企业在遵循价值规律的基础上，通过以价值为核心的管理，使企业利益相关者均能获得满意回报的能力。企业给予其利益相关者回报的能力越高，企业价值就越高，而这个价值是可以通过其经济学定义加以计量的。评估人员应当注意区别和把握企业的内在价值和交换价值。企业的内在价值是指企业所具有的潜在获利能力的折现值和；企业的交换价值是指企业内在价值在评估基准日市场条件下的可实现部分。在有效市场的假设前提下，二者一致。

三、影响企业价值的因素

影响或决定企业价值的因素众多，可以从不同角度识别影响企业价值的因素，且不同的因素之间可能会相互作用，呈现错综复杂的关系。在企业价值评估实务中，通常是将企业置于其发展环境中，依次从宏观环境因素、行业发展状况和企业自身状况三个方面对影响企业价值的因素进行梳理，即分别涉及宏观、中观和微观三个层次。

（一）宏观环境因素

宏观环境因素是指对所有企业的经营管理活动都会产生影响的各种因素。这些外部的、基本不可控的因素会影响到企业的经营活动，由此会对企业的发展产生持久、深远的影响。因此，企业价值评估应当充分考虑宏观环境对被评估企业及其所在行业的影响。宏观环境因素主要包括政治环境、宏观经济、法律法规、财政政策、货币政策、产业政策、技术进步以及社会和文化等因素。

（二）行业发展状况

行业发展状况是影响企业价值的中观因素。行业发展状况是指对行业内的所有企业的经营管理活动都会产生影响的各种因素，这些因素主要有行业政策环境，行业经济特征，行业市场特征，行业竞争情况，行业特有的经营模式，行业的周期性、区域性和季节性特征，企业所在行业与上下游行业之间的关联性，上下游行业发展对本行业发展的有利和不利影响等。这些因素通常对其他行业中企业的价值并不产生显著影响。

（三）企业自身状况

企业自身状况是影响企业价值的微观因素。企业自身状况是指来源于企业内部并对企业价值产生影响的各种因素，分为企业层面的因素和资产层面的因素两大类。对企业价值可能产生影响的企业层面的因素主要有企业发展、业务和经营战略，企业生产经营模式、盈利模式、业务或产品的种类及结构，生产能力、行业竞争地位、产业链关系（与供应商和客户的关系）、资本结构、会计政策、生产经营管理方式、人力资源、企业管理水平以及关联交易情况等。资产层面对企业价值可能产生影响的因素，主要与企业拥有的具体资产利用方式、利用程度、利用范围以及利用效果等情况相关。这些因素通常对其他企业的价值并不产生显著影响。

四、企业价值评估的概念及特点

企业价值评估是现代市场经济的产物。企业价值评估是对评估基准日特定目的下的企业价值进行评定、估算，并出具评估报告的专业服务行为。

当把企业作为一种生产经营能力和获利能力的载体时，企业价值评估具有以下特点：

（1）在正常情况下，企业价值评估的评估对象是企业的权益价值，并不是承载企业价值的那些要素资产，以及那些要素资产组成的资产综合体。

(2) 决定企业价值高低的因素是企业的整体获利能力。

(3) 在正常情况下，尽管企业价值的载体是由多个或多种单项资产组成的，但企业价值评估却是一种整体性评估。

第二节　企业价值评估的范围界定

【微案例 9-2】

大雄是著名的"矿二代"，为了响应"万众创新、大众创业"的号召，从父亲那里接手一座金矿。由于没有资金构建开采设施，大雄通过融资租入的方式从同学小福那里租入生产设备。在生产经营一段时间后，大雄发现创业没有想象的容易，欲出售公司100%股权，变现资产以出国深造，于是向行业巨头 SH 公司发出收购要约邀请。SH 公司在行业资源整合的大环境背景下有强烈收购意愿。为摸清价格底线，在谈判中坚守利益，大雄委托资产评估事务所对金矿公司进行资产评估。公司资产的构成包括一项剩余期限 20 年的采矿权，以及通过融资租入方式租入的采矿设备，采矿权作价 5 亿元，融资租入的固定资产作价 2 亿元，非付息债务 3 亿元，评估结论为企业整体资产价值为 4 亿元。同学小福看到评估报告后认为生产设备只是大雄向他租入的，并不拥有产权，不应该纳入评估范围。

请思考：有收益无产权的资产能否纳入评估范围？无收益有产权的资产能否纳入评估范围？

一、企业价值评估的一般范围

企业价值评估范围通常是指被评估企业产权范围内的资产与负债。

企业价值评估的一般范围，就一般意义上讲，是为进行企业价值评估所应进行的具体工作范围，通常是指企业产权涉及的具体资产范围。不论是进行企业整体价值评估、股东全部权益价值评估，还是进行股东部分权益价值的评估，其实都要对企业进行整体性评估，企业价值评估的工作范围必然要涉及企业产权内的所有资产。从产权的角度界定，企业价值评估的一般范围应该是企业产权涉及的全部资产，包括企业产权主体自身拥有并投入经营的部分、企业产权主体自身拥有未投入经营部分，虽不为企业产权主体自身占用及经营但可以由企业产权主体控制的部分，如全资子公司、控股子公司，以及非控股公司中的投资部分等。在具体界定企业价值评估的一般范围时，应根据以下有关数据资料进行。

(1) 企业价值评估申请报告及上级主管部门批复文件所规定的评估范围。

(2) 企业有关产权转让或产权变动的协议、合同、章程中规定的企业资产变动的范围。

(3) 企业有关资产产权证明、账簿、投资协议、财务报表等。

企业价值的形成基于企业整体盈利能力，评估人员判断估计企业价值，就是要正确分析和判断企业的盈利能力。企业是由各类单项资产组合而成的资产综合体，这些单项资产对企业盈利能力的形成具有不同的作用和贡献。在对企业价值评估的一般范围进行界定之后，并不一定要将所界定的企业价值评估一般范围内的所有具体资产都按一种评估思路进行评估，通常需要将企业价值评估一般范围内的具体资产按照其在企业中发挥的功效，划分为有效资产和溢余资产。其中，有效资产是指企业中正在运营或虽未运营但具有潜在运营能力，并能对企业盈利能力做出贡献、发挥作用的资产。溢余资产是指企业中不能参与生产经营及不能对企业盈利能力做出贡献的非经营性资产、闲置资产等。对企业价值评估一般范围内的具体资产按其在企业盈利能力的形成过程中是否做出贡献划分为有效资产和溢余资产，目的在于正确揭示企业价值。企业的盈利能力是企业中有效资产共同作用的结果，有效资产是企业价值评估的基础。溢余资产虽然也可能有交换价值，但溢余资产的交换价值与有效资产价值的决定因素、形成路径是有差别的。要正确揭示和评价企业价值，就需要将企业价值评估一般范围内的有效资产和溢余资产进行正确界定与区分，将企业的有效资产作为运用各种评估途径与方法评估企业价值的基本范围或具体操作范围，对溢余资产单独进行评估或其他技术处理。将企业价值评估一般范围内的具体资产按照其在企业中发挥的功效，划分为有效资产和溢余资产，有效资产和溢余资产的合理划分是进行企业价值评估的重要前提。有效资产和溢余资产的划分是否合理将直接影响运用不同评估途径与方法评估企业价值结果的合理性和可信程度，有效资产和溢余资产的正确划分也是运用多种评估途径与方法进行企业价值评估的重要前提。

二、企业价值评估一般范围及有效资产与溢余资产界定注意事项

在界定企业价值评估一般范围及有效资产与溢余资产时，应注意以下几点。

（1）对于在评估时点产权不清的资产，应划为"待定产权资产"，不列入企业价值评估的一般范围。

（2）在产权清晰的基础上，对企业的有效资产和溢余资产进行区分。在进行区分时应注意把握以下几点：第一，对企业有效资产的判断，应以该资产对企业盈利能力形成的贡献为基础，不能背离这一原则；第二，在有效资产的贡献下形成的企业的盈利能力，应是企业的正常盈利能力，由于偶然因素而形成的短期盈利及相关资产，不能作为判断企业盈利能力和划分有效资产的依据；第三，评估人员应对企业价值进行客观揭示，如企业的出售方拟进行企业资产重组，则应以不影响企业盈利能力为前提。

（3）在企业价值评估中，对溢余资产有两种处理方式：一是进行"资产剥离"，将企业的溢余资产在运用多种评估途径及其方法进行有效资产及其企业价值评估前单独剥离出去，溢余资产的价值不作为企业价值的组成部分，而作为独立的部分进行单独处理，并在评估报告中予以披露；二是将企业的溢余资产在运用多种评估途径及其方法进行有效资产及其企业价值评估前单独剥离出去，用适合溢余资产的评估方法将其进行单独评估，并将评估值加总到企业价值评估的最终结果之中，在评估报告中予以披露。

（4）如企业出售方拟通过"填平补齐"的方法对影响企业盈利能力的薄弱环节进行改进时，评估人员应着重判断该方法对正确揭示企业盈利能力的影响。就目前我国的具体情况而言，该方法应主要针对由工艺瓶颈和资金瓶颈等因素导致的企业盈利能力的薄弱环节。

第三节 企业价值评估中价值类型与资料收集

【微案例9-3】

"一夜暴富"的雪津啤酒自1992年被认定为福建省著名商标，先后获得"轻工业部优

质产品""全国啤酒行业优质产品"等荣誉。2004年,雪津啤酒销量72万吨,销售收入15.1亿元,利润总额3.26亿元,人均税利和吨酒税收名列全国双强。2005年8月31日,雪津啤酒公司国有股权在福建省产权交易中心挂牌出让,转让前,总资产约为11.4亿元人民币,所有者权益约为5.2亿元人民币,资产评估机构就此次股权转让评估的股权价值为6.18亿元人民币,以华润集团为代表的国内投资者出价约为25亿元,而该股权最终为英博公司以58.12亿元获得。面对如此高的溢价,人们称之为"雪津神话",而英博公司却不以为然。英博公司对雪津的并购定价是在第二轮谈判前经过尽职调查,根据精密的定价模型确定出来的,并购发生时,英博股价收盘价38.9欧元,在大盘下跌的背景下小幅上扬,说明了市场对此次并购行为的认同。

请思考：市场价值、投资价值、在用价值应用的区别是什么？雪津啤酒的案例中出现了几种价值类型？

一、企业价值评估的价值类型

在企业价值评估中,价值类型是最基本的评估要素之一。评估专业人员在执行企业价值评估业务时,应恰当选择价值类型。在用价值和残余价值是针对单项资产或企业要素资产的价值类型,并不适用于企业。企业价值评估中的主要价值类型分别为市场价值、投资价值和清算价值。

（一）市场价值

市场价值是指自愿买方和自愿卖方在各自理性行事且未受任何强迫的情况下,评估对象在评估基准日进行正常公平交易的价值估计数额。

（二）投资价值

投资价值是指评估对象对于具有明确投资目标的特定投资者或者某一类投资者所具有的价值估计数额,亦称特定投资者价值。

考虑到预期增量收益是投资价值的重要构成部分且预期增量收益存在不同形式等因素,投资价值可理解为某项资产在明确的投资者基于特定目的、充分考虑可能实现的增量收益和投资回报水平的情况下,在评估基准日的价值估计数额。根据该理解,投资价值应具有以下要件：明确的资产、明确的投资者、特定目的、协同效应、投资回报水平、评估基准日、以货币单位表示、价值估计数额。

（三）清算价值

清算价值是指在评估对象处于被迫出售、快速变现等非正常市场条件下的价值估计数额。清算价值是一种价值类型,与以清算为目的的评估有联系而又不是直接对应关系。以清算为目的的评估在某些情况下确实需要选择清算价值作为价值类型,而在另外一些情况下,也可能选择其他的价值类型。清算价值作为一种价值类型是以评估对象被快速变现或被强制出售为前提条件的,只有评估对象是在快速变现或强制出售的前提条件下进行评估,其评估结论的价值类型才可以选择清算价值。

二、企业价值评估中的信息资料收集

从本质上讲,企业价值评估是评估人员根据资产评估原理和技术方法,利用所掌握的信息资料，对影响企业价值的各种因素进行综合分析和判断的过程。评估人员占有信息量的多少将直接影响评估人员对企业价值的判断和估计，占有充分的信息资料是合理评价企业价值的重要基础。

企业价值评估中的信息资料收集是做好企业价值评估的一项非常重要的工作。评估人员可以根据本次企业价值评估所选择的价值类型，以及评估途径和方法，收集与本次企业价值评估相关的、有针对性的、有用的信息资料。根据企业价值评估相关准则的要求以及评估实践经验，企业价值评估需要收集的信息资料涉及企业内部信息和企业经营环境（外部）信息。

（一）企业内部信息

与企业价值评估相关的企业内部信息主要包括企业的法律文件、经营信息、财务信息、管理信息和其他信息。

（1）企业的法律文件，如公司章程、企业各项规章制度、企业重要经营协议合同，包括供货、销货、特许经营、技术转让、房屋设备租赁、银行贷款、保险、劳动协议合同等。

（2）企业的经营信息，如企业的类型、规模、主要产品或服务、行业竞争地位、企业年度生产经营计划及执行情况分析、企业发展规划及其相应配套规划等。

（3）企业的财务信息，如企业的财务报表包括近几年的资产负债表、利润表、现金流量表，企业资产清单，以及上述资料的比较表等。

（4）企业管理信息，如企业机构组织示意图、主要领导人简介、人力资源管理模式等。

（5）企业其他信息，如企业已做过的资产评估报告、尚未判决的法律诉讼、税务信息等。

（二）企业经营环境（外部）信息

这里所称的企业经营环境（外部）信息主要是指与企业经营发展密切相关的宏观经济信息以及产业经济信息。

（1）宏观经济信息，如国家经济发展趋势、经济增长速度、国家宏观经济政策等。

（2）产业经济信息，如产业发展趋势、产业布局、产业在国民经济发展中的地位作用、产业发展速度、产业技术指标、经济指标和财务指标等。

三、企业价值评估的程序

企业价值评估是一项复杂的系统工程，制定和执行科学的评估程序，有利于评估效率的提高，有利于评估结果的真实和科学。

（一）明确评估目的和评估基准日

接受资产评估委托时，首先必须弄清和明确评估的特定目的。评估的特定目的不同，选择的价值内涵即价值类型也不一样，评估结果也不相同。评估基准日则是反映评估价值的时点定位，一般应考虑选择某一个结算期的终止日。

（二）明确评估对象

企业价值评估的对象指的是企业整体价值、股东全部权益价值和股东部分权益价值，而评估范围为评估对象涉及的资产及负债内容，如房地产、股权投资、债权和债务等。明确评估对象包括两方面内容：一是确定被评估资产的范围和数量；二是资产的权益。就被评估资产的范围和数量来说，要明确哪些资产要评估，哪些资产不属于评估范围。例如，股份制改组过程中，是以全部资产作价入股，还是以企业净资产，还是以剥离企业办社会性资产后剩余的全部净资产或全部资产，还是以剥离非经营性资产和企业办社会性资产后剩余的全部资产等作价入股，直接影响到评估范围的确定。就资产权益来说，资产权益指的是企业资产的哪个方面权益，是所有权还是使用权，这些都必须明确。

（三）制订比较详尽的评估工作计划

这个工作计划包括以下3个部分。

（1）整个评估工作（项目）的人员组成及项目的分工负责。

（2）整个需要准备的资料，包括两部分：①企业提供资料，应对企业所提供资料进行验收；②现场查勘资料。

有时会出现企业提供资料与现场查勘资料不一致，应进行协调，有关事宜也可在将来的评估报告中载明。例如，评估土地使用权时，如果未对该企业占用土地做实际丈量，而企业又提供了有关部门的具体资料，评估时如按企业提供资料评估，应在评估报告中说明。

（3）工作进程的安排。整个评估工作分成若干阶段进行，并分阶段汇总讨论，随时解决评估中的具体问题。

（四）对资料加以归纳、分析和整理，并加以补充和完善

对收集到的资料要按照一定的方法，进行整理、归纳，并对其进行分析、补充。

（五）根据资产的特点、评估目的选择合适的方法

评估估算资产价值根据评估资产的特点确定合适的评估方法以使计算出的资产价值更加科学、合理、可信。评估结果完成后，应召集包括委托者在内的各方面进行讨论，对评估过程加以说明。

（六）讨论和纠正评估值

特殊内容做出解释，未尽事宜进一步协商。在讨论和纠正评估值的过程中，不能随意调整评估值，应防止不必要的行政干预。

（七）产生结论，完成资产评估报告

在做了上述一系列工作之后，就要做出企业价值评估的结论，并撰写资产评估报告。

第四节　收益法在企业价值评估中的应用

【微案例9-4】

从前有位聪明的老奶奶，她有棵极好的苹果树，在果实丰收的季节都会引得路人注目赞叹。在过去的几十年里，苹果树每年给她带来100元的收入，如今她想颐养天年，于是每天站在苹果树下等待合适的购买者。清晨来了一个会计师，他打开手中的账本对老奶奶

说:"你这棵苹果树,在购买时花了50元,在过去几十年里浇水施肥花了60元,你这棵树现在价值110元,我出价110元买这棵树。"老奶奶听完后露出神秘微笑,邀请会计师与她一起等待下一位买家后,再做决定。中午,来了一个评估师,他向老奶奶询问了苹果树的树龄和产量,说:"这棵果树还能够正常结果15年,每年卖掉果实能收入100元,每年的折现率是6%,我愿意出资971.22元购买这棵苹果树。"老奶奶听完后又露出神秘微笑,说在她眼中最为合适的买家是……

请思考:你认为老奶奶会把苹果树卖给谁,为什么?

一、收益法的定义

收益法的技术思路是通过对未来收益加以折现来评估企业价值。根据这一技术思路,针对评估对象以及收益的特点,在评估实践中,收益法又有股利折现模型、股权自由现金流量折现模型、企业自由现金流量折现模型以及经济利润折现模型等多种常用的评估模型。

二、收益法应用的前提

第一,要对企业的收益予以界定。企业的收益以多种形式体现,包括净利润、净现金流、息前净利润和息前净现金流。选择以何种形式的收益作为收益法中的企业收益,直接影响对企业价值的最终判断。

第二,要对企业的收益进行合理预测。要求评估人员对企业未来的收益进行精确预测是不可能的,但是由于对企业收益的预测直接影响对企业盈利能力的判断,是决定企业最终评估价值的关键因素,所以,在评估中应全面考虑影响企业盈利能力的因素,客观、公正地对企业的收益做出合理的预测。

第三,在对企业的收益做出合理预测后,要选择合适的折现率。折现率的选择直接关系到对企业未来收益风险的判断。由于不确定性的客观存在,对企业未来收益的风险进行判断至关重要。能否对企业未来收益的风险做出恰当的判断,从而选择合适的折现率,对企业的最终评估价值具有较大影响。

三、收益法的类型

(一)持续经营假设前提下的评估方法

一般情况下,企业价值评估的假设是持续经营,即企业仍然按照原先设计与兴建目的使用,企业在生产经营过程中自觉保持再生产,并且企业的经营期限是无穷长。在此基础上,收益法应用于企业整体评估有年金法和分段法两种形式。

1. 年金法

$$PV = \frac{A}{r} \qquad (9-1)$$

式中,PV 为企业价值评估;A 为企业年金收益;r 为资本化率。

用于企业价值评估的年金法,是将已处于均衡状态,其未来收益具有充分的稳定性和可预测性的企业的收益进行年金化处理,然后再把已年金化的企业预期收益进行收益还原,以估测企业的价值。此模型的应用要求企业的生产经营活动比较稳定,并且市场不会发生重大变化。

$$PV = \sum_{i=1}^{n} \frac{R_i}{(1+r)^i}$$

$$PV = A \times \frac{(1+r)^n - 1}{r(1+r)^n}$$

$$A = \frac{\sum_{i=1}^{n} \frac{R_i}{(1+r)^i}}{\frac{(1+r)^n - 1}{r(1+r)^n}}$$

因此, $PV = \dfrac{A}{r}$

【例 9-1】待估企业未来 5 年的预期收益额为 110 万元、120 万元、110 万元、120 万元、115 万元，假定本金化率为 10%，试用年金法估测待估企业整体资产价值。运用公式：

$$A = \frac{\sum_{i=1}^{n} \frac{R_i}{(1+r)^i}}{\frac{(1+r)^n - 1}{r(1+r)^n}}$$

$A = (110 \times 0.9091 + 120 \times 0.8264 + 110 \times 0.7513 + 120 \times 0.6830 + 115 \times 0.6209) \div (P/A, 10\%, 5)$

$= 435.1755 \div 3.7908 = 114.80$（万元）

企业价值 $PV = 114.80 \div 10\% = 1\,148$（万元）

2. 分段法

在企业发展的前一个期间，企业处于不稳定状态，因此企业的收益是不稳定的；而在该期间之后，企业处于均衡状态，其收益是稳定的或是按某种规律进行变化的。对于前段的企业收益采取逐年预测并折现累加的方法；而对于后段的企业收益，则针对企业具体情况并按收益的变化规律，对其进行折现和还原处理。将企业前后两段收益现值加在一起便构成企业的收益现值。

$$PV = \sum_{i=1}^{n} \frac{R_i}{(1+r_1)^i} + \frac{R_{n+1}}{r_2} \times \frac{1}{(1+r_2)^n} \quad (9-2)$$

式中，PV 为企业评估价值，R_i 为未来各年度收益额，r_1 为折现率，r_2 为资本化率。

【例 9-2】向阳公司未来 5 年的预期收益额为 100 万元、120 万元、130 万元、150 万元、180 万元。根据企业的实际情况推断，从第 6 年开始，企业的年收益额将维持在 180 万元的水平上，假定本金化率为 10%，使用分段法估测企业的价值。

$$PV = \sum_{i=1}^{n} \frac{R_i}{(1+r)^i} + \frac{R_{n+1}}{r} \times \frac{1}{(1+r)^n}$$

$= (100 \times 0.9091 + 120 \times 0.8264 + 130 \times 0.7513 + 150 \times 0.6830 + 180 \times 0.6209) + 180 \div 10\% \times 0.6209$

$\approx 1\,620$（万元）

(二)有限持续经营假设前提下的评估方法

在特殊情况下,企业不满足持续经营假设,则在有限持续经营假设前提下对企业价值进行评估。例如企业章程已对企业经营期限做出规定,而企业的所有者无意逾期继续经营企业,则可以在该假设前提下对企业进行价值评估。评估人员在运用该假设对企业价值进行评估时,应对企业能否适用该假设做出合理判断。

$$PV = \sum_{i=1}^{n} \frac{R_i}{(1+r)^i} + \frac{P_n}{(1+r)^n} \qquad (9-3)$$

式中,PV 为企业评估价值;r 为折现率,P_n 为第 n 年企业资产的变现值。

四、收益法中收益的确定

企业的收益额是运用收益法对企业价值进行评估的关键参数。在企业价值评估中,企业的收益额需要从两个方面来认识和把握:其一,在将企业收益额作为企业获利能力的标志来认识和把握的时候,企业的收益额是指企业在合法的前提下,所获得的归属于企业的所得额。其二,在将企业收益额作为运用收益法评估企业价值的一种媒介的时候,企业的收益额有多种表现形式,如净利润、自由现金流量、经济利润等。作为企业获利能力标志的企业收益额,是评估专业人员衡量企业价值的根本依据。

(一)企业收益的界定

在对企业收益进行具体界定时,应首先注意以下两个方面。

(1)按收益指标的属性进行划分。根据企业收益属性,可以将企业收益划分为三大类:净利润、自由现金流量和经济利润。其中,经济利润的计算考虑了当期投入资本增加或减少带来的影响,反映了当期资本性支出和营运资金增加额的变化对资本成本的影响,且经济利润折现模型与自由现金流量折现模型可相互转换并得出相同的评估结果,因此,经济利润也可视为是一种扩展后的现金流量指标。

(2)按收益指标的直接享有主体进行划分。根据企业收益的直接享有主体,可以将企业收益分为全投资资本收益指标和权益资本收益指标。全投资资本收益指标是指由权益资本(股东)和债务资本(付息债务)所共同拥有的收益,权益资本收益指标是指由权益资本(股东)所拥有的收益,全投资资本收益减去债务资本(付息债务)的利息后即可得出权益资本收益。股利、净利润、股权自由现金流量属于权益资本的收益指标;息前税后利润、企业自由现金流量、经济利润则属于全投资资本的收益指标。

企业的收益有企业净利润和企业净现金流量两种基本表现形式。是选择净利润还是净现金流量作为企业价值评估的收益基础对企业的最终评估值存在一定的影响。因此,在对企业的收益进行具体界定时除了需要对企业创造的收入是否归企业所有进行确认之外,还要对企业的收益形式进行明确的界定。一般而言,应选择企业的净现金流量作为运用收益途径进行企业价值评估的收益基础。就企业价值与收益额的关系而言,实证研究表明,企业的利润虽然与企业价值高度相关,但企业价值最终由其现金流量决定而非其利润决定。就反映企业价值的可靠性而言,企业的净现金流量是企业实际收支的差额,不容易被更改,而企业的利润则要通过一系列复杂的会计程序进行确定,而且可能由于企业管理当局的利益而被更改。当然,作为运用收益途径评价企业价值的一种媒介,企业收益还可以通过息前净现金流量（企业自由现金流量）、息税前利润、息税前净现金流量等具体指标反映和表示，并通过间接法评估出企业价值。在企业价值评估中选择什么形式和口径的收益额作为折现的基础和标的，则要与每次的评估目标和评估效率相关。

在对企业的收益形式做出说明之后，在企业价值的具体评估中还需要根据评估目标的不同，对不同口径的收益做出选择，如净现金流量（股权自由现金流量）、净利润、息前净现金流量（企业自由现金流量）等的选择，因为不同口径的收益额，其折现值的价值内涵和数量是有差别的。在假设折现率口径与收益额口径保持一致或不冲突的前提下，净利润或净现金流量（股权自由现金流量）折现或资本化的结果是企业股东全部权益价值（净资产价值或所有者权益价值）；净利润或净现金流量加上扣税后的长期负债利息折现或资本化的结果则是企业的投资资本价值（所有者权益＋长期负债）；净利润或净现金流量加上扣税后的全部利息（企业自由现金流量）折现或资本化的结果是企业整体价值（所有者权益价值和付息债务之和）。

至于选择什么口径的企业收益作为收益途径评估企业价值的基础，从效率的角度来说，首先，应服从企业价值评估的目的和目标，即企业价值评估的目的和目标是什么，是企业股东全部权益价值（企业所有者权益或净资产价值），或企业所有者权益及长期债权人权益之和的投资资本价值或企业整体价值（所有者权益价值和付息债务之和）。其次，对企业收益口径的选择，应在不影响企业价值评估目的的前提下，选择最能客观反映企业正常盈利能力的收益额。对于某些企业，净现金流量（股权自由现金流量）最能客观地反映企业的获利能力。而另一些企业，可能息前净现金流量（企业自由现金流量）更能反映企业的获利能力。如果企业评估的目标是企业的股东全部权益价值（净资产价值），使用净现金流量（股权自由现金流量）最为直接，即评估人员直接利用企业的净现金流量（股权自由现金流量）评估出企业的股东全部权益价值来。此种评估方式也被称作企业价值评估的直接法。当然，评估人员也可以利用企业的息前净现金流量（企业自由现金流量）首先估算出企业的整体价值（所有者权益价值和付息债务之和），然后再从企业整体价值中扣减企业的付息债务后得到股东全部权益价值。此种评估方式也被称作企业价值评估的间接法。评估人员是运用企业的净现金流量（股权自由现金流量）直接估算出企业的股东全部权益价值（净资产价值），还是采用间接的方法先估算企业的整体价值，再估算企业的股东全部权益价值（净资产价值），取决于是企业的净现金流量还是企业的息前净现金流量更能客观地反映出企业的获利能力。掌握收益口径和表现形式与不同层次的企业价值的对应关系，以及不同层次企业价值之间的关系是企业价值评估中非常重要的事情。

（二）企业收益预测的基础

对用于衡量企业盈利能力的企业收益不仅存在不同形式及口径上的界定问题，还存在收益预测基础的问题。企业收益预测的基础存在以下两个方面的问题。

（1）企业在评估时点的实际收益是企业内部与外部各种因素共同作用的结果。在这些因素中，许多是属于一次性的或偶然性的因素。如果以企业评估时点的实际收益作为预测企业未来预期收益的基础而不加以调整，意味着将在企业未来经营中不复存在的因素仍然作为影响企业未来预期收益的因素加以考虑。因此，企业价值评估的预期收益的基础，应该是在正常的经营条件下，排除影响企业盈利能力的偶然因素和不可比因素之后的企业正常收益。

（2）企业的预期收益既是企业存量资产运作的函数，又是未来新产权主体经营管理的函数。但评估人员对企业价值的判断，只能基于对企业存量资产运作的合理判断，而不能基于对新产权主体行为的估测。因此，新产权主体的行为对企业预期收益的影响，也不应成为预测企业预期收益的影响因素。从这个角度来说，对企业预期收益的预测，应以企业的存量资产为出发点，可以考虑对存量资产的合理改进乃至合理重组，但必须以反映企业的正常盈利能力为基础，不正常的个人因素或新产权主体的超常行为等因素对企业预期收益的影响不应予以考虑。

（三）企业收益预测

1. 对影响企业收益的因素进行分析

企业的收益是在多种内外部因素共同作用和影响下的结果。因此，对企业收益进行预测，首先应对影响企业收益的主要因素进行分析，判断这些因素对企业收益是产生积极影响还是不利影响。根据影响因素与企业关系的不同，对企业收益产生影响的因素可分为企业外部因素和企业内部因素。企业外部因素又可区分为宏观因素和行业因素。宏观因素主要包括政治和法律因素、经济因素、社会和文化因素、技术因素等；行业因素主要包括行业经济特性、行业市场结构、行业生命周期、行业景气情况等因素。企业内部因素反映了企业所拥有的客观物质条件、内部资源和企业投资者拥有的综合能力，主要包括企业历史业绩情况、企业现有业务在所处行业中的竞争地位以及企业未来的经营方向与经营效果等因素。

2. 对企业的收益趋势进行预测

企业收益趋势预测大致分为三个阶段：首先是对企业收益的历史及现状的分析与判断；其次是对企业未来可预测的若干年的预期收益的预测；最后是对企业未来持续经营条件下的长期预期收益趋势的判断。

（1）对企业收益的历史及现状进行分析与判断的目的，是对企业正常的盈利能力进行掌握和了解，为企业收益的预测创造一个工作平台。在持续经营过程中，企业在任一时点或任一周期的经营业绩都不是孤立的，都与其历史业绩和未来收益相联系。对企业历史收益进行分析和调整，目的在于了解企业历史业绩的走势，认识企业所处发展周期，反映企业历史业绩与其影响因素的关系，为企业未来收益预测提供参考依据。对企业历史收益进行分析和调整后的数据，不能用于其他目的。对企业历史收益进行分析和调整，主要包括三部分内容：一是对财务报表编制基础进行分析和调整，使历史各年度的业绩具有相同的编制基础；二是对非经常性收入和支出进行分析和调整，使历史各年度的业绩均反映经常性的收入和支出；三是对非经营性资产、负债和溢余资产及其相关的收入和支出进行分析和调整，使历史各年度的业绩均反映经营性资产和经营性负债的贡献。

（2）对未来收益趋势进行整体判断。影响企业发展的因素往往是不断变化的，企业历史业绩走势对企业未来收益趋势产生着一定的影响，但并不能仅仅根据企业历史业绩走势对企业未来收益趋势做出推算，评估专业人员应在分析企业历史业绩走势的基础上，深入企业进行现场实地考察和调研，与企业管理层进行交流和访谈，了解企业的生产能力、经营状况、企业管理水平，再对影响企业未来发展的各种内外部因素进行分析和判断，然后才能对企业未来收益趋势进行总体分析和判断。对企业未来收益趋势进行总体分析和判断，其主要内容包括企业当前所处发展周期及未来的走势、企业未来收益进入稳定状态所需的时间以及进入稳定状态后的趋势等。

（3）企业未来收益的具体预测。在对企业未来收益趋势进行总体分析和判断后，便可开展企业未来收益的具体预测。应根据宏观经济环境、行业发展状况及发展前景、企业历史财务及经营数据、企业未来商业计划等预测基础资料，对企业未来收益进行具体预测。具体预测内容主要包括收入预测、成本及费用预测、折旧和摊销预测、营运资金预测、资本性支出预测、负债预测、溢余资产分析、非经营性资产和非经营性负债分析等。企业未来收益的具体预测，主要是对企业未来利润表的情况进行预测，也可能需要对企业未来资产负债表的内容进行预测。

（四）企业收益预测的具体方法

1. 综合调整法

这是一种以企业收益现状为基础，考虑影响企业未来收益的各种因素的预期影响，对收益进行调整以确定近期收益的办法。其计算公式为：

年收益额 = 预期当前正常收益额 + $\sum$ 预期有利因素增加收益额 − $\sum$ 预期不利因素减少收益额

使用综合调整法的具体步骤：

（1）设计收益预测表。

（2）按收益预测表的主要项目，逐项分析预期年度内可能出现的变化因素。一个有效的办法是根据以往资产评估实践经验的积累，总结归纳出影响企业收益变化的主要因素，作为发现预期年度影响因素的向导。实际评估时，先查明企业收益偏高或偏低的主要原因，把它们作为分析的重点，然后通过查阅各种资料，分析和预测市场形势，同企业管理人员讨论，发现预期年限影响收益变动的重要因素。

（3）分析各影响因素对收益预测表中各个项目的影响，采取一定的方法，计算出各项目的预测值。如某种原材料价格严重偏高，预期未来市场价格将会下浮，则可以直接按预期降价幅度和该原材料占成本的比重确定成本减少额。

（4）将各个项目的预测值汇总，得出预测的收益值。

综合调整法直接根据各种预期发生的因素进行计算，便于人们检查评估的客观性，可鉴别各影响因素的性质和影响程度，详细反映了预期收益的依据，成为当前企业收益预测中最常用的方法。

2. 产品周期法

当企业高额盈利主要是由于产品具有特色或产品价高利大引起时，一般采用产品周期法预测企业未来收益，即根据企业主导产品寿命周期的特点来评估企业收益的增减变化趋势。采用产品周期法来预测企业未来收益，首先必须掌握大量的产品寿命周期统计资料，描出图像，或建立周期模型；然后应根据企业产品销售的历史情况和当前市场状况，判断企业产品所处的大致的周期阶段；再参照各类似产品寿命周期曲线，来推测企业产品的寿命周期阶段，并据以估算销售量和收益的增减变动情况。

3. 现代统计法

这是将现代统计预测科学的基本理论和方法运用于企业未来收益的预测而产生的方

法。当被评估企业属于综合实力型,开发能力、管理能力都较强,原材料供给和产品市场也可得到保障,企业在过去 5 年内一直处于持续增长状态,而且企业销售量和收益增长的前景也比较明朗时,可采用现代统计法。

现代统计法具体又可分为时间序列法和回归分析法,其原理和计算方法与需求预测时采用的时间序列法和回归分析法一样,只不过变换了预测的对象而已。

五、收益法中折现率、资本化率的确定

折现率是将未来有限期收益还原或转换为现值的比率。资本化率是指将未来非有限期收益转换成现值的比率。资本化率在资产评估业务中有着不同的称谓:资本化率、本金化率、还原利率等。折现率和资本化率本质是相同的,都属于投资报酬率。投资报酬率通常由两部分组成:一是无风险报酬率(正常投资报酬率);二是风险报酬率。无风险报酬率取决于资金的机会成本,即正常的投资报酬率不能低于该投资的机会成本。这个机会成本通常以政府发行的国库券利率和银行储蓄利率作为参照依据。风险报酬率的高低主要取决于投资风险的大小,风险大的投资,要求的风险报酬率就高。由于折现率和资本化率反映了企业在未来有限期和非有限期的持续获利能力和水平,而企业未来的获利能力在有限期与永续期能否保持一致,则取决于企业在未来有限期与永续期所面对的风险是否一样。从理论上讲,折现率与资本化率并不一定是一个恒等不变的量,它们既可以相等也可以不相等,这取决于评估师对企业未来有限经营期与永续经营期的风险的判断。因此,必须强调折现率与资本化率并不一定恒等,折现率与资本化率既可以是完全相等的一个数值,也可以是两个不同的数值。

(一)折现率和资本化率确定的原则

1. 折现率和资本化率应不低于安全利率

安全利率是无风险报酬率,是最低收益率。投资者购买国库券或银行存款时,风险率最低,因此,其收益率可以作为无风险报酬率。投资者投资于企业的目的,在于在承担风险的同时,获得超过无风险报酬率的报酬率。因此,折现率和资本化率作为衡量投资收益率的尺度,必须超过安全利率即无风险报酬率。

2. 折现率和资本化率应与收益额口径保持一致

收益法应用中,不同的折现率、资本化率与收益额之间存在密切关系,最终会引致评估结果和价值含义的差异。如上所述,折现率和资本化率的本质是收益率,如果折现率或资本化率计算中的收益采用的是净利润,预期收益额也应采用净利润口径。从形式上说,折现率和资本化率确定时是否包含通货膨胀率,也应与收益额预测的口径保持一致。

3. 折现率和资本化率应参考同行业平均收益率而定

折现率和资本化率的本质是收益率,这种收益率不是企业自身的收益率,而是同行业的平均收益率。在企业收益额一定的情况下,企业自身收益率超过行业平均收益率,该企业的评估值就高;反之,如果企业自身收益率低于行业平均收益率,该企业的评估值就低。

(二)折现率和资本化率的估算方法

1. 资本资产定价模型(the Capital Asset Pricing Model,CAPM)

如果没有负债,权益资本成本(Cost of Equity Capital,CEC)和加权平均资本成本

（Weighted Average Cost of Capital，WACC）间没有差别。但是，一般来说，WACC才是适当的折现率，因为它是作为对债权人和股权所有者全部现金流量折现的资本成本。股权资本成本，或者估算股权价值时的折现率可以采用CAPM进行衡量。其模型表示为：

$$R_e = R_f + \beta[E(R_m) - R_f] \qquad (9-4)$$

式中，R_f为风险报酬率；$[E(R_m) - R_f]$为风险溢价；β为权益的系统风险。

资本资产定价模型是继哈里·马科维茨在1952年建立现代资产组合理论之后，由经济学家威廉·夏普、约翰·林特纳于20世纪60年代创立的。其核心观点是，权益性投资面临的公司风险可以通过分散投资组合来消除。也可以说，任何证券的期望回报率都与该证券相对于市场组合的系统性风险（β）正向线性相关。

风险是事物发展的未来结果的不确定性。这种不确定性存在着两种可能的趋势，一种是未来实际结果比事先期望的结果要好，可以看作为风险收益；一种是未来实际结果比事先期望结果要差，即为风险损失。风险形成的原因是复杂的，一般可以划分为非系统风险和系统风险。

非系统风险也称公司自身风险，其产生原因是只影响某一证券收益的独特事件，如：由于某公司投资决策失败，导致产品的市场占有率下降、业绩下滑等，这种风险可以通过多元化投资组合来减少或消除。系统风险即市场风险，是指由于某种因素会以同样方式对所有证券的收益产生影响的风险，这种风险一般不能通过多元化投资组合来减少或消除。β系数是用来衡量各种证券市场风险的一个重要指标。系数是反映某种股票随市场波动的趋势，如果某支股票的收益率随整体市场同步变动，这种股票称为平均风险股票，$\beta = 1$；若$\beta < 1$，如$\beta = 0.5$，则这种股票的变动性只相当于市场变动性的一半，该种股票的风险只相当于平均风险的一半；若$\beta > 1$，说明该种股票风险高于社会平均风险。

资本资产定价模型从产生起，一直在财务界中具有重要的影响。但该模型是建立在若干基本假设基础上的，这些假设包括：

（1）资本市场是高度有效的。

（2）包括信息畅通、没有信息成本、没有转换成本、没有税赋，在投资方面几乎没有任何限制，没有投资者大到足以能够影响证券的市场价值。

（3）同时假设投资者对个别证券的预期报酬率和风险存在着一致性的看法，投资者的预期建立在相同的持有时间上。

在这些基本假设的条件下，投资者将以相同的方式画出相同的风险资产的组合曲线及效率曲线。

上述假设的要求是苛刻的，进而制约了该模型的使用。尽管资本资产定价模型在资本市场上是一种有效的风险资产价格预测模型，但模型的严格以及过多的假设影响了其适用性。基本假设的核心为证券市场是一个有效的市场，这是该模型的应用前提。

鉴于我国目前证券市场信息公开化程度低，信息披露不完备，以及投资者结构、股权结构不合理的状况，为了提高资本资产定价模型在我国证券市场，特别是估算折现率方面的适用性，必须从完善信息披露制度，加强信息披露管理，大力培育机构投资者，改善投资主体结构，合理解决上市公司股权结构问题等方面寻求有效途径。

2. 风险累加法

企业在其经营过程中总要面临经营风险、财务风险和行业风险的挑战。将企业可能面

临的经营风险、财务风险和行业风险对回报率的要求加以量化并累加,也可以得到企业的风险报酬率。用公式可表示为:

$$风险报酬率 = 经营风险报酬率 + 财务风险报酬率 + 行业风险报酬率 \quad (9-5)$$

经营风险主要是指企业在经营过程中,市场需求、要素供给,以及同类企业间的竞争给企业未来预期收益带来的不确定性影响。

财务风险主要是指企业在经营过程中,资金周转、资金调度,以及资金融通中可能出现的不确定性因素而影响企业的预期收益。

行业风险主要是指企业所在行业的行业性市场特点、投资开发特点,以及国家产业政策调整等因素造成的行业发展不确定给企业预期收益带来的影响。

量化各种风险所要求的报酬率,目前大多数通过经验判断进行粗略估计。当然,量化风险报酬率的工作有待进一步完善,使之更科学、更合理、更客观。

我国企业价值评估中,较多地采用风险累加法估算折现率,在估算中有诸多经验、教训需要总结,以不断完善这种方法。

3. 加权平均资本成本

关于资本成本的定义,著名的《新帕尔格雷夫货币金融大辞典》中指出:资本成本是企业资产的投资者要求获得的预期收益率。以价值最大化为目标的公司经理把资本成本作为评价投资项目的贴现率或最低回报率。可见,资本成本是从资本提供者即投资者角度表示与投资机会成本和投资风险相适应的回报率。

企业融资分为债务融资和股权融资。融资方式不同,融资成本也不一样。债务融资一般包括长期借款和长期债券,债务融资需要支付利息和债息,但利息和债息可以计入财务费用,是在税前列支的。因此,债务融资的利息或债息扣除所得税部分的差额即为债务成本。股权融资包括优先股融资和普通股融资。股权的股息红利是在缴纳所得税以后的收益中支付的,不会因此而减少企业的所得税。因此,其资本成本基本上就是其支付的股息红利额。优先股的股息一般事先规定,其数额相对稳定,其成本计算比较容易。但普通股成本计算较为困难。如果普通股红利支付相对稳定,则可以采用与优先股相同的方法计算其成本。如果普通股股利随公司的增长而不断增长,则可以采用红利增长模式计算其成本。当然,股权资本成本还可以通过资本资产定价模型(CAPM)估算获得。

计算各类融资资本成本后,即可以计算加权平均资本成本,其公式为:

$$K = \sum_{i=1}^{n} K_i W_i \quad (9-6)$$

式中,K 为加权平均资本成本;K_i 为各类融资资本成本;W_i 为各类融资占总融资的比重,即权数。

确定各种资本权数的方法一般有三种:

(1) 以企业资产负债表中(账面价值)各种资本的比重为权数。

(2) 以占企业外发证券市场价值(市场价值)的现有比重为权数。

(3) 以在企业的目标资本构成中应该保持的比重为权数。

第五节　市场法与成本法的应用

【微案例 9-5】

W 集团以电解铝生产起家，随着经营规模的不断扩大，管理者决定实行多元化生产，扩展商业版图，由于管理者管理不善，导致集团整体破产。人民法院裁定 W 集团破产后，破产管理人为了解 W 集团破产财产的清算价值，委托评估机构对破产申报范围内的资产进行评估，其中包括：电解铝公司（已停产，但还有 14 万吨电解铝生产指标未使用），1 家四星级酒店（尚能经营），1 家热力公司（为当地居民提供冬季供暖，正常经营）。评估师在选择评估方法时，针对电解铝生产指标采取了市场法，对四星级酒店和热力公司采取了收益法。破产资产管理人在拿到评估报告后对评估师未采用成本法而感到不解。

请思考：破产企业一定要采用成本法进行评估吗？你认为对于电解铝公司、酒店以及热力公司应当分别采用什么方法评估？

一、市场法

企业价值评估中的市场法是指将评估对象与可比上市公司或者可比交易案例进行比较，确定评估对象价值的评估方法。市场法也被称为相对估值法，是国际上广泛运用的一种评估方法。

市场法所依据的基本原理是市场替代原则，即一个正常的投资者为一项资产支付的价格不会高于市场上具有相同用途的替代品的现行市价。根据这一原则，相似的企业应该具有类似的价值。

（一）市场途径在企业价值评估中的基本步骤

（1）明确被评估企业的基本情况，包括评估对象范围及相关权益情况。

（2）恰当选择与被评估对象进行比较分析的参照企业。参照企业应与被评估对象在同一行业或受同一经济因素影响，已经完成交易或具有交易价格，参照企业与被评估企业之间具有可比性。

（3）将参照企业与被评估企业的财务数据和经济指标进行必要的分析、对比和调整，保证它们之间在财务报告的编制基础、评估对象范围、重要数据的计算、反映方式等方面具有可比性，例如，调整非正常收入和支出、调整非经营性资产和无效资产等。

（4）选择并计算恰当的价值比率。在选择并计算价值比率的过程中，评估人员应当注意以下若干事项：①选择的价值比率应当有利于对评估对象价值的判断；②用于价值比率计算的参照企业的相关数据应当恰当可靠；③用于价值比率计算的相关数据口径和计算方式应当一致；④被评估企业与参照企业相关数据的计算方式应当一致；⑤将参照企业的价值比率合理应用于被评估企业。

（5）将价值比率应用于被评估企业所对应的财务数据，并考虑通过适当的调整得出初步评估结论。

（6）根据被评估企业的特点，在考虑对缺乏控制权、流动性，以及拥有控制权和流动性等因素可能对评估对象的评估价值产生影响的基础上，评估人员在进行必要分析的基础上，以恰当的方式进行调整，形成最终评估结论，并在评估报告中明确披露。

(二) 市场途径在企业价值评估中的模型

市场法用于企业价值评估的模型主要有3种。

1. 市盈率评估模型

市盈率本来是上市公司每股股票价格与基年收益额之比。市盈率评估模型正是利用了公司（由若干股份构成）的价格与其收益之间的关系，即市盈率，通过市盈率作为乘数与被评估企业的预期收益推算出被评估企业的价值。市盈率评估模型的基本思路是：首先从证券交易所中搜集与被评估企业相同或相似的上市公司，包括所在行业、生产产品、生产经营规模等方面的条件要大体接近，把上市公司的股票价格按公司不同口径的收益额计算出不同口径的市盈率，作为评估被评估企业整体价值的乘数；其次分别按各口径市盈率相对应口径计算被评估企业的各种收益额；然后按相同口径用市盈率乘以被评估企业的收益额得到一组被评估企业初步整体价值；最后，对于一组整体企业初步价值分别给予权重，加权平均计算出整体企业的评估值。

其基本公式是：

$$目标企业每股价值 = 可比企业平均市盈率 \times 目标企业的每股盈利 \quad (9-7)$$

其中，市盈率 = 市价/盈利 = 每股市价/每股盈利。

该模型假设股票市价是每股盈利的倍数，每股盈利越大，则股票价值越大。同类企业有相似的市盈率，所以，目标企业的股权价值可以用每股盈利乘以可比企业的平均市盈率计算。

市盈率评估模型的优点是：①市盈率计算简单，所需数据容易获得；②市盈率将价格与收益联系起来，反映了投入与产出的直接关系；③市盈率综合反映了投资者对公司的盈利时机、增长率、未来现金流和分红政策的风险期望值；④市盈率可以被视为是对公司未来前景的概括反映。

市盈率评估模型的缺点是：①该方法假定投资收益是恒定的，但实际的市盈率会随着时间的变化，伴随其驱动因素的变化而变化；②如果每股盈利是负数时，市盈率就失去了意义；③市盈率除了受本身基本面的影响外，还受整个经济景气状况的影响。

2. 市净率评估模型

该模型假定股权价值是净资产账面价值的函数，相似企业有相同的市净率，净资产越大，股权价值越大。因此，股权价值是净资产的倍数，目标企业的价值可以用每股净资产乘以平均市净率计算。基本公式为：

$$股权价值 = 可比企业市净率 \times 目标企业净资产 \quad (9-8)$$

其中，市净率 = 市价/净资产；净资产的账面价值是指资产的账面价值与债务的账面价值之差。

市净率评估模型的优点是：①相对于市场价格而言，净资产账面价值提供了一种相对稳定、符合直觉的价值计量方法；②如果会计标准合理，而且不同企业的会计政策一致，市净率可以作为一个高估或低估的信号，在同类企业中进行比较；③即使是收益为负数的企业，无法用市盈率评估模型评估的企业，也可以用市净率评估模型进行价值评估。

市净率评估模型的缺点是：①净资产账面价值受折旧及其他变量的会计处理方法的影响，当企业之间的会计政策或执行的会计准则差异较大时，市净率评估模型会失去可比性；②对于固定资产很少的服务性企业而言，账面价值多少可能没有太大的意义；③净资产账面价值为负数的企业，市净率评估模型不能使用。

3. 收入乘数评估模型

该模型假定影响企业价值的关键变量是销售收入，企业作为销售收入的函数，销售收入越大，企业价值越大。同类企业具有相似的收入乘数，因此，目标企业的价值可以用销售收入乘以可比企业的平均收入乘数计算。基本公式为：

$$目标企业股权价值 = 可比企业平均收入乘数 \times 目标企业的销售收入 \quad (9-9)$$

其中，收入乘数 = 市价/销售收入 = 每股市价/每股收入。

收入乘数评估模型的优点是：①收入乘数比率不会出现负数，即使对于一个处于困境的企业，也可以有一个有意义的比率；②不会受企业的折旧、存货、非常性支出及销售收入的会计处理的影响，因而不容易被人为操作；③收入乘数比率不会像市盈率那样剧烈波动，因此它是价值评估中最可靠的指标；④从考察企业的价格政策变化以及企业战略方面的变化来看，收入乘数比率提供了更为方便的指标。

二、成本法

成本法即资产基础法，在一些国外的文献资料中也被称为成本途径或资产负债表调整法。根据会计原理和会计准则，企业的资产负债表记录了企业的资产和负债，将企业资产扣除负债后的净资产，就是企业所有者的权益。因此，评估专业人员将企业的全部资产的价值逐一评估出来，然后再扣除企业全部负债的价值，就可以得到一个净资产的价值，这个净资产的价值就是企业所有者所能享受的权益价值。由于企业资产负债表中的账面价值多是企业拥有的资产和负债的历史成本，而非现实的市场价值，因此需要将企业资产和负债的历史成本调整为现实价值，这就是资产基础法评估的基本原理。

资产基础法实质是一种以估算获得标的资产的现实成本途径来进行估价的方法。从经济学的角度看，资产评估的成本途径是建立在古典经济学派的价值理论之上的，特别是劳动价值论的理论。劳动价值论认为：商品的交换价格反映了该商品所耗费的成本。古典经济学派将价值归因于生产成本。

$$全部权益价值 = （表内外）各项资产价值 - （表内外）各项负债价值 \quad (9-10)$$

（一）成本法应用步骤

1. 获得以成本为基础的资产负债表

评估专业人员的评估首先从企业的历史成本资产负债表开始。此资产负债表若是在评估基准日编制的最为理想，如果不能获得评估基准日期的资产负债表，也可以让委托人的会计师编制评估基准日的历史成本资产负债表，或自己根据资料编制评估基准日的资产负债表，或依赖距评估基准日之前最近的财务核算期限已结束的资产负债表进行评估调整等。

2. 确定需要重新评估的资产与负债

评估专业人员应慎重地分析和了解所评估企业每一项实质性的表内资产和负债。评估专业人员的目的是根据所选择的适用于所评估企业的价值标准，决定需要评估的资产与负债。如我们可以设定市场价值为企业评估时适当的价值类型，这样，评估专业人员将在此程序中按照评估市场价值的要求，分析企业每一项实质性的表内资产项目和负债项目是否需要进行评估。

3. 确定表外的资产

评估专业人员将确定在评估结果的资产负债表中需要确认的目前没有入账的（有时称为资产负债表之外的）资产。例如，无形资产经常没有记入编制的资产负债表中，而这些资产往往是小型高新技术企业和许多传媒文化产业以及第三产业服务机构里经济价值最大的组成部分。评估专业人员应寻找这些没有在账上体现的有形资产和无形资产。

4. 确定表外或有负债

评估专业人员将确定在评估结果的资产负债表中需要确认的、但目前没有入账的实质性的或有负债。如果或有负债中存在潜在的未解决的环境污染问题，则可能需要聘请专家做出判断。在一般公允会计准则的规定中，或有负债是不记入以历史成本为基础编制的资产负债表中的。但在审计和财务报表的审核中，重要的或有负债需要在其附注中予以披露。用资产基础法评估企业价值时，对或有负债的确定和评估，相对来说是不经常应用的程序。对于那些存在未予判决的经济起诉、所得税或资产税方面的争议或环境治理要求等情形的企业，或有负债对企业的经营风险有重要影响（通常可以量化）。

5. 评估以上确定的各项资产和负债

在对账面的资产与负债分析以及对表外的资产与负债确定之后，评估专业人员将开始企业每一项资产评估的定量分析程序，如有必要，还将进行企业每一项负债的定量分析。在典型的企业价值评估项目中，评估专业人员进行的是各类资产的评估分析，对于某些类型的资产评估，可能需要使用专门的评估专业人员。

6. 编制评估后的资产负债表

在得出企业的所有有形资产和无形资产的价值，以及企业所有的账面和或有负债之后，评估专业人员将可以编制一份经过评估的、日期为评估基准日的资产负债表。在这份以评估结果为基础的（不同于以历史成本为基础的）资产负债表中，评估专业人员直接以算术程序，用企业（有形和无形的）资产价值减去企业（账面和或有）负债的价值，得出以企业权益价值衡量100%的所有者权益。

(二) 资产基础法应用中应注意的几个问题

1. 正确处理账面资产与评估资产的关系

如前所述，账面资产是按会计计量的要求确认和反映的，与评估确认的标准具有一定的差异。评估时，既要充分利用账面资产（经过审计的财务报表具有可靠性），同时，又要确认未计入账面的账外资产。长期的资产评估实际工作中，账面价值的审计似乎成为决定资产评估结论的重要因素，也就是说，经审计以后确认的资产才能作为评估对象。事实上这是一种错误认识。经审计确认后的账面资产范围及其价值，表明了其真实性和可靠性，为企业价值评估利用企业财务资料提供了保证。但采用资产基础法时，不仅要利用这些账面资料，还要对账外资产予以确认。《资产评估执业准则——企业价值》中第三十六条规定，资产评估师运用资产基础法进行企业价值评估，应当要求被评估单位对资产负债表表内及表外的各项资产、负债进行识别。识别出的表外资产与负债应当纳入评估申报文件，并要求委托人或者其指定的相关当事方确认评估范围。

2. 处理好价值类型和评估方法使用问题

企业价值评估是为某一特定经济行为服务的，特定经济行为是决定其价值类型的重要依据。而且，某一企业价值评估的价值类型是唯一的，采用资产基础法评估每一项资产时，均应服从相同的价值类型。由于企业中资产构成是复杂的，每一类资产评估采用的方法也不一样。但无论采用什么方法，在应用时必须受价值类型制约，方法应用的结果必须服从和服务于价值类型。

3. 单项资产价值应置于企业价值整体中予以考虑

这里涉及两方面问题。一是企业中的单项资产不能脱离于企业，因此就决定了其评估价值是作为企业价值构成中的一部分。例如，某企业中的某一幢房屋建筑物，该企业所处地理环境下，周边房地产开发价格很高，该企业房屋建筑物评估时应考虑周边房地产开发对其影响，但决不能按房地产开发价格直接估算企业中房屋建筑物价值。二是企业单项资产评估时，最佳最有效使用的评估原则的使用。最佳最有效使用表现在：首先必须是依法使用；其次是最佳最有效使用是有条件、有层次的。这种条件和层次是由企业发生的经济行为来决定的。《国际评估准则》认为，某项资产对于特定企业所具有的价值可能不同于市场或特定行业对该资产价值的认同。

4. 以持续经营为前提对企业进行评估时，资产基础法不应作为唯一方法

在正常情况下，运用资产加和法评估持续经营的企业应同时运用收益途径及其方法进行验证。特别是在我国目前的条件下，企业的社会负担和非正常费用较多，企业的财务数据难以真实反映企业的盈利能力，影响了基于企业财务数据进行的企业预期收益预测的可靠性。因此，将资产加和法与收益途径及其具体方法配合使用，可以起到互补的作用。这样既便于评估人员对企业盈利能力的把握，又可使企业的预期收益预测建立在较为坚实的基础上。

【分析性案例：典型新三板企业评估】

WNNA生物科技有限公司是一家生产和销售上游美容产品、研发医疗器械及配套技术服务为主的企业。公司的产品被广泛用于各美容机构和医院，深受市场好评。现为公司长远发展，谋求实现新三板上市，需在原有资产基础上增资，因此委托资产评估事务所对其全部股东权益价值进行评估。

一、评估目的

WNNA生物科技有限公司为实现增资上市，需涉及确定WNNA生物科技有限公司在评估基准日的股东全部权益市场价值，为WNNA生物科技有限公司实施增资确定WNNA生物科技有限公司在评估基准日的股东全部权益市场价值提供价值参考意见。

二、评估对象和评估范围

评估对象为WNNA生物科技有限公司股东全部权益价值。

评估范围为截至 2020 年 09 月 30 日 WNNA 生物科技有限公司合并报表口径反映的总资产及负债。资产总额为 167 788 128.64 元，其中流动资产为 140 851 574.44 元，非流动资产为 26 936 554.20 元；负债总额为 25 235 111.40 元，其中流动负债 17 155 111.40 元，非流动负债 8 080 000.00 元；所有者权益总额为 142 553 017.24 元。资产负债表如表 9-1 所示。

表 9-1 2020 年 09 月 30 日资产负债表（合并会计报表口径）

科目名称	账面价值/元	科目名称	账面价值/元
一、流动资产		四、流动负债	
货币资金	50 326 387.61	短期借款	
交易性金融资产	66 013 926.65	应付账款	806 267.29
应收账款	7 301 852.58	预收款项	2 678 677.10
预付款项	480 292.94	应付职工薪酬	6 729 470.76
其他应收款	10 830 765.14	应交税费	5 995 991.79
存货	5 590 683.62	其他应付款	944 704.46
其他流动资产	307 665.90	其他流动负债	
流动资产合计	140 851 574.44	流动负债合计	17 155 111.40
二、非流动资产		五、非流动负债	
长期股权投资		递延收益	8 080 000.00
固定资产	7 581 953.19	非流动负债合计	8 080 000.00
在建工程	10 072 094.71	负债合计	25 235 111.40
工程物资		六、所有者（股东）权益	
固定资产清理		股本	11 765 000.00
无形资产	8 877 486.15	资本公积	17 204 188.26
开发支出		盈余公积	5 198 155.06
长期待摊费用	405 020.15	未分配利润	108 385 673.92
递延所得税资产		归属于母公司所有者权益	
非流动资产合计	26 936 554.20	所有者（股东）权益合计	142 553 017.24
三、资产总计	167 788 128.64	负债和所有者权益总计	167 788 128.64

委托评估对象和评估范围与经济行为涉及的评估对象与评估范围一致。

三、价值类型及其定义

根据评估目的实现的要求，结合评估对象自身的功能、使用方式和利用状态等条件的制约，本次评估价值类型选用市场价值。

市场价值是指自愿买方和自愿卖方在各自理性行事且未受任何强迫压制的情况下，评估对象在评估基准日进行正常公平交易的价值估计数额。

四、评估基准日

(1) 本项目评估基准日为 2020 年 09 月 30 日。

(2) 按照评估基准日尽可能与资产评估应对的经济行为实现日接近的原则，由委托方确定评估基准日。

（3）本次资产评估的工作中，评估范围的界定、评估参数的选取、评估价值的确定等，均以评估基准日企业内部的财务报表、外部经济环境以及市场情况确定。本报告书中一切取价标准均为评估基准日有效的价格标准。

五、评估方法

根据评估目的、评估对象、价值类型、资料收集情况等相关条件，以及三种评估基本方法的适用条件，本次评估选用的评估方法为收益法。选择理由如下：

公司管理层能够提供公司的历史经营数据和未来年度的盈利预测数据，且盈利预测与其资产具有较稳定的关系，经过和企业管理层访谈，以及调研分析，认为具备收益法评估的条件，可以采用收益法进行评估。

本次评估所采用收益法，系通过资产在未来预期的净现金流量和采用适宜的折现率折算成现时价值，得出评估价值。其适用的基本条件是：企业具备持续经营的基础和条件，资产经营与收益之间存有较稳定的对应关系，并且未来收益和风险能够预测及可量化。

本次评估采用收益现值法通过对企业整体价值的评估来间接获得股东全部权益价值。本次收益法评估模型选用企业现金流。

企业整体价值＝经营性资产价值＋溢余资产价值＋非经营性资产价值－非经营性负债价值

股东全部权益价值＝企业整体价值－有息负债

根据对企业资产构成的分析和对企业经营业务特点的了解，本次收益法评估的思路是以经审计的历史财务报表为基础，首先按照收益途径使用现金流折现方法（DCF），估算经营性资产价值，再考虑评估基准日的溢余性资产、非经营性资产或负债价值等，最终得出企业股东全部权益价值。

其中：

有息负债指基准日账面上需要付息的债务，包括短期借款（本项目不涉及）；

溢余资产指与企业收益无直接关系的，超过企业经营所需的多余资产；

非经营性资产、负债：指与企业收益无直接关系的，不产生效益的资产、负债，其价值根据资产的具体情况，分别选用成本法或市场法确定其基准日的价值。

近三年及评估基准日的资产、负债概况如表9-2所示。

表9-2 近三年及评估基准日的资产负债表

元

项目	2018年12月31日	2019年12月31日	2020年9月30日
一、流动资产合计	55 802 199.90	82 930 061.59	140 851 574.44
二、非流动资产			
1. 固定资产	1 674 606.78	3 306 354.38	7 581 953.19
2. 在建工程	230 000.00	5 492 740.54	10 072 094.71
3. 无形资产	9 166 407.88	9 029 370.01	8 877 486.15
4. 长期待摊费用	61 745.00	536 169.75	405 020.15
5. 递延所得税资产	3 331 539.58	3 530 798.67	
6. 其他非流动资产	5 564 161.36	1 957 783.46	

续表

项目	2018年12月31日	2019年12月31日	2020年9月30日
非流动资产合计	20 028 460.60	23 853 216.81	26 936 554.20
三、资产总计	75 830 660.50	106 783 278.40	167 788 128.64
四、流动负债	7 081 213.13	9 805 086.29	17 155 111.40
五、非流动负债	9 300 000.00	8 080 000.00	8 080 000.00
六、负债合计	16 381 213.13	17 885 086.29	25 235 111.40
股东权益合计	59 449 447.37	88 898 192.11	142 553 017.24

从表9-2可以看出，公司账面资产总额、股东权益（净资产）总额近三年以来稳步增长，其中股东权益年增长率（2020年9月年化）分别为49.54%，113.81%。

近三年及评估基准日的利润表如表9-3所示。

表9-3 近三年及评估基准日的利润表

元

项目	2018年	2019年	2020年1—9月
一、营业收入	55 952 233.15	75 124 088.77	83 311 185.66
营业成本	2 402 523.49	4 231 835.57	5 433 758.41
营业税金及附加	992 433.72	1 278 379.35	1 447 442.79
销售费用	2 831 033.72	16 443 160.86	18 081 611.42
管理费用	15 670 023.22	19 113 543.76	13 312 712.87
财务费用	-123 541.72	-346 117.24	-279 479.88
资产减值损失	485 199.61	561 708.42	
公允价值变动收益			
投资收益	10 547.95	459 842.65	874 255.60
二、营业利润	33 705 109.06	34 301 420.70	46 189 395.66
营业外收入	20 000.00	1 241 422.12	98 850.40
营业外支出		4 146.28	78 490.38
三、利润总额	33 725 109.06	35 538 696.54	46 209 755.68
所得税费用	5 790 313.66	6 089 951.80	6 500 046.53
四、净利润	27 934 795.40	29 448 744.74	39 709 709.15

评估基准日资产结构情况如表9-4所示。

表9-4 评估基准日资产结构情况

元

资产类别	金额	比例
一、流动资产		
货币资金	50 326 387.61	29.99%
交易性金融资产	66 013 926.65	39.34%
应收账款	7 301 852.58	4.35%
预付款项	480 292.94	0.29%
其他应收款	10 830 765.14	6.46%
存货	5 590 683.62	3.33%
其他流动资产	307 665.90	0.18%
流动资产合计	140 851 574.44	83.95%
二、非流动资产		
固定资产	7 581 953.19	4.52%
在建工程	10 072 094.71	6.00%
无形资产	8 877 486.15	5.29%
长期待摊费用	405 020.15	0.24%
非流动资产合计	26 936 554.20	16.05%
三、资产总计	167 788 128.64	100.00%

(一) 评估模型与基本公式

经营性资产价值按以下公式确定：

$$P = \sum_{i=1}^{N_1} A_i (1+R)^{-i} + \frac{A_{i0}}{R}(1+R)^{-N_1}$$

式中，P 为公司经营性资产的评估价值，A_i 为公司未来第 i 年的净现金流量，A_{i0} 为未来第 N_1 年以后永续等额净现金流量，R 为折现率，$(1+R)^{-i}$：为第 i 年的折现系数。

本次评估，使用企业自由现金流量作为经营性资产的收益指标，其基本定义为：

企业自由现金流量 = 净利润 + 折旧及摊销 + 借款利息（税后） - 资本性支出 - 净营运资金变动

根据企业的历史经营以及未来市场发展情况等，测算其未来预测期内的企业自由现金流量，并假定到未来5年预测期后企业经营将维持稳定一个较长时期。在这个时期中，其收益保持未来预测期第5年的等额自由现金流量。最后将两部分的自由现金流量进行折现并累加求和，得到企业的经营性资产价值。

(二) 折现率的确定

本次评估，根据评估对象的资本债务结构特点以及所选用的现金流模型等综合因素，采用资本资产定价模型（CAPM）和资本加权平均成本（WACC）确定折现率 R。

资本加权平均成本（WACC）的计算公式为：

$$R = [E/(E+D)] \times R_e + [D/(E+D)] \times R_d \times (1-T)$$

式中，E——权益的市场价值；

D——债务的市场价值；

R_e——权益资本成本，按资本资产定价模型（CAPM）计算；vR_d——债务资本成本，按有息债务利率计算；

T——被评估单位的所得税率。

其中权益资本成本计算公式为：

$$R_e = R_f + \beta(R_m - R_f) + \Delta$$

式中，R_f——目前的无风险利率；

β——权益的系统风险系数；

$(R_m - R_f)$——市场风险溢价；

Δ——企业特定风险调整系数。

（三）参数的确定

1. 未来收益的确定

本次评估中对未来收益的估算，主要是在对公司审计报表揭示的营业收入、营业成本和财务数据的核实、分析的基础上，根据其经营历史、市场需求与未来的发展等综合情况做出的一种专业判断。估算时不考虑其他非经常性收入等所产生的损益。根据以上对营业收入、营业成本、期间费用等的估算，公司未来净现金流量估算（永续期按照 2026 年的水平持续）如表 9-5 所示。

表 9-5 公司未来现金流量估算表

万元

年份 项目	2020 年 10—12 月 0.25	2021 年 1.25	2022 年 2.25	2023 年 3.25	2024 年 4.25	2025 年 5.25
一、营业收入	2 939.14	12 137.00	13 107.96	14 156.60	15 289.12	16 359.36
主营业务收入	2 939.14	12 137.00	13 107.96	14 156.60	15 289.12	16 359.36
其他业务收入						
二、营业成本	484.38	1 400.72	1 512.78	1 633.80	1 917.40	2 215.21
主营业务成本	484.38	1 400.72	1 512.78	1 633.80	1 917.40	2 215.21
其他业务成本						
营业税金及附加	55.40	235.03	253.84	274.14	296.07	316.80
营业费用	600.16	2 555.43	2 808.59	3 088.46	3 358.59	3 655.45
管理费用	867.80	2 334.88	2 485.65	2 830.49	3 112.07	3 387.56
财务费用						
资产减值损失						
投资收益						

续表

年份	2020年10—12月	2021年	2022年	2023年	2024年	2025年
三、营业利润	931.40	5 610.94	6 047.10	6 329.70	6 604.99	6 784.34
营业外收入						
营业外支出						
四、利润总额	931.40	5 610.94	6 047.10	6 329.70	6 604.99	6 784.34
减：所得税费用	366.23	1 026.95	1 511.77	1 582.42	1 651.25	1 696.09
五、净利润	565.17	4 583.99	4 535.32	4 747.27	4 953.75	5 088.26
加：固定资产折旧	17.23	68.91	68.91	68.91	68.91	68.91
加：摊销	19.44	77.74	77.74	77.74	77.74	77.74
加：借款利息（税后）						
减：资本性支出	40.00	150.00	150.00	150.00	150.00	150.00
减：营运资金增加额	-147.95	412.87	44.87	48.45	52.33	49.45
六、企业自由现金流量	709.78	4 167.77	4 487.11	4 695.47	4 898.07	5 035.46

2. 折现率的确定

按照收益额与折现率口径一致的原则，本次评估收益额口径为整个独立项目现金流量，则折现率选取加权平均资本成本（WACC），WACC模型可用下列数学公式表示：

$$WACC = k_e \times [E/(D+E)] + k_d \times (1-t) \times [D/(D+E)]$$

其中，k_e——权益资本成本

E——权益资本的市场价值

D——债务资本的市场价值

k_d——债务资本成本

T——所得税率

（1）权益资本报酬率的确定。

无风险收益率R_f：采用长期国债期望回报率（R_{f1}）确定。通过wind资讯查询，在沪、深两市选择评估基准日距到期日剩余期限十年以上的长期国债的平均到期收益率作为无风险报酬率，经过汇总计算取值4.18%（数据来源：wind网）。

市场风险溢价（$R_m - R_f$）可由以下计算公式表示：

市场风险溢价 = 成熟股票市场的基本补偿额 + 国家风险补偿额

式中，成熟股票市场的基本补偿取1928—2012年美国股票与国债的算术平均收益差6.29%；国家风险补偿取0.80%。

则：市场风险溢价 = 6.29% + 0.80% = 7.19%。

β系数的确定。经过筛选，选取在业务内容、资产负债率等方面与委估资产较相近的11家上市公司作为可比公司，查阅上述11家可比公司在距评估基准日12个月（β数据比较完整）期间的采用周指标计算归集的相对于沪深两市（采用沪深300指数）的风险系数β，并剔除每家可比公司的财务杠杆后β系数，计算其平均值作为被评估企业的剔除财务杠杆后的β系数。剔除财务杠杆后的β系数为0.605 5。在确定咨询对象的资本结构时参考对比公司资本结构平均值、被评估咨询企业的自身投入的资本结构,最后综合上述两项指标确定目标资本结构。将已经确定的资本结构比率代入到如下公式中,计算有财务杠杆 β 系数:

有财务杠杆 β = 无财务杠杆 $\beta \times [1+D/E \times (1-T)] = 0.6306$

通过计算,β 系数确定为 0.6306。

特别风险溢价的确定,考虑了以下因素的风险溢价:①规模风险报酬率的确定。世界多项研究结果表明,小企业平均报酬率高于大企业。因为小企业股东承担的风险比大企业股东大。因此,小企业股东希望更高的回报。通过与入选沪深 300 指数中的成分股公司比较,被评估单位的规模相对较小,因此我们认为有必要做规模报酬调整。根据我们的比较和判断结果,认为追加 3% 的规模风险报酬率是合理的。②个别风险报酬率的确定。该项目在现阶段各种风险均可能发生。出于上述考虑,我们将本次评估中的个别风险报酬率确定为 3%。

从上述分析,企业特别风险溢价确定为 6%。根据以上分析计算,我们确定用于本次评估的权益期望回报率,即股权资本成本为 14.71%。

(2) 债务资本成本的确定。因企业基准日账面不存在有息负债,故债务资本成本为零。

(3) 加权资本成本的确定。运用 WACC 模型计算加权平均资本成本,将上述参数代入 WACC 模型,得出加权平均资本成本为 13.94%,则本次折现率确定为 13.94%。

(四) 经营性资产价值

根据预测的净现金量和折现率,即可得到经营性资产价值为 34 380.66 万元,如表 9-6 所示。

表 9-6 经营性资产价值评估结果表

万元

年份	2020 年 10—12 月	2021 年	2022 年	2023 年	2024 年	2025 年	永续期
	0.25	1.25	2.25	3.25	4.25	5.25	
企业自由现金流量	709.78	4 167.77	4 487.11	4 695.47	4 898.07	5 035.46	5 084.91
折现系数	0.967 9	0.849 5	0.745 6	0.654 3	0.574 3	0.504 0	3.615 5
企业自由现金流量折现	687.00	3 540.52	3 345.59	3 072.25	2 812.96	2 537.87	18 384.48
经营性资产价值	34 380.66							

(五) 非经营性资产和溢余资产的价值

经核实,在评估基准日 2020 年 9 月 30 日,公司账面有如下资产属本次评估所估算现金流之外的其他非经营性或溢余性资产,在本次估算的净现金流量中未予合并考虑,而应单独估算其价值。

1. 非经营性资产的价值

评估基准日,非经营性资产的评估价值为 8 722.45 万元,如表 9-7 所示。

表 9-7　非经营性资产的价值

万元

序号	科目名称	业务内容	原因	账面价值	评估价值
1	其他应收款	可回收资金	可回收循环	1 083.08	1 083.08
2	交易性金融资产	理财产品	非主业经营需要	6 601.39	6 601.39
3	其他流动资产	理财产品	非主业经营需要	30.77	30.77
4	在建工程	在建厂房	未产生经济效能	1 007.21	1 007.21
	合计			8 722.45	8 722.45

2. 非经营性负债的价值

评估基准日，非经营性资产的评估价值为 902.47 万元，如表 9-8 所示。

表 9-8　非经营性资产的评估价值

万元

序号	科目名称	业务内容	原因	账面价值	评估价值
1	其他应付款	非经营性往来款	与主营业务不关联	94.47	94.47
2	递延收益	生物可降解工程实验室专项经费	待验收转化结果不确定	808.00	808.00
	合计			902.47	902.47

3. 溢余资产的价值

评估基准日，被评估单位账面货币资金合计 5 032.64 万元，将扣除企业维持三个月经营活动现金支出后的部分作为溢余资产加回。经计算企业维持三个月经营活动现金支出（最低现金保有量）2 148.82 万元，则加回剩余货币资金（溢余资产）2 883.82 万元。

（六）股东全部权益价值的确定

股东全部权益价值 = 经营性资产价值 + 非经营性资产 + 溢余性资产 - 非经营性负债

则：股东全部权益价值 = 34 380.66 + 8 722.45 + 2 883.82 - 902.47

= 45 084.46 万元

股东全部权益的确定过程如表 9-9 所示。

表 9-9　股东全部权益的确定过程

项　　目	金额/万元
经营性资产价值	34 380.66
减：有息负债现值	
加：非经营性资产	8 722.45
加：溢余性资产	2 883.82
减：非经营性负债	902.47
公司股东权益评估值	45 084.46

根据上述测算，WNNA 生物科技有限公司股东全部权益价值为 45 084.46 万元。

六、评估结论

截至评估基准日 2020 年 09 月 30 日，WNNA 生物科技有限公司股东全部权益价值评估结果如下：

在持续经营条件下，经采用收益法评估，WNNA 生物科技有限公司股东全部权益价值为 45 084.46 万元，增值 30 829.16 万元，增值率 216.26%。

【本章习题】

1. 简述企业价值评估的特点。
2. 如何理解企业价值评估的对象和范围？
3. 预测企业预期收益应当注意什么？
4. 为什么要保证收益额与折现率口径一致？
5. 运用资产基础途径评估企业价值应当注意什么？
6. 评估专业人员对某一企业进行整体评估，通过对该企业历史经营状况的分析及国内外市场的调查了解，收集到下列数据资料：

（1）预计该企业第 1 年的收益额为 400 万元，以后每年的收益额比上年增长 10%，自第 6 年起企业将进入稳定发展期，收益额将保持在 300 万元的水平上。

（2）社会平均收益率为 12%，国库券利率为 8%，被评估企业风险系数为 1.5。

（3）该企业可确指的各单项资产经评估后的价值之和为 1 600 万元。

要求：（1）确定该企业整体资产评估值。

（2）企业整体资产评估结果与各单项资产评估值之和的差额如何处理？

第十章　以财务报告为目的的评估

🔔 **学习目标**

通过本章学习，学生应了解以财务报告为目的的评估的披露要求，熟悉以财务报告为目的的评估的概念、基本要求、评估对象，掌握以财务报告为目的的评估实务的评估方法。

🔔 **学习重点与难点**

1. 以财务报告为目的的评估的概念、作用及业务特点；
2. 投资性房地产公允价值评估业务、合并对价分摊中的资产评估业务、资产减值测试业务的评估方法；
3. 以财务报告为目的评估的评估报告。

🔔 **导入情境**

收入费用观向资产负债观转化过程中的资产评估身影

所谓资产负债观，是指会计准则的制定机构在制定规范某类交易或事项的会计准则时，首先定义并规范由该类交易或事项产生的相关资产和负债或其对相关资产和负债造成影响的确认和计量，然后再根据资产和负债的变化来确认收益。收益的确定不需要考虑实现问题，只要净资产增加，就作为收益确认。在资产负债观下，会计准则制定重在规范资产和负债的定义、确认和计量，利润表成为资产负债表的附属产物。收入费用观则要求在准则制定中，首先考虑与某类交易相关的收入和费用的直接确认和计量，重点关注利润表的要素，资产负债表只是为了确认与合理计量收益的跨期摊配中介，是利润表的附属。收入费用观认为必须按实现原则确认收入和费用，根据配比原则和其经济性质上的一致性联系起来确认收益。

通俗来讲，如果企业购进一项资产，购进当日确认账面价值100万元，在当年年末，该项资产价值上升，公允价值为120万元，则按照资产负债观，会计上应当将上升的这20万元作为会计收益；若按照收入费用观则不必确认任何收益，因为尽管资产价值上升了20万元，但是这20万元还没有真正实现，如果在此时真正处置资产，20万元增值实现了，才能确认收益。若企业购进的该项资产，在年底减值至 50 万元，则按照资产负债观应当在会计上反映 50 万元的减值，而按照收入费用观，则不需计提减值，只要将账面原值 100 万元在其使用年限内摊销即可，若预计使用 5 年，则在当年年末，仅需计提折旧 20 万元，资产账面价值变为 80 万元。

为促进我国会计准则与国际会计准则接轨，提高会计信息计量确认的准确性，在新会计准则的修订中，开始实现收入费用观向资产负债观的转变，2007 年实施的《会计准则》中，出台了 21 个新准则，在这次《会计准则》修订中，收入费用观向资产负债观的转变尤为突出，公允价值得到广泛运用。

公允价值的广泛应用，催生了以财务报告为目的的资产评估业务的发展。公允价值在会计准则中从 1998 年的出现到 2000 年的取消，再到 2007 年的应用，所存在的最大问题是公允价值难以靠单纯的会计计量取得，以及公允价值可以成为企业操纵利润的工具。会计上对公允价值的定义为熟悉市场情况的买卖双方在公平交易的条件下和自愿的情况下所确定的价格，或无关联的双方在公平交易的条件下一项资产可以被买卖或者一项负债可以被清偿的成交价格。这个定义类似于资产评估中的市场价值。资产评估行业所进行的业务是价值判断，对企业已存在的资产进行估值，而资产评估机构是独立于企业的中介机构，资产评估的专业性和独立性能够在公允价值的发现和确定中起到重要作用。

如前文所述例子中，如何确定年末资产的公允价值，实质是完全市场对资产价值的评估，是以市场为导向的计量属性，尽量多考虑市场因素，少用企业内部的估计和假设。会计人员单纯靠企业内部的估计和假设无法反映资产的市场价值，而资产评估有一个重要的假设，即公开市场假设：被评估资产具有现实的和潜在的市场交易条件，可以在公开市场上买卖，其价格的高低取决于市场的行情。任何一项导致资产评估的经济行为，都需要获得将处在这一行为中的资产的公允价值，而这一公允价值的获得则须通过公开市场交易才知道，如果舍弃这一假设去获取被评估资产潜在的交换价值，则很难对资产价值进行评估。因此，资产计量中的公允价值估计可采用资产评估的方法，主要可以采用市场法、收益法和期权定价法等。可以说，公允价值将如何确定，在很大程度上依赖于资产评估。

第一节 以财务报告为目的的评估概述

【微案例 10-1】

当前文化产业并购进行得如火如荼，文化产业作为现代服务业是一种典型的轻资产行业，并购方看中的是文化企业未来能够带来的收益，在并购过程中并购方愿意出高价，因而呈现高估值、高商誉、高业绩的特点。华夏影视文化传播公司看中著名演员马演员的票房号召力，提出以 10 亿元收购马演员的个人 M 工作室。M 工作室净资产的账面价值仅有 1 元，但是不能反映在账面上的马演员才是 M 工作室真正的收益来源。在合并日前，华夏影视文化传播公司委托资产评估公司对 M 工作室的公允价值进行评估，无形资产评估增值 9 亿元，因合并产生的商誉为 1 亿元。合并当日，马演员与华夏影视签订业绩补偿协议，承诺未来三年，M 工作室至少完成 5 亿元净利润。就当日情况来看，业绩承诺很可能实现。

请思考： M 工作室为什么能够实现 10 亿倍的溢价？在合并日前，为什么需要对 M 工作室重新进行评估?

一、以财务报告为目的的评估的定义

以财务报告为目的的评估,是指资产评估机构及其资产评估专业人员遵守相关法律法规、资产评估准则及企业会计准则或相关会计核算、披露要求,根据委托对以财务报告为目的所涉及各类资产和负债的公允价值或特定价值进行评定、估算,并出具评估报告的专业服务行为。

由上述定义可知,以财务报告为目的的评估是为会计的计量、核算及披露提供意见的一种专业服务。根据编制报告的需求不同,评估对象也不同,但是这些评估对象通常来看是构成财务报告信息所需要的资产、负债和或有负债,如资产减值测试的评估对象可能是具体的单项资产,也可能是资产组或者资产组组合。投资性房地产公允价值评估对象是在投资性房地产科目核算的房地产资产,金融工具公允价值评估涉及的评估对象包括基础金融工具,如股票、债券等基础资产,也包括金融衍生工具,如互换、掉期等衍生品。非同一主体控制下的企业合并行为,编制合并会计报表时,需要对被购买方的可辨认资产、负债及或有负债等进行公允价值评估,这时的评估对象是被购买方资产负债表内的资产、负债,以及可以量化的表外无形资产和或有负债。

二、以财务报告为目的的评估的作用

财务报告的目标是向财务报表的使用者提供最有意义的信息以支持其投资决策。对于财务报告中各类资产和负债的公允价值或特定价值的计量,国际上较通行的做法是由评估专业人员为公允价值的确定提供专业意见,保障会计信息的客观和独立。其作用具体体现在以下三个方面。

(一)评估技术能够满足会计计量专业上的需求

企业以公允价值计量相关资产和负债,应当采用在当前情况下适用并且有足够可利用数据和其他信息支持的估值。企业采用估值技术的目的,是估计在计量日市场条件下,市场参与者在有序交易中出售一项资产或者转移一项负债的价格。

企业以公允价值计量相关资产或负债,适用的估值技术主要包括市场法、收益法和成本法。估值技术因市场情况和资产特点不同,可观察输入值和不可观察输入值均会用到。不可观察输入值要求估值技术能够反映计量日可观察的市场数据,因此对于会计人员而言,不可观察输入值的获取和应用存在很大的挑战,而外部的专业评估机构能够通过运用评估技术,为会计公允价值计量提供专业支持。

(二)评估专业行为能够为会计计量的客观性奠定基础

在公允价值评估中,要求选择与市场参与者在相关资产和负债的交易中所考虑的资产或负债特征相一致的输入值,包括流动性溢价、控制权溢价或缺乏控制权折价等。资产评估是一种专业行为,是建立在专业技术知识和经验基础上的一种专业判断,长期业务积累使得评估机构具备客观呈现会计信息的能力。会计信息的这种客观性要求,能够通过评估过程中严格遵循相关的方法和程序取得充分的依据。

(三)评估的独立地位能够强化公允价值的公正性

独立性是资产评估工作的基本特征。在市场经济条件下,由资产评估机构依据相关评估法规、准则、规范和行业惯例，提供现时的价值尺度，对于政府监管部门、会计信息使用方和社会公众是一种具有较强公信力的信息服务，有利于形成公正的会计信息，特别是关于公允价值的信息。

三、以财务报告为目的的评估对象

与其他资产评估业务相比，以财务报告为目的的评估业务涉及的评估对象更加多元化，并且更加复杂。一般意义上，以财务报告为目的的评估业务适用于编制财务，由定义可知，以财务报告为目的的评估是为会计的计量、核算及披露提供专业意见。以财务报告为目的的评估涉及企业合并、资产减值、投资性房地产、金融工具、股份支付等多项会计核算业务。例如与资产后续计量有关的会计事项，与资产及商誉减值测试有关的会计事项，与企业合并对价分摊有关的会计事项，与金融资产、持有至到期投资、贷款和应收账款、可供出售金融资产和股权支付公允价值计量有关的会计事项，与投资性房地产公允价值计量有关的会计事项等。

当然，随着以财务报告为目的的评估的深入也可能还有其他的业务出现。

四、以财务报告为目的的评估的特点

以财务报告为目的的评估服务于企业财务报告的编制和披露，是资产评估在企业财务报告方面的具体运用。实际上，以财务报告为目的的评估涉及了资产评估、财务会计和审计等专业的知识和专业要求。以财务报告为目的的评估除了需要满足资产评估专业要求以外，还需要满足相关专业的要求。因此，以财务报告为目的的评估具有了一些自身的特点。

（一）以财务报告为目的的评估需要满足会计准则对资产计价的要求

会计准则对资产计价的要求首先表现在会计资产计价的计量属性方面。我国会计计量属性包括历史成本、重置成本、可变现净值、现值和公允价值。以财务报告为目的的评估需要衔接资产评估价值类型与会计计量属性的规定，通过对特定评估业务价值类型的定义，避免与会计准则中的计量属性之间产生冲突，只有通过这种衔接，才能更好地服务于会计的需求且有利于评估业务的开展。

（二）以财务报告为目的的评估需要满足会计核算的规则及要求

以财务报告为目的的评估应当满足会计核算的规则及要求。例如，合并对价分摊（PPA）的评估需要满足会计准则关于合并对价分摊的核算要求，需要通过识别所收购企业的各项资产和负债（包括未在被收购企业资产负债表上反映的资产和负债），评估各项资产和负债的公允价值，将收购企业的收购价格根据合并中取得的被购买方可辨认资产（包括各类可辨认无形资产）、负债及或有负债的公允价值进行分配。

（三）以财务报告为目的的评估应该参照会计准则有关计量方法的规定

以财务报告为目的的评估在评估方法的选择和使用方面应该参照会计准则中有关计量方法特殊性规定的要求，分析市场法、收益法和成本法三种资产评估基本方法的具体适用范围，同时需要考虑会计准则认可的其他技术方法的适用性，以及资产评估的借鉴意义，考虑以财务报告为目的的评估方法的多样性。

(四)以财务报告为目的的评估需要与审计准则相衔接

以财务报告为目的的评估的结果不仅应当满足会计准则的要求,同时应当与审计准则的要求相衔接。以财务报告为目的的评估在很大程度上是为了会计报表的披露,会计信息披露之前通常要经过审计,尽管审计准则中的很多要求和规定源于会计准则,然而审计准则仍然有着其独立的要求。保证以财务报告为目的的评估及其结果与审计准则衔接,是以财务报告为目的的评估的重要特征之一。

第二节 以财务报告为目的的评估实务

【微案例 10-2】

米多多农场是一家上市公司,公司会计师在年末对资产负债表进行编制时,发现应收账款中有多笔款项达到金额重大的标准,根据《企业会计准则第22号——金融工具确认和计量》的规定,应当对单笔金额重大的应收账款进行金额测试,于是委托资产评估公司对达到标准的应收账款进行以财务报告为目的的评估,查看是否存在减值的情况。评估团队中两名评估助理对合营公司产生的往来款项的评估产生分歧。小牛凭借过去的项目经验,认为关联方经营正常,与被评估公司关系密切,与其交易产生的应收账款不需要确认评估风险损失。小马认为,以财务报告为目的的评估报告是服务于会计信息披露的,应当尽量贴近会计谨慎性的要求,应当加大函证量,加强风险判断,对关联方交易产生的应收账款进行风险损失评估。

请思考: 你支持小牛的观点还是小马的观点,为什么?你认为以财务报告为目的的评估在实务操作中会有什么不同之处?

一、投资性房地产公允价值评估

(一)投资性房地产公允价值评估前提

按照《企业会计准则第39号——公允价值计量》的要求,投资性房地产的公允价值评估是基于资产的最佳用途产生经济利益的能力,或者将该资产出售能够用于最佳用途的其他市场参与者产生经济利益的能力。

最佳用途是指资产价值最大化时对应的用途,主要从法律上是否允许,实物上是否可能,以及财务上是否可行等方面考虑。

第一,法律上是否允许。对资产进行评估时应该考虑资产使用在法律上是否受到限制,评估基准日对该投资性房地产的使用必须未被法律禁止。例如,如果政府禁止在生态保护区内进行房地产开发和经营,则该保护区内的土地最佳用途不可以是工业或者商业用途的开发。

第二,实物上是否可能。评估专业人员应该考虑资产的实物特征。例如,一栋建筑物是否能够作为仓库使用。

第三,财务上是否可行。在评估投资性房地产的公允价值时应该在法律允许的条件下使用该资产产生足够的收益或者现金流量,从而使补偿该资产的成本后,仍然能够提供市场参与者所要求的投资回报。

（二）投资性房地产公允价值评估的对象

按照《企业会计准则第 3 号——投资性房地产》，投资性房地产是指企业为赚取租金或资本增值，或两者兼有而持有的房地产。投资性房地产在用途、状态、目的等方面，与企业自用的厂房、办公楼等作为生产经营场所的房地产，以及房地产开发企业用于销售的房地产是不同的。投资性房地产能够单独计量和出售。

当投资性房地产的公允价值能够持续可靠取得的时候，可以对投资性房地产采用公允价值模式进行后续计量。采用公允价值计量的房地产应满足以下两个条件。

（1）投资性房地产所在地有活跃的房地产交易市场。

（2）企业能够从房地产交易市场上取得同类或类似房地产的市场价格及其他相关信息，从而对投资性房地产的公允价值做出合理的估计。

投资性房地产公允价值评估，是指按照《以财务报告为目的的评估指南》要求，对符合会计准则规定条件的投资性房地产在评估基准日的公允价值进行评定、估算，并出具评估报告的专业服务行为。在进行投资性房地产公允价值评估时，应当充分理解相关会计准则的要求以及投资性房地产在企业财务报告中的核算和披露要求。

（三）投资性房地产公允价值评估方法与参数

1. 选取原则

评估专业人员在执行投资性房地产公允价值评估业务时，应当根据评估对象的具体情况、资料收集情况和数据来源等相关条件，恰当选择评估方法。在会计准则中，对于投资性房地产的评估方法选择是有一定层次的，具体来说应遵循如下原则。

（1）投资性房地产的公允价值评估，应当从当前租赁协议以及其他合理的有依据的假设出发得到。这些假设是指知悉市场交易状况并且有交易意愿的当事人对未来租赁活动可以实现的租赁收入所作的假设。

（2）在选择投资性房地产的市场信息时线索应来自处于相同位置、具有相同条件、从属于相似租赁协议或者其他合同的相似资产所在活跃市场的当前价格。在评估中，应区分房地产的性质、环境和地理位置存在的差异，必要时，应考虑上述差异并对其进行修正。

（3）当无法掌握活跃市场的当前价值时，可以参照具体相似性质的资产的活跃市场，或者较不活跃市场的相似资产的最近交易价格，或者对合理预测的未来现金流量的折现值。

2. 评估方法及评估参数

（1）市场法。

运用市场法评估投资性房地产时，应当收集足够的同类或者类似房地产的交易案例，并对所收集的信息及其来源进行审慎分析。在选用交易案例时应当关注案例的可比性，重点分析投资性房地产的实物状况、权益状况、区位状况、交易情况及租约条件。

公允价值是以脱手价为核心的，这里需要注意的是资产出售或者使用的限制。具体来说，在进行公允价值评估时应区分投资性房地产是否存在出售或者使用的限制，并且应进一步区分出限制是针对投资性房地产的持有者还是投资性房地产本身。如果该限制是针对投资性房地产持有者的，则该限制并不是资产的特征，只会影响当期持有该资产的企业，而其他企业可能不会受到该限制的影响，从市场参与者角度评估时也不会考虑这样的限制因素。

运用市场法评估投资性房地产时应构建可比修正体系。构建可比修正体系应考虑三个方面的问题：一是可比指标的选取；二是比较的方式；三是可比案例的权重设计。

对于上述情况的调整，可以根据具体情况，基于可比案例交易的总价值或者单价，比较的方式可采用金额、百分比或回归分析法，通过直接或者间接比较，对可比案例价格进行处理。

在比较修正过程中，应符合以下规定：分别对可比案例成交价格修正或者调整的幅度不宜超过20%，共同对可比案例成交价格修正或者调整的幅度不宜超过30%；经修正或者调整后的可比案例价格，最高值与最低值的比值不应超过1.2；当修正幅度或者比值超过上述规定，应重新选择可比案例。根据可比案例与被评估对象的相似程度、可比案例的资料可靠程度等，选用简单算术平均、加权算术平均等方法计算出被评估对象的价值。

（2）收益法。

收益法是指预计评估对象未来的正常净收益，选用适当的资本化率将其折现到评估基准日并累加，以此估算估价对象的客观合理价值的方法。

运用收益法评估投资性房地产时，应当对企业来自投资性房地产的租金收益，以及当期产生的相应费用进行分析，合理判断租金收益与相应费用的匹配性，合理确定净收益。投资性房地产的净收益是指租金中直接归属于评估对象所对应的房地产权益部分，不包括物业管理费、代垫水电费等其他项目，并应当恰当考虑免租期和租金收取方式的影响。现有租约条款对公允价值的影响，包括租金及其构成、租期、免租期、续租条件和提前终止租约的条件。

①运用收益法评估投资性房地产时，应当合理确定投资性房地产的收益期和持有期。收益期应当根据建筑物的剩余经济寿命年限与土地使用权剩余使用年限等参数及有关法律、法规的规定来确定。持有期应根据市场投资者对同类房地产的典型持有时间及能预测期间的收益的一般期限来确定，通常为5~10年。

②预测投资性房地产的未来净收益。未来净收益应首先通过租赁收入测算，净收益又称净营运收益，是由有效毛收入扣除相关税费、运营费用后归属于房地产的收入。运营费用是指维持房地产正常使用或营业所必需的费用。

③折现率。折现率应当反映评估基准日类似地区同类投资性房地产平均回报水平和评估对象的特定风险。折现率的口径应当与收益口径保持一致，并考虑租约、租期、租金等因素对折现率选取的影响。

投资性房地产评估业务，应当对投资性房地产进行现场调查，明确投资性房地产的实物状况、权益状况和区位状况。

采用收益法评估投资性房地产，评估结论中通常包括土地使用权价值。应当关注已出租的建筑物的会计核算中是否包含建筑物所对应的土地使用权。如果会计核算不包含土地使用权，应当提请企业管理层重新分类，或者在评估结论中扣除土地使用权的价值，并在评估报告中进行必要的披露。

二、资产减值测试评估

(一) 资产减值及其测试

资产减值是指资产的可收回金额低于其账面价值。根据我国企业会计准则，企业应当在资产负债表日判断资产是否存在可能发生减值的迹象。对于存在减值迹象的资产，应当进行减值测试，计算资产的可收回金额。可收回金额低于账面价值的，应当按照可收回金额低于账面价值的金额，计提减值准备。资产减值测试是指企业财务会计人员根据企业外部信息与内部信息，判断企业资产是否存在减值迹象。如有确切证据表明资产确实存在减值迹象，则需要合理估计该项资产的可收回金额。

资产可能发生减值的迹象是资产是否需要进行减值测试的前提。

(二) 资产减值测试流程

资产减值测试大致要经历以下阶段：
(1) 减值迹象的判断。
(2) 资产寿命的判断。
(3) 单个资产公允价值及其处置费用是否确定以及与账面价值的比较。
(4) 单个资产的预计未来现金流量是否确定以及与账面价值的比较。
(5) 资产组公允价值减处置费用的余值与账面价值的比较。
(6) 资产组的预计未来现金流量现值与账面价值的比较。

(三) 资产减值测试评估中的评估对象确定

资产减值测试评估对象应当与资产、资产组或资产组组合账面价值的成分保持一致。对于资产组或资产组组合而言，其账面价值应当包括可直接归属于该资产组或资产组组合以及可以合理和一致地分摊至该资产组或资产组组合的商誉与总部资产的账面价值。除非不考虑该负债的金额就无法确定资产组的可收回金额，资产组的账面价值一般不应包括已确认的计息负债的账面价值。

(四) 评估方法选择

进行以减值测试为目的的评估，应该结合评估对象特点、价值类型、资料收集情况和数据来源等分析市场法、收益法和成本法的适用性。

1. 资产的公允价值减去处置费用的净额

公允价值的可靠性受制于数据获取来源，其估计首先考虑采用市场法，以公平交易中的销售协议价格，或与评估对象相同或相类似资产在其活跃市场上反映的价格为计算依据。

当不存在相关活跃市场或缺乏相关市场信息时，资产或资产组的公允价值可以根据企业以市场参与者的身份，对单项资产或资产组的运营做出合理性决策，并在适当地考虑相关资产或资产组内资产的有效配置、改良或重置的前提下提交预测资料，参照企业价值评估的基本思路和方法（收益法）进行分析和计算。通常来说，采用这种方法时，评估专业人员也应该采用市场乘数等其他方法验证结果，从而保证评估结论的取得充分考虑了恰当的市场参与者可获取的信息。

处置费用的估计包括与资产处置有关的法律费用、相关税费、搬运费以及为使资产达到可销售状态所发生的直接费用等。

2. 资产预计未来现金流量的现值

估计资产预计未来现金流量的现值时通常采用收益法，即按照资产在持续使用过程中和最终处置时所产生的预计未来现金流量，选择恰当的折现率对其进行折现后的金额加以确定。预计未来现金流量的预测是基于特定实体现有管理模式下可能实现的收益。预测一般只考虑单项资产或资产组/资产组组合内主要资产项目在简单维护下的剩余经济年限，即不考虑单项资产或资产组/资产组组合内主要资产项目的改良或重置；资产组内其他资产项目于预测期末的变现净值应当纳入资产预计未来现金流量的现值的计算。

（五）评估参数确定

以固定资产减值测试为例，资产预计未来现金流量的现值评估方法中涉及的参数确定方法如下。

1. 现金流预测基本要求

现金流预测是基于经企业管理层（如董事会）准备的针对评估对象的最近财务预算或者经营计划进行的，评估专业人员应通过关注、检验历史现金流预测和实际值之间的差异来评估和确定当前现金流预测假设的合理性。

2. 现金流预测期

减值测试涉及的现金流预测期并不完全等于管理层提供的财务预算或者经营计划期。一般情况下，预测期必须涵盖只考虑单项资产或资产组内主要资产项目在简单维护下的剩余经济年限。评估专业人员可以基于管理层提供的财务预算或经营计划适当延长至资产组中主要资产项目的经济使用寿命结束。

3. 资本性支出预测

预测的资本性支出应该包括：维护资产正常运转或者资产正常产出水平而必要的支出，或者属于资产简单维护下的支出；即维护性资本支出；完成在建工程和开发过程中的无形资产等的必要支出。

预测的资本性支出中不应当包括与资产改良或企业扩张相关的资本性支出，即改良性资本支出和扩张性资本支出。

4. 资产组中主要资产项目经济使用年限最后一年的净现金流量

在资产组中主要资产项目于简单维护下的剩余经济年限资产使用寿命结束时，需要考虑处置资产所收到或者支出的净现金流，相当于预期公允价值减去处置费用后的净值。由于必须考虑处置费用，该处置资产的净现金流可能为负值。

5. 企业所得税的影响

估算预计未来现金流量现值应该基于税前基础。

在适当考虑相应调整的前提下，基于税前基础计算的未来现金流量现值应等于基于税后基础计算的未来现金流量现值。

6. 折现率

折现率要与预计的未来现金流匹配，如是否同为税前或税后基础，是否同时考虑了通货膨胀因素，又如是否根据企业会计准则的要求计算相应的税前折现率。

三、企业合并对价分摊的评估

企业合并是指将两个或两个以上单独的企业合并形成一个报告主体的交易或事项。按合并前后是否受同一方最终控制分为同一控制下的企业合并和非同一控制下的企业合并。同一控制下的企业合并，是指参与合并的企业在合并前后均受同一方或相同的多方最终控制且该控制并非暂时性的。非同一控制下的企业合并，是指参与合并的各方在合并前后不受同一方或相同的多方最终控制。

合并对价分摊是指符合企业合并准则的非同一控制下的企业合并的成本在取得的可辨认资产、负债及或有负债之间的分配。根据企业合并准则的规定，对于非同一控制下的企业合并，购买方在购买日应当对合并成本进行分配，按照相关规定确认所取得的被购买方各项可辨认资产、负债及或有负债。购买方对合并成本大于合并中取得的被购买方可辨认净资产公允价值份额的差额，应当确认为商誉。

（一）企业合并对价分摊评估中的评估对象

合并对价分摊事项涉及的评估业务所对应的评估对象应当是合并中取得的被购买方各项可辨认资产、负债及或有负债，这与企业并购中的企业价值评估所对应的评估对象有所不同。在企业并购中，企业价值评估所对应的评估对象一般为企业整体价值、股东的全部权益价值或部分权益价值。

（二）评估方法的确定

1. 有形资产和负债的评估

企业合并中取得的资产、负债在满足确认条件后，应以其公允价值计量。确定企业合并中取得的有关可辨认资产、负债的公允价值时，应当遵循企业合并准则应用指南的规定。

2. 无形资产的评估

无形资产，存在活跃市场的，应按购买日的市场价格确定其公允价值；不存在活跃市场的，无法取得有关市场信息的，应按照一定的估值技术确定其公允价值。在这种情况下，评估专业人员需要根据各项无形资产的特点，选用适当的方法进行评估。

有形资产和无形资产的评估方法包括市场法、收益法和成本法以及实物期权法等。在评估实践中，评估专业人员应根据资产的性质以及市场信息的可获得性，考虑上述方法的适用性。在不同方法都适用于某一特定资产公允价值的评估时，应当分析运用不同方法的评估结果。

（三）递延所得税的计算

企业合并中取得的被购买方各项可辨认资产、负债及或有负债的公允价值与其原计税基础之间存在差额的，应当按照《企业会计准则第18号——所得税》的规定确认相应的递延所得税资产或递延所得税负债，所确认的递延所得税资产或递延所得税负债的金额不应折现。

应当特别指出的是，对于被购买方在企业合并之前已经确认的商誉和递延所得税项目，购买方在分配企业合并成本、汇总可辨认资产和负债时不应予以考虑。在按照规定确定了合并中应予确认的各项可辨认资产、负债的公允价值后，计税基础与账面价值不同形成暂时性差异的，应当按照所得税会计准则的规定确认相应的递延所得税资产或递延所得税负债。

（四）商誉的计算

在汇总计算各项可辨认资产、负债的公允价值后，可得到被购买方可辨认净资产公允价值。根据企业合并准则的规定，购买方对合并成本大于合并中取得的被购买方可辨认净资产公允价值份额的差额，应确认为商誉。

首先，确定合并成本。通常情况下，企业合并成本按照购买方为进行企业合并支付的现金、非现金资产、发行或承担的债务和发行的权益性证券等在购买日的公允价值以及企业合并中发生的各项直接相关费用之和确定。对于通过多次交换交易分步实现的企业合并，其企业合并成本为每一单项交换交易的成本之和。

其次，在合并成本确定后，评估专业人员可计算得出该企业合并商誉应确认的商誉值。对于该商誉值，评估专业人员应当对其合理性进行分析，解释商誉所代表的含义及其组成成分。一般来说，商誉由企业现有的管理团队和员工团队、并购后的协同效应、收购方对收购对价的判断失误导致收购对价过高、企业持续经营的能力（包括各类不符合无形资产确认条件的其他资产，如市场占有率、通过资本市场直接融资的能力、良好的政府关系等）因素构成。

此外，在商誉的评估结果较高的情况下，评估专业人员应当提请公司管理层关注其减值风险，并考虑及时执行商誉的减值测试程序。

（五）整体合理性测试

评估专业人员应采取适当的方法对合并对价分摊的评估结果的整体合理性进行验证。通常来说，在合并对价分摊的评估中，以被购买方各项资产公允价值为权重计算的加权平均资本回报率，应该与其加权平均资本成本基本相等或接近。如果评估专业人员经过计算，发现被购买方各项资产的加权平均资产回报率与加权平均资本回报率差异较大，则需要进一步复核无形资产的识别过程以及各项可辨认资产、负债和或有负债的评估过程是否合理。各项资产的加权平均资产回报率可采用以下公式计算：

$$R = \frac{\sum_{i=1}^{n} A_i R_i}{\sum_{i=1}^{n} A_i} \quad (10-1)$$

式中，R 为加权平均资产回报率；A_i 为各项可辨认资产的公允价值；R_i 为可辨认资产要求回报率。

评估专业人员在确定各项可辨认资产的必要资产回报率时，除了考虑被购买方的整体企业价值外，还需考虑该资产自身风险相关的因素。由于进行企业价值评估时运用的加权平均资本成本，反映了一个企业所有的资产、负债所产生现金流的期望回报，包含了该企业实现可能的现金流入应取得的风险补偿，所以在确定可辨认无形资产的必要资产回报率时，可参考企业价值评估时采用的加权平均资本成本，并在此基础上考虑必要的风险溢价或折价。

第三节　以财务报告为目的的评估的评估报告

【微案例 10-3】

　　A 公司在收购 B 公司前，曾委托资产评估公司对 B 公司的资产进行评估，以进行合并对价分摊，资产评估公司出具以财务报告为目的的评估报告，并在报告中注明报告使用者、评估目的和用途。一年后，A 公司拟将所收购 B 公司全部股权向 C 公司质押借款，并将评估公司先前出具的以财务报告为目的的评估报告提供给 C 公司。借款到期后，C 公司因 A 公司无法足额还款而行使质押权，行权后发现 B 公司股权价值与 A 公司提供的资产评估报告上的价值大相径庭，于是将 A 公司与评估公司及其评估人员一并告上了法庭，状告评估公司及其评估人员与 A 公司串通欺诈。

　　请思考：评估公司及其评估人员是否存在失职行为？C 公司状告评估公司及其评估人员与 A 公司串通欺诈是否成立？

一、以财务报告为目的的评估中的评估范围

　　以财务报告为目的的评估范围实际上是指以财务报告为目的的评估涉及的基本业务。换一个角度说，以财务报告为目的的评估范围是指引起以财务报告为目的的评估的会计事项，即由这些会计事项可能会引起以财务报告为目的的评估。笼统地讲，以财务报告为目的的评估范围包括与资产后续计量有关的会计事项涉及的资产、负债和或有负债等。具体来说，以财务报告为目的的评估范围包括资产减值测试涉及的资产及负债，企业合并对价分摊涉及的资产及负债，金融资产、持有至到期投资、贷款和应收账款、可供出售金融资产和股权等涉及的资产及负债等。

　　投资性房地产是指为赚取租金或资本增值，或两者兼有而持有的房地产。在执行会计准则规定的投资性房地产评估业务时，对应的评估对象包括以下几方面。

　　（1）已出租的土地使用权和已出租的建筑物。其中，用于出租的土地使用权是指企业通过出让或转让方式取得的土地使用权；用于出租的建筑物是指企业拥有产权的建筑物。

　　（2）持有并准备增值后转让的土地使用权。按照国家有关规定认定的闲置土地，不属于持有并准备增值后转让的土地使用权。

　　（3）某项房地产，部分用于赚取租金或资本增值，部分用于生产商品、提供劳务或经营管理，能够单独计量和出售的用于赚取租金或资本增值的部分，应当确认为投资性房地产；不能够单独计量和出售的用于赚取租金或资本增值的部分，不确认为投资性房地产。

　　（4）企业将建筑物出租，按租赁协议向承租人提供的相关辅助服务在整个协议中不重大的，如企业将办公楼出租并向承租人提供保安、维修等辅助服务，应当将该建筑物确认为投资性房地产。企业拥有并自行经营的宾馆，其经营目的主要是通过提供客房服务赚取服务收入，该宾馆不确认为投资性房地产。

　　资产减值，是指资产的可收回金额低于其账面价值，企业所有的资产在发生减值时，应当及时加以确认和计量。在执行会计准则规定的包括商誉在内的各类资产减值测试涉及的评估业务时，对应的评估对象可能是单项资产，也可能是资产组或资产组组合。其中，固定资产减值测试一般以资产组的形式出现；商誉减值测试主要以资产组或资产组组合

出现。

合并对价分摊事项是指会计准则规定的非同一控制下企业合并成本在取得的可辨认资产、负债和或有负债之间的分配。合并对价分摊事项涉及的评估业务所对应的评估对象应当是合并中取得的被购买方各项的可辨认资产、负债及或有负债，这与被购买方所做的企业并购中的企业价值评估所对应的对象即企业整体价值、股东全部权益（价值）或部分权益（价值）明显不同。

二、以财务报告为目的的评估中的评估对象

从宏观方面讲，以财务报告为目的的评估中的评估对象是会计准则中特定会计事项所对应的对象，它们可以是企业中的要素资产、要素资产组合以及企业负债等。企业价值评估中所对应的评估对象应该是企业整体价值、股东全部权益价值以及股东部分权益价值。

（一）以财务报告为目的的评估中的负债评估对象

当企业中的负债成为会计准则中特定会计事项所对应的对象，同时要求取得这些负债的公允价值的时候，这些负债就可能成为以财务报告为目的的评估中的评估对象。在执行会计准则规定的合并对价分摊事项涉及的评估业务时，对应的评估对象就涉及企业中的负债（包括未在被收购企业资产负债表上反映的负债）。企业资产负债表上反映的债务的界定相对简单，未在被收购企业资产负债表上反映的负债的界定存在一定的难度。以财务报告为目的的评估中的负债评估对象可以是企业的某项实际债务，也可能是企业的某项或有负债，还可以是企业的全部负债。

（二）以财务报告为目的的评估中的资产组或资产组组合评估对象

当企业中的要素资产不存在活跃交易市场并且成为会计准则中特定会计事项所对应的对象，而且这些单项要素资产难以单独形成或难以单独计量现金流量时，需要借助于资产组或资产组组合及可计量的现金流量判断其公允价值。此时的资产组及资产组组合就可能成为以财务报告为目的的评估中的评估对象。

资产组是企业可以认定的最小资产组合，其产生的现金流入应当基本上独立于其他资产或者资产组。资产组应当由创造现金流入的相关资产组成。

资产组组合是指由若干个资产组组成的最小资产组组合，包括资产组或者资产组组合，以及按合理方法分摊的总部资产部分。

以财务报告为目的的评估中的资产组或资产组组合的具体确认应当按照会计准则的要求进行。会计准则要求对资产组的认定应当考虑以下因素：第一，资产组的认定，应当以资产组产生的主要现金流入是否独立于其他资产或者资产组的现金流入为依据。因此，资产组能否独立产生现金流入是认定资产组的最为关键的因素。第二，资产组的认定，应当考虑企业管理层对生产经营活动的管理或者监控方式（如是按照生产线、业务种类还是按照地区或者区域等）和对资产的持续使用或者处置的决策方式等。在执行会计准则规定的资产减值事项涉及的评估业务时，对应的评估对象可能会涉及企业中的资产组或资产组组合等。

三、以财务报告为目的的评估中的价值类型

资产评估中的价值类型涉及评估结论的价值定义及其合理性指向，是资产评估中最为

核心的问题。以财务报告为目的的评估属于特定的评估业务，也是资产评估的重要组成部分。以财务报告为目的的评估是为会计核算和会计信息披露的需要而做的，评估结论首先需要满足会计准则有关会计计量属性的要求。同时作为一种资产评估业务，评估结论的价值定义也应当符合资产评估准则的规范要求。中国资产评估协会于2007年11月28日发布的《资产评估价值类型指导意见》是注册资产评估师和评估人员选择与应用资产评估价值类型的基本规范，该规范的第十一条规定："某些特定评估业务评估结论的价值类型可能会受到相关法律、法规或者契约的约束，这些评估业务的评估结论应当按照相关法律、法规或者契约等的规定选择评估结论的价值类型；相关法律、法规或契约没有规定的，可以根据实际情况选择市场价值或市场价值以外的价值类型，并予以定义。"

以财务报告为目的的评估属于特定评估业务，毫无疑问，以财务报告为目的的资产评估业务应当遵循会计准则等相关规范和制度对会计核算的基本要求，应当符合会计准则等相关规范涉及的主要计量属性及价值定义的要求。与此同时，在保证以财务报告为目的的资产评估业务遵循会计准则等相关规范涉及的主要计量属性及价值定义的前提下，应当充分考虑以财务报告为目的的评估结论与资产评估价值类型之间的匹配。

从以往的经验来看，会计中的公允价值是以财务报告为目的的评估中最主要的目标。根据会计准则下的公允价值的定义及其使用要求，在符合会计准则使用要求的前提下，会计中的公允价值十分接近或相当于资产评估中的市场价值。在这里必须重申，只有在符合会计准则计量属性规定的条件时，会计准则下的公允价值等同于资产评估中的市场价值，即在符合会计准则计量属性规定的条件下，通过评估市场价值可以实现以财务报告为目的的评估中的公允价值目标。

会计准则下的其他计量属性，如重置成本、可变现净值或公允价值减去处置费用后的余额、现值或资产预计未来现金流量的现值等，则需要分析具体情况及评估目的将其理解为市场价值或相对应的市场价值以外的其他价值类型。

在以财务报告为目的的评估中，会计准则中的主要计量属性在符合会计准则计量属性规定的条件下，通常有相应的资产评估价值定义与之相匹配，例如会计准则中的公允价值与资产评估中的市场价值，以及会计准则中的现值与资产评估中的在用价值或持续经营价值等。当然，也不排除在某些情况下，会计计量属性所对应的资产评估价值定义和价值类型需要评估人员根据评估过程中使用的经济技术参数和数据来判断，会计准则中的计量属性与资产评估价值定义之间的匹配关系并不是一一对应的。

四、以财务报告为目的的评估中的评估基准日

相对于传统资产评估业务，以财务报告为目的的评估的评估基准日可能会受到会计准则相关要求和规定的制约而具有特殊性。资产评估准则和相关规范对传统资产评估业务评估基准日的要求是尽可能与评估目的实现日接近。由于会计准则对会计核算和信息披露涉及的会计事项有资产负债表日、购买日、减值测试日、首次执行日等的具体规定和规范，这些具体的时间要求使得在以财务报告为目的的评估中的评估基准日的选择上有了相对统一的基础。会计准则对资产及负债计量、确认和披露等的时间规范，要求评估师应当提醒委托方根据会计准则的相关要求合理确定评估基准日，以满足以财务报告为目的的评估在评估基准日选择上同时符合会计准则和评估准则两方面的要求。

【分析性案例：资产减值测试】

APS Global 的第一大客户为 Under Armour Inc.（Under Armour 是全球知名的高端专业运动品牌公司，目前在纽交所上市，为标准普尔 500 指数之一）。根据目前经营情况及未来业务量预测，由于 Under Armour Inc. 对 APS Global 的订单采购量的下降，预计 APS Global 无形资产（客户关系）已无法为环球星光带来预期收益，存在减值迹象。根据《企业会计准则第 8 号——资产减值》的相关规定应当对其进行减值测试。申威评估出具的《商赢环球股份有限公司委托以财务报告为目的 Apparel Production Services Global LLC 所持有的客户关系价值评估报告》评估结论为商赢环球股份有限公司委估的 Apparel Production Services Global LLC 所持有的客户关系在评估基准日 2017 年 12 月 31 日的市场价值根据收益法计算，评估结果为：委估客户关系评估净值为 425 万美元，折合人民币 27 770 350.00 元，大写人民币贰仟柒佰柒拾柒万零叁佰伍拾元整。货币折算按评估基准日有效汇率中间价，美元汇率为 1 美元等于 6.534 2 人民币元。根据《企业会计准则第 8 号——资产减值》的相关规定以及申威评估出具的《评估报告》，计提 APS Global 无形资产（客户关系）减值准备 186.14 万美元（折合人民币 1 216.28 万元）。

【本章习题】

1. 简述会计计量属性与资产评估中的价值类型的关系。
2. 简述公允价值的会计计量与评估的联系。
3. 如何界定资产组？
4. 如何把握资产减值中的可收回金额？
5. 简述以财务报告为目的的评估与企业价值评估的关系。

第三篇

评估报告与评估准则

第十一章 资产评估报告

📕 学习目标

通过本章学习,学生应了解资产评估报告的概念及其基本要素,熟悉资产评估报告的作用,掌握资产评估报告编制的技术要点。

📕 学习重点与难点

1. 资产评估报告的概念及其基本要素;
2. 资产评估报告的种类、内容和作用;
3. 资产评估报告的编制步骤和编制的技术要点。

📕 导入情境

资产评估报告纠错

根据上级管理部门批复,××公司拟与 A 公司进行联营,为此委托××资产评估事务所对××公司拥有的全部资产、负债和所有者权益进行评估,以下为资产评估事务所出具的评估报告书,请同学们根据已学知识内容,分析这份评估报告存在的问题。

评估报告书

××公司:

我所接受贵公司委托,根据国家有关资产评估的规定和其他法律法规规定,对贵公司以与 A 公司联营为目的的全部资产进行了评估。评估中结合贵公司的具体情况,实施了包括财产清查在内的我们认为必要的评估程序,现将评估结果报告如下:

1. 资产评估机构(略)。
2. 委托方和资产占有方(略)。
3. 评估目的:为联营之目的,评估贵公司净资产现行价值。
4. 评估范围和对象:本次评估范围为××公司拥有的全部资产、负债和所有者权益。评估对象为公司的整体资产。
5. 评估原则:根据国家国有资产管理及评估的有关法规,我所遵循独立性、科学性和客观性的评估工作原则,并以贡献原则、替代原则和预期原则为基础进行评估。

6. 评估依据：

（1）××省国有资产管理局《关于同意××公司与 A 公司联营的批复》；

（2）委托方提供的资产清单及其他资料；

（3）有关资产的产权证明及相关资料；

（4）委托方提供的有关会计凭证、会计报表及其他会计资料；

（5）与委托方资产取得、销售业务相关的各项合同及其他资料。

7. 评估基准日：2020 年 9 月 30 日。

8. 评估方法：根据委托方评估目的和评估对象，此次评估方法为成本法。

9. 评估过程（略）。

10. 评估结果：在实施了上述评估程序和评估方法后，贵公司截至评估基准日的资产、负债和所有者权益价值为：资产总额 = 41 504 342 元；负债总额 = 22 712 000 元，净资产价值 = 18 792 342 元。

11. 评估结果有效期：根据国家有关规定，本报告有效期一年。自报告提交日 2020 年 12 月 20 日起至 2021 年 12 月 19 日止。

12. 评估说明：

（1）流动资产评估：

①货币资金账面价值 421 588 元，其中现金 21 325 元，银行存款 400 263 元，考虑到货币资金即为现值不需折现，经总账明细账与日记账核实一致并对现金盘点无误后，按账面值确认。

②应收账款账面价值 5 481 272 元，经与明细账核对，确认评估值为 5 083 252 元。

③存货账面价值为 11 072 460 元，抽查比例为 60%，在质量检测与抽查核实的基础上，确认评估值为 10 852 500 元。

④其他流动资产（略）。

流动资产账面价值 18 845 502 元，评估值为 17 451 832 元。

（2）长期投资评估（略）。

长期投资账面价值 500 000 元，评估值为 510 000 元。

（3）固定资产评估（略）。

固定资产账面价值 20 248 470 元，评估值为 23 542 510 元。

（4）其他资产评估（略）。

其他资产账面价值 0 元，评估值为 0 元。

（5）负债审核确认（略）。

负债账面价值 23 312 000 元，评估值为 22 722 000 元。

各项资产、负责评估价值如表 11-1 所示。

表 11-1　各项资产、负债的评估价值

元

项　　目	账面价值	评估值	增减值	增减率
流动资产	18 845 502	17 451 832	-1 393 670	-7.4%
固定资产	20 248 470	23 542 510	3 294 040	16.27%

续表

项　目	账面价值	评估值	增减值	增减率
长期投资	500 000	510 000	10 000	2.00%
资产总计	39 593 972	41 504 342	1 910 370	4.82%
流动负债	14 450 000	14 250 000	−200 000	−1.38%
长期负债	8 862 000	8 462 000	−400 000	−4.51%
负债合计	23 312 000	22 712 000	−600 000	−2.57%
净资产	16 281 972	18 792 342	2 510 370	15.42%

13. 其他事项说明（略）。

14. 评估结果有效的其他条件（略）。

15. 评估时间：

本次评估工作自2020年10月4日起至2020年12月20日止，本报告提交日期为2020年12月20日。

资产评估师：××（签字盖章）

××资产评估事务所（盖章）

2020年12月20日

第一节　资产评估报告的基本概念与基本制度

【微案例11-1】

B饮料有限公司是某市一家地方瓶装水生产商，在当地具有一定的知名度。该公司实际控制人因年事已高且子女无继承意愿，拟将企业整体出售。为此该公司实际控制人委托C资产评估公司对B饮料有限公司的整体价值进行评估。C资产评估公司资产评估师王××本着独立、客观、公正、科学的原则，采用国际公允的资产评估方法——成本法和收益法，在持续使用前提下，对B饮料有限公司资产和负债进行了实地勘察与核对，履行了公认的必要评估程序后，进行了分项总体评估，最后计算出B饮料有限公司在评估基准日2017年8月10日的市场价值是37 600万元。

请思考：请问资产评估师王××可以出具资产评估报告吗？如果B饮料有限公司实际控制人一直未找到合适的投资者，为尽快将公司资产出售，其准备将该公司资产通过拍卖变现，那么C资产评估公司所出具的B饮料有限公司在评估基准日的市场价值还适用吗？

一、资产评估报告及其基本要素

（一）资产评估报告的基本概念

从一般意义上讲，资产评估报告是指资产评估机构在完成资产评估工作后向委托方提交的说明资产评估过程及结果的书面报告。这在资产评估行业中被称为狭义的资产评估报告，即资产评估结果报告书。它是资产评估师根据资产评估准则的要求，在履行必要资产评估程序后，对资产评估对象在评估基准日特定目的下的价值发表的、由其所在资产评估机构出具的书面专业意见，也是资产评估机构履行评估合同情况的总结，还是资产评估机构与资产评估师为资产评估项目承担相应法律责任的证明文件。它是按照一定格式和内容反映资产评估目的、评估假设、评估程序、评估标准、评估依据、评估方法、评估结果及适用条件等基本情况的报告书。

在不同的国家和地区，政府及行业自律主管部门对资产评估报告的要求并不一致。在一些国家和地区，资产评估报告不仅仅是一种书面文件，还是一种工作制度。这种工作制度规定资产评估机构在完成资产评估工作之后必须按照一定程序和形式的要求，用书面形式向委托方及相关主管部门报告资产评估过程和结果。我国目前实行的就是这种资产评估报告制度，资产评估报告制度亦称广义的资产评估报告。

（二）资产评估报告的基本要素

资产评估报告的基本要素是指各类资产评估报告书都应包含的基本内容，就目前掌握的资料来看，资产评估报告一般应包括以下基本要素：

(1) 委托方、产权持有者和委托方以外的其他评估报告使用者。
(2) 评估目的。
(3) 评估范围与评估对象。
(4) 价值类型及其定义。
(5) 评估基准日。
(6) 评估依据。
(7) 评估方法。
(8) 评估程序实施过程和情况。
(9) 评估假设。
(10) 评估结论。
(11) 特别事项说明。
(12) 评估报告使用限制说明。
(13) 评估报告日。
(14) 资产评估师签字盖章、评估机构盖章和法定代表人或者合伙人签字。

二、资产评估报告基本制度

《国际评估准则》(IVS)、美国《专业评估执业统一准则》(USPAP)以及《英国皇家特许测量师学会评估专业准则》(RICS红皮书)主要是从评估报告的要素和内容方面进行资产评估报告的规范。

2017年，中国资产评估协会发布了《资产评估执业准则——资产评估报告》，并于2018年进行了修订，其主要是从内容要求方面对评估报告进行规范。我国2008年发布的《企业国有资产评估报告指南》及2010年发布的《金融企业国有资产评估报告指南》均于2017年进行了修订，两份指南均是从国有资产评估报告的基本内容与格式方面，对评估报告的标题、文号、目录、声明、摘要、正文、附件、评估明细表和评估说明等进行规范。

第二节 资产评估报告制作及应用

【微案例 11-2】

沿用【微案例 11-1】：A 饮品有限公司是一家全国性瓶装水生产商，但该公司在 B 饮料有限公司所在地市无子公司且在当地市场占比较低。该公司有意并购 B 饮料有限公司，为此委托 D 资产评估公司对 B 饮料有限公司基于并购下的价值进行评估。D 资产评估公司资产评估师李××本着独立、客观、公正、科学的原则，采用收益法和市场法，在持续使用前提下，在考虑并购的协同价值的前提下，对 B 饮料有限公司在评估基准日 2017 年 8 月 10 日的市场价值进行评估，评估值为 71 600 万元。

请思考：D 资产评估公司出具的评估价值明显高于 C 资产评估公司的评估价值，是否存在问题？若 A 饮品有限公司最后以 59 800 万元价格并购 B 饮料有限公司，是否说明两份资产评估报告出具的评估价值是错误的？

一、资产评估报告的种类

按照资产评估的资产范围、工作业务性质、资产评估报告的内容及使用的范围不同，可以对资产评估报告进行如下分类。

（一）按资产评估的范围划分

按资产评估的资产范围不同，资产评估报告书可分为整体资产评估报告书和单项资产评估报告书。单项资产评估报告书是对某一部分、某一项资产进行评估所出具的资产评估报告书。由于整体资产评估与单项资产评估在具体业务上存在一些差别，因而，两种资产评估报告书的基本格式虽然是一样的，但两者在内容上必然会存在一些差别。

（二）按资产评估工作业务性质划分

按资产评估工作业务性质的不同，资产评估报告书分为评估报告、评估复核报告、评估咨询报告。

（三）按资产评估报告的内容及使用范围划分

按资产评估报告的内容及使用范围的不同，可将资产评估报告分为完整评估报告、简明评估报告、限制用途评估报告三种类型。三种评估报告的主要区别在于所提供内容和信息详略程度不同。完整评估报告对评估所用资料进行全面描述和分析，所有适合的信息均包括在报告中。简明评估报告是对评估工作资料的总结和综合分析，以浓缩的方式提供信息。限制用途评估报告对评估方法和技术及评估结论只做陈述性说明，是一种扼要型报告，有关支持信息资料需要参照工作底稿。资产评估报告类型的选择取决于预期用途和预期使用者，当预期使用者包括客户（评估业务的委托方）以外的其他当事人时，应当采用完整评估报告或简明评估报告；当预期使用者仅限于客户时，才可以采用限制用途评估报告。这三种类型评估报告的划分主要适用于动产和不动产的评估，而无形资产和企业价值评估报告只分为（简明）评估报告和限制用途评估报告两种。

另外，还可以按评估对象的不同，将资产评估报告分为不动产评估报告、动产评估告、无形资产评估报告、企业价值评估报告等。

二、资产评估报告的内容

资产评估报告的主要内容包括以下部分。

（一）标题及文号

（略）

（二）目录

（略）

（三）声明

资产评估报告的声明通常包括以下内容：

（1）本资产评估报告依据财政部发布的资产评估基本准则和中国资产评估协会发布的资产评估执业准则和职业道德准则编制。

（2）委托人或者其他资产评估报告使用人应当按照法律、行政法规规定和资产评估报告载明的使用范围使用资产评估报告；委托人或者其他资产评估报告使用人违反前述规定使用资产评估报告的，资产评估机构及其资产评估专业人员不承担责任。

（3）资产评估报告仅供委托人、资产评估委托合同中约定的其他资产评估报告使用人和法律、行政法规规定的资产评估报告使用人使用；除此之外，其他任何机构和个人不能成为资产评估报告的使用人。

（4）资产评估报告使用人应当正确理解和使用评估结论，评估结论不等同于评估对象可实现价格，评估结论不应当被认为是对评估对象可实现价格的保证。

（5）资产评估报告使用人应当关注评估结论成立的假设前提、资产评估报告特别事项说明和使用限制。

（6）资产评估机构及其资产评估专业人员遵守法律、行政法规和资产评估准则，坚持独立、客观、公正的原则，并对所出具的资产评估报告依法承担责任。

（7）其他需要声明的内容。

（四）摘要

资产评估报告摘要通常提供资产评估业务的主要信息及评估结论。

（五）正文

（1）委托人及其他资产评估报告使用人。

（2）评估目的。

（3）评估对象和评估范围。

（4）价值类型。

（5）评估基准日。

（6）评估依据。

（7）评估方法。

（8）评估程序实施过程和情况。

（9）评估假设。

(10) 评估结论。
(11) 特别事项说明。
(12) 资产评估报告使用限制说明。
(13) 资产评估报告日。
(14) 资产评估专业人员签名和资产评估机构印章。

（六）附件

资产评估报告附件通常包括：
(1) 评估对象所涉及的主要权属证明资料。
(2) 委托人和其他相关当事人的承诺函。
(3) 资产评估机构及签名资产评估专业人员的备案文件或者资格证明文件。
(4) 资产评估汇总表或者明细表。
(5) 资产账面价值与评估结论存在较大差异的说明。

资产评估报告陈述的内容应当清晰、准确，不得有误导性的表述。资产评估报告应当提供必要信息，使资产评估报告使用人能够正确理解评估结论。资产评估报告的详略程度可以根据评估对象的复杂程度、委托人要求合理确定。执行资产评估业务，因法律法规规定、客观条件限制，无法或者不能完全履行资产评估基本程序，经采取措施弥补程序缺失，且未对评估结论产生重大影响的，可以出具资产评估报告，但应当在资产评估报告中说明资产评估程序受限情况、处理方式及其对评估结论的影响。如果程序受限对评估结论产生重大影响或者无法判断其影响程度的，不得出具资产评估报告。资产评估报告应当由至少两名承办该项业务的资产评估专业人员签名并加盖资产评估机构印章。法定资产评估业务的资产评估报告应当由至少两名承办该项业务的资产评估师签名并加盖资产评估机构印章。资产评估报告应当使用中文撰写。同时出具中外文资产评估报告的，中外文资产评估报告存在不一致的，以中文资产评估报告为准。资产评估报告一般以人民币为计量币种，使用其他币种计量的，应当注明该币种在评估基准日与人民币的汇率。资产评估报告应当明确评估结论的使用有效期。通常，只有当评估基准日与经济行为实现日相距不超过一年时，才可以使用资产评估报告。

三、资产评估报告书的编制步骤

资产评估报告书的编制是评估机构完成评估工作的最后一道工序，也是资产评估工作中的一个重要环节。编制资产评估报告书主要有以下几个步骤。

（一）整理工作底稿和归集有关资料

资产评估现场工作结束后，有关评估人员必须着手对现场工作底稿进行整理，并按资产的性质进行分类，同时对有关询证函、被评估资产背景材料、技术鉴定情况和价格取证等有关资料进行归集和登记。对现场未予确定的事项，还须进一步落实和查核。这些现场工作底稿和有关资料都是编制资产评估报告的基础。

（二）评估明细表的数字汇总

在完成现场工作底稿和有关资料的归集任务后，评估人员应着手进行评估明细表的数字汇总。明细表的数字汇总应根据明细表的不同级次先明细表汇总，然后分类汇总，再到资产负债表式的汇总。不具备采用电脑软件汇总条件的评估机构，在数字汇总过程中应反复核对各有关表格的数字的关联性和各表格栏目之间数字的勾稽关系，防止出错。在完成评估明细表的数字汇总，得出初步的评估数据后，应召集参与评估工作过程的有关人员，对评估报告初步数据的结论进行分析和讨论，比较各有关评估数据，复核记录估算结果的工作底稿，对存在作价不合理的部分评估数据进行调整。

（三）编写评估报告书

编写评估报告书又可分为两步。

第一步：在完成资产评估初步数据的分析和讨论，对有关部分数据进行调整后，由具体参加评估的各组负责人员草拟出各自负责评估部分资产的评估说明，同时由全面负责、熟悉本项目评估具体情况的人员草拟出资产评估报告书。

第二步：将评估基本情况和评估报告书初稿的初步结论与委托方交换意见，听取委托方的反馈意见后，在坚持独立、客观、公正的前提下，认真分析委托方提出的意见，考虑是否应该修改评估报告书，对评估报告书中存在的疏忽、遗漏和错误之处进行修正，待修改完毕即可撰写资产评估正式报告书。

（四）资产评估报告书的签发与送交

评估机构撰写出资产评估正式报告书后，经审核无误，按以下程序进行签名盖章：先由负责该项目的资产评估师签章（两名或两名以上），再送复核人审核签章，最后送评估机构负责人审定签章并加盖机构公章。

资产评估报告书签名盖章后即可连同评估明细表送交委托单位。对中外合资、合作项目的评估报告书及有关资料的送交应按专门规定办理。

四、资产评估报告书编制的技术要点

资产评估报告书编制的技术要点是指在资产评估报告编制过程中的主要技能要求，它具体包括了文字表达方面、格式和内容方面的技能要求，复核与反馈等方面的技能要求等。

（一）文字表达方面的技能要求

资产评估报告书既是一份对被评估资产价值有咨询性和公正性作用的文书，又是一份用来明确资产评估机构和评估人员工作责任的文字依据，所以它的文字表达技能要求既要清楚、准确，又要提供充分的依据说明，还要全面地叙述整个评估的具体过程。其文字的表达必须准确，不得使用模棱两可的措辞。其陈述既要简明扼要，又要把有关问题说清楚，不得带有任何诱导、恭维和推荐性的陈述。当然，在文字表达上也不能带有大包大揽的语句，尤其是涉及承担责任条款的部分。

（二）格式和内容方面的技能要求

对资产评估报告书格式和内容方面的技能要求应当遵循《资产评估执业准则——资产评估报告》中的相关要求，涉及国有资产评估的，还要遵循《企业国有资产评估报告指南》中的相关要求。

（三）评估报告书的复核与反馈方面的技能要求

资产评估报告书的复核与反馈也是资产评估报告书编制的具体技能要求。通过对工作底稿、评估说明、评估明细表和报告书正文的文字、格式及内容的复核和反馈，可以将有关错误、遗漏等问题在出具正式报告书之前进行修正。对评估人员来说，资产评估工作是一项必须由多个评估人员同时作业的中介业务，每个评估人员都有可能因能力、水平、经验、阅历及理论方法的限制而产生工作盲点和工作疏忽，所以，对资产评估报告书初稿进行复核就成为必要。就对评估资产情况的熟悉程度来说，大多数资产委托方和占有方对委托评估资产的分布、结构、成新率等具体情况总是会比评估机构和评估人员更熟悉，所以，在出具正式报告之前征求委托方意见、收集反馈意见也很有必要。

对资产评估报告进行复核，必须建立起多级复核和交叉复核的制度，明确复核人的职责，防止流于形式的复核。收集反馈意见主要是针对委托方或占有方熟悉资产具体情况的人员，对委托方或占有方意见的反馈信息，应谨慎对待，应本着独立、客观、公正的态度去接受其反馈意见。

（四）撰写报告书应注意的事项

资产评估报告书的编制除了需要掌握上述三个方面的技术要点外，还应注意以下几个事项。

（1）实事求是，切忌出具虚假报告。报告书必须建立在真实、客观的基础上，不能脱离实际情况，更不能无中生有。报告拟定人应是参与该项目并较全面了解该项目情况的主要评估人员。

（2）坚持一致性做法，切忌出现表里不一。报告书文字、内容前后要一致，摘要、正文、评估说明、评估明细表内容与口径格式甚至数据要一致，不能出现各弹各调的不一致情况。

（3）提交报告书要及时、齐全和保密。在正式完成资产评估工作后，应按业务约定书的约定时间及时将报告书送交委托方。送交报告书时，报告书及有关文件要送交齐全。涉及外商投资目的对中方资产进行评估的评估报告，必须严格按照有关规定办理。此外，要做好客户资料保密工作，尤其是对评估涉及的商业秘密和技术秘密，更要加强保密工作。

五、资产评估报告书的作用

从资产评估机构和资产评估人员的角度看，资产评估报告书主要有以下几方面的作用。

（1）资产评估报告书对被评估资产提供较为全面、客观的价值判断和专业意见，是委托方进行资产评估业务的重要作价依据。

资产评估报告书是资产评估机构根据委估资产的特点，由资产评估师及相应的专业人员，遵循公认评估原则和规范，按照法定的程序，合理运用评估技术和方法对被评估资产价值进行估计和判断后，通过书面的形式表达的专业意见。该意见不代表也不倾向于任何当事人，是一种独立的估价意见，因而成为委托方和资产业务当事人对被估资产作价和交易的重要参考依据。

（2）资产评估报告书既是资产评估机构的产品，同时又是反映和体现资产评估机构工作情况、明确委托方和评估机构及有关方面责任的依据。

资产评估报告书首先是资产评估机构向委托方提供的产品，它用文字的形式对委估资产的使用状况、评估目的、评估范围、评估依据、评估程序、评估方法和评定结果进行说明,并对评估结果的使用提出了方向和范围方面的要求和限定,体现了评估机构的工作成果。一方面,它体现了资产评估机构满足委托方了解和掌握委估资产价值的需要;另一方面,资产评估报告书对评估结果使用方向及范围的要求和限定,也反映了资产评估机构对委托方使用评估报告和评估结果的要求,并以此来明确委托方、受托方及有关当事方的责任。资产评估报告书也是资产评估机构履行评估协议和向委托方或有关当事方收取评估费用的依据。

(3) 资产评估报告书是行业自律管理组织及有关部门审核资产评估机构执业质量和水平的重要标的和依据。

资产评估报告书是反映评估机构和评估人员职业道德、执业能力水平、评估质量高低及机构内部管理机制完善程度的重要依据。有关管理部门通过审核资产评估报告书,可以有效地对资产评估机构的业务开展情况进行监督和管理,对资产评估报告书进行审核,是管理部门完善资产评估管理的重要手段。

(4) 资产评估报告书及其形成过程是建立评估档案的主要载体和来源。

资产评估机构和评估人员在完成资产评估任务之后,都必须按照档案管理的有关规定,将评估过程收集的资料、工作记录以及资产评估过程的有关工作底稿进行归档,以便进行评估档案的管理和使用。由于资产评估报告书是对整个资产评估过程的工作总结,其内容包括了资产评估过程的各个具体环节和各有关资料的收集和记录,因此,不仅评估报告书的底稿是评估档案归集的主要内容,资产评估报告书本身也是资产评估档案的重要载体和来源。

六、资产评估报告书的应用

(一) 委托方对资产评估报告书的应用

委托方收到受托评估机构送交的正式评估报告书及有关资料后,可以按照评估报告书所依据的评估目的和最终的评估结论,合理使用资产评估结果。

委托方对评估报告书的具体应用有以下几个方面。

(1) 根据评估目的,作为资产业务的作价基础。资产评估报告是包括企业改制、上市、对外投资、中外合资合作、转让、出售、拍卖等产权变动的经济活动,以及保险、纳税、抵押、担保等非产权变动的经济活动和法律方面需要的其他目的的活动的作价基础。

(2) 作为企业进行会计记录或调整账项的依据。委托方在根据评估报告书所揭示的资产评估目的使用资产评估报告资料的同时,还可依照有关规定,根据资产评估报告书的资料进行会计记录或调整有关财务账项。

(3) 作为履行委托协议和支付评估费用的主要依据。当委托方收到评估机构的正式评估报告书及有关资料后,在不存在异议的情况下,应根据委托协议,将评估结果作为计算支付评估费用的主要依据,履行支付评估费用的承诺及其他有关承诺的协议。

此外,资产评估报告书及有关资料也是有关当事人因资产评估纠纷向纠纷调处部门申请调处的申诉资料之一。

委托方在使用资产评估报告书及有关资料时必须要注意以下几个方面。

(1) 只能按报告书所揭示的评估目的使用报告,一份评估报告书只允许按一个用途使用。

（2）只能在报告书有效期内使用报告，超过报告书的有效期，原资产评估结果无效。若要使用报告书，必须由评估机构重新调整相关数据，并得到有关部门重新认可后方能使用。

（3）在报告书有效期内，资产评估数量发生较大变化时，应由原评估机构或资产占有单位按原评估方法做相应调整后才能使用。

（4）涉及国有资产产权变动的评估报告书及有关资料必须经国有资产行政主管部门确认或授权确认后方可使用。

（5）作为企业会计记录和调整企业账项使用的资产评估报告书及有关资料，必须由有关机关批准或认可后方能生效。

（二）资产评估管理机构对资产评估报告书的运用

资产评估管理机构主要是指对资产评估进行行政管理的主管机关和对资产评估进行行业自律管理的行业协会。对资产评估报告书的运用，是资产评估管理机构实现对评估机构的行政管理和行业自律管理的重要过程。第一，资产评估管理机构通过对评估机构出具的资产评估报告书及有关资料的运用，能大体了解评估机构从事评估工作的业务能力和组织管理水平。由于资产评估报告是反映资产评估工作过程的工作报告，通过对资产评估报告书有关资料的检查与分析，评估管理机构就能大致判断该机构的业务能力和组织管理水平。第二，资产评估管理机构通过对按规定需要验证和确认的资产评估报告书进行验证与确认，能够对评估机构评估结果的质量做出客观的评价，从而能够有效实现对评估机构和评估人员的管理。第三，资产评估报告书能为国有资产管理提供重要的数据资料。通过对资产评估报告书的统计与分析，可以及时了解国有资产占有和使用状况以及增减值变动情况，为进一步加强国有资产管理服务。

（三）有关部门对资产评估报告书的运用

除了资产评估管理机构可运用资产评估报告书资料外，有些政府管理部门也需要运用资产评估报告书，主要包括证券监督管理部门、保险监督管理部门、工商行政管理部门、税务部门、金融和法院等有关部门。

证券监督管理部门对资产评估报告书的运用，主要表现在对申请上市公司的有关申报材料、招股说明书的审核过程，以及对上市公司的股东配售发行股票时申报材料、配股说明书的审核过程。

保险监督管理部门、工商行政管理部门、税务部门、金融和法院等有关部门也能通过对资产评估报告书的运用来达到实现其管理职能的目的。

【分析性案例：编制简明资产评估报告】

X装备有限公司因生产规模扩大，拟向当地Y银行申请贷款补充流动资金需求。Y银行为降低风险，要求X装备有限公司必须提供设备抵押。为此，X装备有限公司委托Z资产评估有限公司，对其部分机器设备进行了评估，为其在Y银行抵押贷款提供价值参考依据。

如果你是Z资产评估有限公司资产评估师，该项工作交给你办理，你会如何进行前期准备工作？以下是Z资产评估有限公司提供的资产评估报告，你认为存在哪些问题。

评估报告书

一、绪言

Z 资产评估有限公司接受 X 装备有限公司的委托，根据国家有关资产评估的规定，本着独立、公正、客观的原则，按照公认的资产评估方法，对 X 装备有限公司 2018 年 8 月 1 日委估的部分固定资产进行了评估。本所评估人员按照必要的评估程序对委托评估的资产实施了实地查勘、核对、市场调查与询证，对委托评估的资产在评估基准日所表现的市场价值做出了公允反映。现将资产评估情况及评估结果报告如下。

二、委托方、产权持有者及评估报告使用方（略）

三、评估目的

确定评估基准日评估对象的市场价值，为委托方以固定资产抵押贷款提供价值参考依据。

四、评估范围和对象

本次资产评估的范围和对象为 X 装备有限公司的部分固定资产，具体内容如下：

本次评估的固定资产共计 31 项，包含 24MN 液压拉伸矫直机、36MN 铝挤压机后部处理设备、铝挤压机机后部处理设备、铝型材成品锯切线、铝型材挤压机、挤压机感应加热炉等。

五、价值类型及其定义

根据本次评估目的和委估资产的特点，选取的评估价值类型是市场价值。市场价值是指自愿买方与自愿卖方，在评估基准日进行正常的市场营销之后所达成的公平交易中，某项资产应当进行交易的价值估计数额。当事人双方应各自精明、谨慎行事，不受任何强迫压制。

六、评估基准日

本项目评估基准日为 2018 年 8 月 1 日。

本报告一切取价标准均为评估基准日有效的价格标准。

七、评估依据（略）

八、评估方法及案例说明

（一）评估方法

由于委估机器设备不具有独立的获利能力，且无充分活跃的交易市场，不宜采用收益法和市场法进行评估。根据有关评估准则和委估资产情况，本次评估所选择并使用的评估方法为成本法，即首先估测被评估资产的重置成本，然后估测被评估资产业已存在的各种贬值因素，并将其从重置成本中予以扣除而得到被评估资产价值的方法。计算公式为：

$$P = R_c - D_p - D_f - D_e$$

式中，P 为评估值；R_c 为重置成本；D_p 为实体性贬值；D_f 为功能性贬值；D_e 为经济性贬值。

（二）评估举例

设备 1：24MN 液压拉伸矫直机

数量：1 套

生产厂家：中国重型机械研究院股份公司

启用日期：2015 年 06 月

该类型设备为 A 公司用于生产的重要设备。

1. 重置完全价值的确定

通过向中国重型机械研究院股份公司询价,该类型设备已更新升级,现新型设备现价为 9 560 000.00 元。该价格包含设备费(各种材料、备品备件、专用工具)、设计费(工艺系统设计、设备选择、采购、运输及储存、制造等的设计)、技术服务费、技术资料费、调试费(试运行、考核验收、培训、最终交付投产)、运输费、保险费、税费等。

2. 成新率的确定

(1) 年限法计算的成新率。

该设备 2014 年 12 月购置,2015 年 6 月投入运行,取综合经济使用寿命 15 年,至评估基准日该设备实际已使用 3.2 年,尚可使用 11.8 年,计算成新率为:

$11.8 \div 15 \times 100\% \approx 79\%$(取整)

(2) 观察打分法计算的成新率。

经现场勘察,该设备在正常使用中,观察打分情况如表 11-2 所示。

表 11-2 设备 1 打分情况

序号	项目	现场检测评定	标准分	评定分
1	性能测定	各项工艺指标均可达到要求	70	60
		加工精度符合设计工艺		
		机型设计水平		
		机型制造水平		
2	设备状况	主体设备运行稳定,设备附属管路、保温等部分状况良好	20	19
3	生产操作	有完善的设备管理制度,严格按设备管理制度操作,未发现违章操作	5	5
4	维护维修	设备日常维护、维修有专职车间人员负责。	5	5
5	其他因素	污染严重、能耗高、短期或长期达不到环境标准、明文规定停止使用	折扣 5%~10%	0
合计			100	89

则:观察打分法确定的成新率为 89%

(3) 综合成新率。

成新率的测算主要考虑该设备的实际使用状况,故以观察打分法占较大权重(取 0.6),年限法占较小权重(取 0.4)。

综合成新率 = 年限法计算的成新率 × 0.4 + 观察打分法计算的成新率 × 0.6
$= 79\% \times 0.4 + 89\% \times 0.6$
$= 85\%$

3. 评估价值的确定

评估值 = 重置价值 × 成新率
$= 9\,560\,000.00 \times 85\%$

= 8 126 000.00（元）

其他设备根据各自的具体情况按上述方法分别计算其评估值。

九、评估程序实施过程和情况（略）

十、评估假设

（1）交易假设：假定所有待评估资产已经处在交易过程中，评估师根据待评估资产的交易条件等模拟市场进行估价。

（2）公开市场假设：假设委估资产处于一个充分活跃的公开市场中，市场中的交易各方有足够的时间和能力获得相关资产的各种信息，并做出合理的决策。

（3）持续使用假设：持续使用假设是对资产拟进入市场的条件以及资产在这样的市场条件下的资产状态的一种假定。首先被评估资产正处于使用状态，其次假定处于使用状态的资产还将继续使用下去。在持续使用假设条件下，没有考虑资产用途转换或者最佳利用条件，其评估结果的使用范围受到限制。

（4）企业持续经营假设：是将企业整体资产作为评估对象而做出的评估假定。即企业作为经营主体，在所处的外部环境下，按照经营目标，持续经营下去。企业经营者负责并有能力担当责任；企业合法经营，并能够获取适当利润，以维持持续经营能力。

十一、评估结论

截至评估基准日 2018 年 08 月 01 日，评估结果如表 11-3 所示。

表 11-3 评估结果明细表

元

序号	资产项目	账面净值	评估净值	备注
1	固定资产——机器设备	138 641 273.43	113 268 180.00	
	合计	138 641 273.43	113 268 180.00	

十二、特别事项说明

十三、评估报告使用限制说明

十四、评估报告提出日期

本评估报告形成评估结论的日期为 2018 年 08 月 13 日。

资产评估师：×× （签字盖章）
××资产评估事务所（盖章）
2018 年 8 月 13 日

【本章习题】

1. 简述资产评估报告的基本要素。
2. 简述我国资产评估报告制度的产生与发展主要经历了哪些阶段。
3. 按照资产评估报告的内容及使用的范围不同，可以将资产评估报告分为哪几类？
4. 资产评估报告的主要内容包括什么？
5. 简述资产评估报告书的编制步骤。
6. 资产评估报告编制的技术要点有哪些？

第十二章 资产评估法与资产评估准则

🔔 **学习目标**

通过本章学习,学生应了解我国现行资产评估准则体系和国际评估准则,熟悉国际评估准则体系对我国资产评估准则体系的启示,掌握我国资产评估法主要内容。

🔔 **学习重点与难点**

1. 《中华人民共和国资产评估法》主要内容;

2. 我国资产评估准则体系中的《资产评估基本准则》《资产评估执业准则》和《资产评估职业道德准则》;

3. 国际评估准则体系对我国资产评估准则体系的启示。

🔔 **导入情境**

中国资产评估准则的跟行、并行与部分领行

2016年7月2日,十二届全国人大常委会第二十一次会议审议通过了《资产评估法》,《资产评估法》是资产评估行业发展的重要里程碑,而据此财政部新发布的《资产评估基本准则》则是评估执业的"宝典"。新基本准则是在2004年《资产评估——基本准则》基础上,依据《资产评估法》,汲取最新的理论研究成果和实践发展经验进行修订的。继承了旧基本准则的优秀基因,同时借鉴了国际评估准则、美国和英国等国家评估准则,并进行了创新,可以说是继承、借鉴和创新结合的产物。创新之处除了依据资产评估法的内容之外,可能还表现在以下两个方面。第一,评估方法不再局限于传统的三种方法。新基本准则第十六条规定"确定资产价值的评估方法包括市场法、收益法和成本法三种基本方法及其衍生方法"。随着理论研究的不断深入、评估业务的不断复杂化,三种传统方法已难以满足现实需求,2017年的国际评估准则主要规定了三种方法,但也指出这三种方法并不能概括所有的可能方法,其他的方法可能还有期权定价法、仿真/蒙特卡洛法和预期收益概率权重加权法等。第二,对评估基准日进行了细化规定,新基本准则第二十

五条规定"资产评估报告载明的评估基准日应当与资产评估委托合同约定的评估基准日一致,可以是过去、现在或者未来的时点",采用过去时点为评估基准日的是追溯性评估,采用现在时点为评估基准日的是现实性评估,采用未来时点为评估基准日的是预测性评估。而预测性评估在目前的经济环境下较少,这体现了基本准则的适度超前。作为有公信力的基本准则应该在较长时间内保持稳定,因此准则适度超前是可行和必要的。

第一节 深入学习资产评估法

2016年资产评估法的出台,标志着评估行业进入依法治理的新时代。一是明确了评估行业的法律地位,使评估行业与律师、注册会计师行业在法律地位上并驾齐驱,并称为三大专业服务行业,广大评估从业人员的自豪感和自信心明显增强。二是增强了评估行业的吸引力。2017年报考资产评估师的人数是上年的3倍,其中30岁以下的考生占60%以上,参考率达53.76%,表明广大考生特别是青年人看好评估行业。三是评估从业人员的法律意识明显增强。评估法对评估专业人员、评估机构及相关当事人的权利、义务和责任作了具体规定,使评估执业有法可依、有章可循。违法要受追究,合法权益能得到有效维护,行业学法氛围浓厚,用法、守法的氛围正在形成。四是政府监管部门、行业协会依法监管有了法律依据。评估法出台后,财政部很快颁布了《资产评估行业财政监督管理办法》《资产评估机构备案办法》《资产评估基本准则》等规章制度,中评协出台了考试、监管等一系列自律监管制度和26项评估准则。五是社会各界关注评估法,评估行业的外部环境逐步向好。

2016年7月2日,第十二届全国人民代表大会常务委员会第二十一次会议审议通过了《中华人民共和国资产评估法》,用于规范资产评估行为,保护资产评估当事人合法权益和公共利益,促进资产评估行业健康发展,维护社会主义市场经济秩序。其主要内容涉及对评估专业人员、评估机构、评估程序、行业协会、监督管理的要求等,共8章54条。

第一章,制定《中华人民共和国资产评估法》的目的、服务对象、评估机构、评估人员、评估原则、评估业务等要求。

第二章,规定了评估专业人员的权利、义务和行为要求。规定评估专业人员应当诚实守信,依法独立、客观、公正从事业务;遵守评估准则,履行调查职责,独立分析估算,勤勉谨慎从事业务;完成规定的继续教育,保持和提高专业能力;对评估活动中使用的有关文件、证明和资料的真实性、准确性、完整性进行核查和验证;对评估活动中知悉的国家秘密,商业秘密和个人隐私予以保密;与委托人或者其他相关当事人及评估对象有利害关系的,应当回避;接受行业协会的自律管理,履行行业协会章程规定的义务和法律、行政法规规定的其他义务。

第三章,规定评估机构应当依法采用合伙或者公司形式,聘用评估专业人员开展评估业务。合伙形式的评估机构,应当有两名以上评估师;其合伙人三分之二以上应当是具有三年以上从业经历且最近三年内未受停止从业处罚的评估师。公司形式的评估机构,应当有八名以上评估师和两名以上股东,其中三分之二以上股东应当是具有三年以上从业经历且最近三年内未受停止从业处罚的评估师。评估机构的合伙人或者股东为两名的,两名合伙人或者股东都应当是具有三年以上从业经历且最近三年内未受停止从业处罚的评估师。

设立评估机构,应当向工商行政管理部门申请办理登记。评估机构应当自领取营业执照之日起三十日内向有关评估行政管理部门备案。评估行政管理部门应当及时将评估机构备案情况向社会公告。评估机构应当依法独立、客观、公正开展业务,建立健全质量控制制度,保证评估报告的客观、真实、合理。评估机构应当建立健全内部管理制度,对本机构的评估专业人员遵守法律、行政法规和评估准则的情况进行监督,并对其从业行为负责。评估机构应当依法接受监督检查,如实提供评估档案以及相关情况。委托人拒绝提供或者不如实提供执行评估业务所需的权属证明、财务会计信息和其他资料的,评估机构有权依法拒绝其履行合同的要求,且不得利用开展业务之便,谋取不正当利益;不得允许其他机构以本机构名义开展业务,或者冒用其他机构名义开展业务;不得以恶性压价、支付回扣、虚假宣传,或者贬损、诋毁其他评估机构等不正当手段招揽业务;不得受理与自身有利害关系的业务;不得分别接受利益冲突双方的委托,对同一评估对象进行评估;不得出具虚假评估报告或者有重大遗漏的评估报告;不得聘用或者指定不符合本法规定的人员从事评估业务;不得违反法律、行政法规的其他行为。

第四章,明确评估程序。要求委托人有权自主选择符合本法规定的评估机构,任何组织或者个人不得非法限制或者干预。委托开展法定评估业务,应当依法选择评估机构,与评估机构订立委托合同,约定双方的权利和义务。对受理的评估业务,评估机构应当指定至少两名评估专业人员承办。根据评估业务具体情况,对评估对象进行现场调查,收集权属证明,财务会计信息和其他资料,并进行核查验证、分析整理,作为评估的依据。对于评估方法,除依据评估执业准则只能选择一种评估方法的外,评估人员应当选择两种以上评估方法,经综合分析,形成评估结论,编制评估报告并对评估报告进行内部审核。

第五章,对行业协会进行明确要求。规定评估行业协会要制定会员自律管理办法,对会员实行自律管理;依据评估基本准则制定评估执业准则和职业道德准则;组织开展会员继续教育;建立会员信用档案,将会员遵守法律、行政法规和评估准则的情况记入信用档案,并向社会公开。同时要规范会员从业行为,定期对会员出具的评估报告进行检查,按照章程规定对会员给予奖惩,并将奖惩情况及时报告有关评估行政管理部门;保障会员依法开展业务,维护会员合法权益。

第六章,规定监督管理的相关事项。规定国务院有关评估行政管理部门组织制定评估基本准则和评估行业监督管理办法;设区的市级以上人民政府有关评估行政管理部门依据各自职责,负责监督管理评估行业,对评估机构和评估专业人员的违法行为依法实施行政处罚,将处罚情况及时通报有关评估行业协会,并依法向社会公开;评估行政管理部门对有关评估行业协会实施监督检查,对检查发现的问题和针对协会的投诉、举报,应当及时调查处理;评估行政管理部门不得违反本法规定,对评估机构依法开展业务进行限制;评估行政管理部门不得与评估行业协会、评估机构存在人员或者资金关联,不得利用职权为评估机构招揽业务。

第七章,明确法律责任。规定评估专业人员有下列情形之一的,由有关评估行政管理部门予以警告,可以责令停止从业六个月以上一年以下;有违法所得的,没收违法所得;情节严重的,责令停止从业一年以上五年以下;构成犯罪的,依法追究刑事责任:私自接受委托从事业务、收取费用的;同时在两个以上评估机构从事业务的;采用欺骗、利诱、胁迫,或者贬损、诋毁其他评估专业人员等不正当手段招揽业务的;允许他人以本人名义从事业务,或者冒用他人名义从事业务的;签署本人未承办业务的评估报告或者有重大遗漏的评估报告的；索要、收受或者变相索要、收受合同约定以外的酬金、财物，或者谋取其他不正当利益的。此外明确评估人员签署虚假评估报告的，由有关评估行政管理部门责令停止从业两年以上五年以下；有违法所得的，没收违法所得；情节严重的，责令停止从业五年以上十年以下；构成犯罪的，依法追究刑事责任，终身不得从事评估业务。未经工商登记以评估机构名义从事评估业务的，由工商行政管理部门责令停止违法活动；有违法所得的，没收违法所得，并处违法所得一倍以上五倍以下罚款。评估行业协会违反规定的，由有关评估行政管理部门给予警告，责令改正；拒不改正的，可以通报登记管理机关，由其依法给予处罚。有关行政管理部门、评估行业协会工作人员违反本法规定，滥用职权，玩忽职守或者徇私舞弊的依法给予处分；构成犯罪的，依法追究刑事责任。

第八章为附则。

第二节 我国资产评估准则体系及国际趋同

【微案例 12-1】

2017 年最新修订的资产评估准则第十六条规定"确定资产价值的评估方法包括市场法、收益法和成本法三种基本方法及其衍生方法"。随着理论研究的不断深入、评估业务的不断复杂化，三种传统方法已难以满足现实需求。2017 年的国际评估准则主要规定了三种方法，但也指出这三种方法并不能概括所有的可能方法，其他的方法可能还有期权定价法、仿真/蒙特卡洛法和预期收益概率权重加权法等。以近年来兴起的共享单车为例，目前国内主流的共享单车企业摩拜、小蓝单车等净资产均为负值，且企业长期处于亏损状态，因此原有的三大评估方法难以适用于以上企业的评估，期权定价法、预期收益概率权重加权法等衍生方法更适用于以上互联网企业的评估。

请思考：那么除了评估方法外，还有哪些方面我国资产评估准则借鉴了国际评估准则，甚至进行了创新？

一、我国资产评估准则体系

根据《资产评估法》规定及准则建立的指导思想，我国资产评估准则体系包括《资产评估基本准则》《资产评估执业准则》《资产评估职业道德准则》。《资产评估基本准则》由财政部制定。中国资产评估协会根据《资产评估基本准则》制定《资产评估执业准则》和《资产评估职业道德准则》。其中，《资产评估基本准则》和《资产评估职业道德准则》是单独的准则实体，《资产评估执业准则》是一系列准则的统称，包含不同层次。

（一）《资产评估基本准则》

《资产评估基本准则》是财政部依据《资产评估法》制定的，是资产评估机构、资产评估专业人员执行各种资产类型、各种评估目的的资产评估业务的基本规范，是各类资产评估业务中所应当共同遵守的基本规则。《资产评估基本准则》是一般性原则，是搭建资产评估准则体系的龙头，也是中国资产评估协会制定《资产评估执业准则》与《资产评估职业道德准则》的依据。由于我国资产评估行业特殊的发展背景和综合性定位，《资产评估基本准则》在整个评估准则体系中占有极为重要的地位。

（二）《资产评估执业准则》

《资产评估执业准则》包括三个层次。

第一层次为《资产评估具体准则》。《资产评估具体准则》分为程序性准则和实体性准则两个部分。

程序性准则是关于资产评估机构、资产评估专业人员通过履行一定的专业程序完成评估业务、保证评估质量的规范，包括资产评估程序、资产评估委托合同、资产评估档案、资产评估报告等。程序性准则的制定需要与目前我国资产评估行业的理论研究和实践发展相结合。资产评估专业人员只有履行必要的资产评估程序，才能在程序上避免重大的遗漏或疏忽，保证资产评估的质量。

实体性准则针对不同资产类别的特点，分别对不同类别资产评估业务中的资产评估机构、资产评估专业人员执业行为进行规范。根据我国资产评估行业的惯例和国际上通用的做法，实体性准则主要包括《企业价值评估准则》《无形资产评估准则》《不动产评估准则》《机器设备评估准则》《珠宝首饰艺术品评估准则》等。

第二层次为资产评估指南。资产评估指南包括对特定评估目的、特定资产类别（细化）评估业务以及对资产评估中某些重要事项的规范。评估专业人员在执行不同目的的评估业务时，所应当关注的事项也各有不同。资产评估指南是对我国资产评估行业中涉及主要评估目的的业务进行规范，同时也涉及一些具体的资产类别评估业务，并对资产评估工作中的一些重要特定事项进行规范。

第三层次为资产评估指导意见。资产评估指导意见是针对资产评估业务中的某些具体问题的指导性文件。该层次较为灵活，针对评估业务中新出现的问题及时提出指导意见。某些尚不成熟的评估指南或具体评估准则也可以先作为指导意见发布，待实践一段时间或成熟后再上升为具体准则或指南。

（三）《资产评估职业道德准则》

《资产评估职业道德准则》对资产评估机构及其资产评估专业人员职业道德的基本要求、专业胜任能力、独立性、与委托人和相关当事人的关系、与其他资产评估机构及资产评估专业人员的关系等方面进行了规范。

二、我国《资产评估基本准则》的主要内容

2017年8月23日，财政部制定印发了《资产评估基本准则》。《资产评估基本准则》规范了资产评估准则体系、资产评估机构及其资产评估专业人员从事资产评估业务的基本遵循、资产评估程序、资产评估报告和档案等重要事项。与我国国情相适应，《资产评估基本准则》与原《资产评估准则——基本准则》相比，拥有更丰富的内涵，更充实的内容，既是制定执业准则和职业道德准则的依据，同时也是财政部门进行资产评估业务监管的依据。

《资产评估基本准则》共6章35条，分别为总则、基本遵循、资产评估程序、资产评估报告、资产评估档案和附则。基本准则根据《资产评估法》的要求重点在以下5个方面做出了规定。

（一）对基本准则的规范主体进行重新界定

基本准则的规范主体包括资产评估机构和资产评估专业人员。资产评估机构是指在财

政部门备案的评估机构。资产评估专业人员包括资产评估师和其他具有评估专业知识及实践经验的资产评估从业人员。其中,资产评估师是指通过中国资产评估协会组织实施的全国资产评估师职业资格考试的评估专业人员。

(二) 对基本准则的规范主体提出了基本要求

基本准则要求:资产评估机构、资产评估专业人员开展资产评估业务时应当遵守法律、行政法规和资产评估准则,遵循独立、客观、公正的原则;遵守职业道德规范,维护职业形象;对所出具的资产评估报告依法承担责任;能够胜任所执行的资产评估业务,并且能够独立执业,拒绝委托人或相关当事人的非法干预。

(三) 对资产评估程序进行了原则性规范

资产评估程序是资产评估机构和资产评估专业人员在执行资产评估业务、形成资产评估结论的过程中所履行的系统性工作步骤。基本准则对资产评估程序做出了规定,要求资产评估机构、资产评估专业人员开展资产评估业务时,应当根据资产评估业务具体情况履行必要的资产评估程序。基本的评估程序有八项:明确业务基本事项、签订业务委托合同、编制资产评估计划、进行评估现场调查、收集整理评估资料、评定估算形成结论、编制出具评估报告、整理归集评估档案。评估程序的规定有利于规范资产评估机构和资产评估专业人员的执业行为,切实保证评估业务质量。同时,恰当履行资产评估程序也是资产评估机构和资产评估专业人员防范执业风险、合理保护自身权益的重要手段。

(四) 对资产评估报告进行了规范

基本准则要求资产评估机构、资产评估专业人员完成规定的资产评估程序后,由资产评估机构出具并提交资产评估报告。资产评估报告的主要内容通常包括标题及文号、目录、声明、摘要、正文、附件。基本准则要求应当在资产评估报告中提供必要信息,使资产评估报告使用人能够合理理解评估结论。在资产评估报告中,评估目的应当唯一,应当载明评估对象和评估范围,选择适当的价值类型,载明的评估基准日应当与资产评估委托合同约定的评估基准日保持一致,合理使用并披露评估假设,以文字和数字形式清晰说明评估结论,并明确评估结论的使用有效期。

(五) 对资产评估档案的管理进行了规范

基本准则要求资产评估专业人员执行资产评估业务时,应当编制能够反映评估程序实施情况、支持评估结论的工作底稿,并与其他相关资料一起形成评估档案。工作底稿分为管理类工作底稿和操作类工作底稿。工作底稿应当真实完整、重点突出、记录清晰。评估档案由所在资产评估机构按照国家有关法律、行政法规和基本准则规定妥善保管,保存期限不少于15年,属于法定评估业务的,不少于30年。资产评估档案的管理应当执行保密制度。

三、《国际评估准则》

《国际评估准则》(International Valuation Standards,IVS)是由国际评估准则理事会制定的,是对世界资产评估业的发展有重要影响的准则之一。

《国际评估准则》的产生有其独特的历史背景,是评估行业发展及外部经济推动等各种因素相互作用的必然结果。第一,20世纪80年代以前,评估业在世界范围内得到了很大发展，美国、英国、澳大利亚、加拿大、新西兰等很多国家成立了评估协会等专业性组织，制定了本国评估准则和职业道德守则，同时评估业在发展中国家也得到了一定的普及和发展。这些都为制定国际性评估准则奠定了行业发展和理论基础。第二，尽管各国评估业取得了长足发展，但评估行业在20世纪80年代以前始终未能形成一个世界性的中心和国际性的行业，各国评估准则以及专业术语上的差异给评估业的国际合作带来了很大困难。为适应评估行业发展的客观需要，急需制定统一的国际评估准则。这是制定《国际评估准则》的内在动力。第三，随着国际经济和市场全球化的迅速发展，专业资产评估在市场经济中的重要性得到了广泛认可。资产评估对各种经济行为者，特别是对跨国投资者来说是十分必要的，国际经济界也迫切需要一部规范统一的国际评估准则。这也就成为制定《国际评估准则》的外部动力。

1985年，国际评估准则委员会第一次公布了《国际评估准则》，并随着经济的不断发展，几经修订，经过30多年的发展，《国际评估准则》从早期的以不动产评估为主的评估准则，演变为一部综合性的评估准则，在国际上得到广泛认可，并已被许多国家的国内评估准则所采纳。

由此可见，《国际评估准则》是在各国评估业发展的基础上适应行业和经济的需要而产生的，其目的是促进各国评估准则的统一，在世界范围内致力于最终消除国际资产交易中在评估领域的误解，为日益发展的全球经济提供由统一准则约束的专业化评估服务。

《国际评估准则》于2017年发布，主要包括前言、术语、国际评估准则框架、基本准则、资产准则五个部分。

（一）前言

这一部分在回顾、总结国际资产评估行业发展历史的基础上，重点对国际评估准则理事会的宗旨、工作、《国际评估准则》的起源、《国际评估准则》的结构等进行了介绍。

（二）术语

该部分明确了国际评估准则中特定术语的定义。

（三）国际评估准则框架

该部分对《国际评估准则》的适用范围、评估师、客观性和独立性、专业胜任能力等方面进行了说明。

（四）基本准则

基本准则适用于所有的资产类型和评估目的，具体包括五个准则。

（1）《国际评估准则101——工作范围》。该准则主要包括一般要求和工作范围的变动。在一般要求中，准则要求评估师以书面形式准备和确认工作范围。工作范围具体包括：评估师身份、委托人身份（如有）、报告使用者身份（如有）、评估对象、评估币种、评估目的、价值类型、评估基准日、评估报告使用的限制、评估依赖信息的来源及性质、一般假设和特殊假设、报告形式、报告使用及分发或发布的限制、国际评估准则的遵守。在工作范围的变动中，准则要求在出具评估报告之后，工作范围不可以变动。

（2）《国际评估准则102——调查和遵循》。该部分主要规定了评估实施过程中应注意的相关问题，包括基本原则、调查、评估记录等，其中调查是核心内容。评估实施过程，首先应当遵守《国际评估准则》，如果评估师在评估实施过程中受到其他要求的限制，在满足《国际评估准则》的要求后，可以遵守其他要求。在调查中，准则要求评估调查工作必须满足评估主要目的和确定价值类型的要求，确保所收集信息的准确性。本部分也介绍了调查的方法和内容，如果评估师在调查过程中受到限制，则应在工作范围中披露。评估记录要求评估师在评估过程中必须进行记录。

（3）《国际评估准则103——报告》。该准则主要对资产评估报告应该包含的内容进行了规定。评估报告必须能让报告使用者理解评估结论。该准则包括一般要求、评估报告和评估复核报告。一般要求中包括影响报告详细程度的因素、格式、对评估报告编制和复核人员的要求等。评估报告通常包括工作范围、适用评估基本方法、具体方法、评估假设、评估结论、报告日期等。评估复核报告至少包括复核工作范围、被复核的评估报告、评估假设、复核结论、报告日期。

（4）《国际评估准则104——价值类型》。该准则主要规定《国际评估准则》定义的价值类型和其他准则定义的价值类型，包括引言和价值类型两部分，其中价值类型是该准则的核心内容。引言介绍了价值类型的定义和确定依据，价值类型中介绍了《国际评估准则》定义的价值类型和其他准则定义的价值类型，并解释了其定义、内涵以及适用范围。《国际评估准则》定义的价值类型包括市场价值、市场租金、公允价值、投资价值、协同价值、清算价值。常见的使用前提包括：最高最佳使用、当前用途/现存用途、有序清算、强制出售。

（5）《国际评估准则105——评估方法和途径》。该准则主要规定评估基本方法和具体方法。在《国际评估准则》中，评估基本方法包括市场法、收益法、成本法。无论评估资产的市场价值还是市场价值以外的价值，评估师都需要根据项目具体情况恰当地选择评估方法。在选择评估方法时，评估师应当考虑三种基本评估方法在具体项目中的适用性，采用多种评估方法时，应当分析、调整运用多种评估方法得出的评估结论，确定最终评估结果。

（五）资产准则

资产准则对具体资产的评估提供指导。该部分是对基本准则要求的细化或者扩充，并说明了基本准则中的规定如何应用到特定资产以及在评估时应特殊考虑的事项。资产准则包括六个准则：《国际评估准则200——企业及企业权益》《国际评估准则210——无形资产》《国际评估准则300——机器设备》《国际评估准则400——不动产权益》《国际评估准则410——开发性不动产》《国际评估准则510——金融工具》。

四、我国资产评估准则体系的国际趋同

从国际资产评估准则的产生和发展来看，资产评估准则往往是一个完整的、系统的体系，它以规范资产评估为目的，包括与评估有关的问题的规定，既有技术准则，又有与评估相关的质量控制等准则。在准则体系中，各部分互相影响、互相作用，共同对评估活动发挥作用。

相对于我国而言，国外的资产评估起步较早，其资产评估管理体制、行业规范和法律规范等资产评估管理制度都比较成熟，因此，有许多可供借鉴之处。但是，由于各国的国情、市场条件等差异很大，因此我们应在结合我国国情的基础上，对其进行恰当的取舍，以保证和促进我国资产评估管理制度健康发展，不断完善。

总之，我国只有通过借鉴国际资产评估准则的经验和成果，充分考虑我国特有的执业环境和行业现状，才能够形成较为完善的资产评估准则体系，以更好地适应中国评估实践的需要。同样，也只有在完善的资产评估准则体系的指导和制约下，我国的资产评估行业才能够规范起来，从而得到较快的发展，以适应经济发展形势的要求，在激烈的国际竞争中立于不败之地。

【本章习题】

1. 简述我国资产评估准则体系的构成。
2. 简述我国资产评估法的主要内容。
3. 简述《国际评估准则》基本构成。
4. 简述国外评估准则体系对我国资产评估准则体系的启示。

参考文献

[1] 金玉、程弢、孙胜明，等．成本法在软件著作权评估中的案例运用研究［J］．中国资产评估，2020，05：20-26．

[2] 胡晓明，钱逸鑫，孙洁，等．财险公司市场法评估适用性案例分析［J］．财会月刊，2020，11：75-81．

[3] 梁美健，郭文．市场法中可比公司选择的研究——基于主成分分析法［J］．山东工商学院学报，2021，35（06）：66-75．

[4] 国栋，张莹，施展，等．证券公司股东全部权益价值市场法评估案例［J］．中国资产评估，2021，08：69-81．

[5] 王进江．数据资产收益和期限量化及其折现率确定方法［J］．中国资产评估，2021，09：64-72．

[6] 中国资产评估协会．资产评估实务（一）［M］．北京：中国财政经济出版社，2021：93-163．

[7] 姜楠．资产评估学［M］．4版．大连：东北财经大学出版社，2018：132-166．

[8] 唐振达．资产评估理论与实务［M］．3版．大连：东北财经大学出版社，2018：181-222．

[9] 刘小峰．无形资产评估理论与实务［M］．北京：北京大学出版社，2018：50-104．

[10] Damodarana．估值——难点、解决方案及相关案例［M］．刘寅龙，译．北京：机械工业出版社．2019．

[11] Damodarana．投资估价：评估任何资产价值的工具和技术［M］．林谦，安卫，译．北京：清华大学出版社，2014．

[12] 曹中．企业价值评估［M］．北京：中国财政经济出版社，2010．

[13] 郭昱，万泽鑫．以财务报告为目的评估报告公开披露规范研究［J］．中国资产评估，2020，（12）：9-13+32．

[14] 耿虹．发挥资产评估作用 推动艺术品金融发展［J］．中国资产评估，2020，（02）：4-5．

[15] 唐莹．假设清算法在金融不良资产评估实务中的优化［J］．财会月刊，2016，（24）：76-78．

[16] 马蕾雅，杨方文．金融市场与资产评估：综述及展望［J］．财会通讯，2014，（14）：48-50．

[17] 王婧萍．企业非实物流动资产评估存在的问题及解决对策［J］．中国管理信息化，

2021, 24 (04): 27-28.

[18] 陈桂锋. 实物类流动资产评估的关键点 [J]. 现代经济信息, 2009, (20): 192.

[19] 朱晶. 抵押资产评估中应把握的一些问题 [J]. 吉林省经济管理干部学院学报, 2007, (05): 52-54.

[20] 中国资产评估协会. 中国资产评估协会出版《国际评估准则（2022年1月31日生效）》中文版 [J]. 中国资产评估, 2022, (02): 2.

[21] 李欣颖, 郭化林. 资产评估师与注册会计师的责任边界问题研究——基于中外资产评估准则比较的视域 [J]. 中国资产评估, 2022, (01): 19-23.

[22] 陈蕾. 基于投资价值类型的中外评估准则比较研究（上）[J]. 国有资产管理, 2020, (11): 65-70.

[23] 苗青. 浅谈国企改革中如何正确使用资产评估报告 [J]. 产业创新研究, 2022, (05): 4-6.

[24] 赵林, 毛群. 关于评估报告和估值报告的监管思考 [J]. 中国资产评估, 2022, (01): 12-18.

[25] 高小刚, 刘钰. 执行中对资产评估报告异议的审查 [J]. 人民司法, 2019, (08): 104-107.

[26] 李隆方舟. 国外资产评估准则发展对中国的启示 [J]. 知识经济, 2019, (07): 37-38.